PETER ENGLUND

MORD IN DER SONNTAGS- STRASSE

GESCHICHTE EINES VERBRECHENS

Aus dem Schwedischen
von Maike Barth

ROWOHLT · BERLIN

Die schwedische Ausgabe erscheint 2020
unter dem Titel «Söndagsvägen. Berättelsen om ett mord»
im Verlag Natur & Kultur, Stockholm

Deutsche Erstausgabe
Veröffentlicht im Rowohlt · Berlin Verlag, Mai 2020
Copyright © 2020 by Rowohlt · Berlin Verlag GmbH, Berlin
«Söndagsvägen. Berättelsen om ett mord»
Copyright © 2020 by Peter Englund
Satz aus der Documenta bei Pinkuin Satz und Datentechnik, Berlin
Druck und Bindung CPI books GmbH, Leck, Germany
ISBN 978-3-7371-0016-8

INHALT

PROLOG

Hökarängen ist ein Vorort südlich von Stockholm. Dorthin gelangt man am einfachsten mit der «grünen Linie» der U-Bahn. Als ich diese Fahrt unternehme, kommt es mir vor, als würde ich rückwärts durch das Gedächtnis der Stadt reisen: von den fünfhundert Jahre alten Giebelhäusern in Gamla Stan zunächst in die Dunkelheit hinunter und dann wieder hinauf und über das Wasser bei Skanstull, wo tief unten zwischen Lagerschuppen und überfüllten Bootsstegen Gebäude aus dem 18. Jahrhundert vorüberhuschen, vorbei an den Punkthäusern in Skärmarbrink, an den Zeilenhäusern der 40er Jahre des 20. Jahrhunderts in Blåsut, an den hübschen, aber selbstverliebten Villen der Jahrhundertwende in Sandsborg, an dem fröhlichen Durcheinander kleiner pastellfarbener 30er-Jahre-Holzhäuser in Tallkrogen. Die Architektur wird immer radikaler, symmetrischer, blutleerer, die Autos immer dominanter, während gleichzeitig die dazwischenliegenden Flächen aus Natur immer größer werden: Wiesen, Baumgruppen, zutage tretende Felsen. Nach knapp zwanzig Minuten Fahrt hält die Bahn in Hökarängen.

Dort fallen als Erstes mehrere große, hohe, wuchtige Wohnhäuser auf, die signalisieren, dass es sich bei Hökarängen um keinen alten Stadtteil handelt. Ein Fußweg führt an der Feuerwache vorbei in die Siedlung hinein, rechter Hand sieht man eine hohe Felsenkuppe und linker Hand einige von Rasen, Grills und runden Trampolinen umgebene Mehrfamilienhäuser. Der Weg macht eine sanfte Biegung, durchdringt die Vegetation, man passiert eine Pferdekoppel, und orangerote Ziegeldächer schimmern durch die Baumkronen. Skönstaholm. Dann öffnet sich der Blättervorhang, und man sieht niedrige Reihenhäuser, Blumenbeete, Büsche, Birken, Apfelbäume. Auf den kleinen Rasenflächen spielen Kinder, werkeln Leute in Beeten oder trinken Kaffee. Womöglich fällt einem ein besonderes Detail auf: Die Neigung der Dächer ist auf der Vorder- und Rückseite der Häuser unterschiedlich. Tritt man auf die Straße hinaus, folgt der Blick den in Grün eingebetteten Häuserzeilen gen Süden, wo sich das Wohngebiet zum Licht und den tiefer liegenden Feldern hin öffnet. Das ist der Söndagsvägen. Als ich das erste Mal dort stand, dachte ich, dies müsse eins der idyllischsten Viertel von ganz Stockholm sein.

Der größte Teil von Hökarängen wurde von der Stadt Stockholm während der späten 40er und frühen 50er Jahre erbaut und ist ein Beispiel dafür, was der schwedische Wohlfahrtsstaat im besten Falle leisten konnte. Damals, nach dem Zweiten Weltkrieg, als die Zuwanderung vom Land in die Stadt so richtig in Schwung kam, die Wohnungsnot akut war und allgemeine Enge herrschte, wurden in einem Ring rund um Stockholm ganz neue Wohngebiete errichtet, Mustersiedlungen, die zu gleichen Teilen von deutschem Funktionalismus, angelsächsischen *New-Town*-Ideen und unerschrocken optimistischer schwedischer Ingenieurskunst inspiriert waren.

Das Ergebnis waren eine Art Kleinstädte von ungefähr gleicher Größe, die mit Zirkel, Winkelhaken und Rechenschieber geplant und dann schnell aus dem Boden gestampft worden waren, zum Wohnen ebenso gedacht

wie zum Arbeiten, mit jeweils eigenen Zentren mit Laden-
geschäften und allen öffentlichen Einrichtungen für die
Einwohner – Schulen, Spielplätzen, Bibliotheken, Apotheken, Kindertagesstätten, Schwimmhallen, Sportplät-
zen, Wohnungen für alleinstehende Mütter, Kinder- und
Jugendhilfe, psychiatrischer Beratung, Kinos, Armen-
fürsorge, Kirche. Sie wurden unmittelbar an einer der
U-Bahn-Linien platziert, mit klar markierten Intervallen
unberührter Natur dazwischen, zur Versorgung mit Licht,
Grün und als leicht erreichbare Erholungsgebiete. Boden-
ständiger Utopismus paarte sich mit Modernitätsgläu-
bigkeit: Die diesen Gebilden zugrunde liegende Studie
umfasste auch Pläne zum Bau von Landeplätzen für jene
privaten Kleinhubschrauber, in denen man damals das
Transportmittel der Zukunft sah.

Hökarängen ist ein Beispiel für gelungenen Wohnungs-
bau des schwedischen «Volksheims». Die Häuser entsprechen menschlichem Maß: Es sind überwiegend schmale,
zwei- bis dreigeschossige Mehrfamilienhäuser, die in
unterschiedlichen Winkeln zueinander stehen und gut in
das hügelige, bewaldete Gelände eingefügt sind. Und obwohl das Konzept mit solcherart modernistischen Zeilenhäusern im ganzen Stadtteil – ja, sogar in großen Teilen
Schwedens – dasselbe war, bemühten sich die Architekten
hier darum, eine allzu geisttötende Monotonie zu vermeiden. Das fällt sogar dem Besucher auf. Farben, Muster, Fas-
sadendetails variieren, offenbar sind die Unterschiede bei
Fenstern, Eingangstüren, Balkons wohldurchdacht. Hier
und dort finden sich kleine Reliefs. Auch die Ausführung
soll durchweg von hoher Qualität sein. Das Volksheim,
das man hier errichtete, sollte nicht nur modern sein, «eine

Stadt, die offen ist», wie es in einem Gedicht von Ragnar Thoursie heißt, sondern auch von Dauer.

In vielerlei Hinsicht war vor allem die erste Hälfte der 60er Jahre eine glückliche Epoche in Schweden. Die Gesellschaftsbildung war beinahe beendet, ja vollendet, die Wissenschaft galt als gute Sache, Gegensätze näherten sich immer mehr an, alle Ideologien waren tot, die Zukunft hell und unendlich. Während dieser Jahre herrschte ein grenzenloser Optimismus, den nichts besser veranschaulicht als der Wettlauf im Weltraum. Der Wettkampf zwischen den USA und der Sowjetunion darum, wer zuerst einen Menschen auf den Mond schicken könnte, erregte enormes Aufsehen, auch in Schweden, und viele verfolgten aufmerksam die einzelnen Starts und die an sie geknüpften Erwartungen, kannten die Namen der Astronauten, ungeachtet ihrer Nationalität. Die rein praktische Bedeutung dieser Missionen war von weit geringerem Gewicht als die ideelle: Der Mensch lebte jetzt im Weltraumzeitalter, einer neuen Ära, in der alles möglich war. *Tekniken idag* sagte in der Ausgabe von 1965 zum Beispiel voraus, dass fliegende Autos vor dem Durchbruch stünden, dass gigantische Luftkissenboote schon bald den Atlantik überqueren und innerhalb der nächsten zehn Jahre der erste Mensch seinen Fuß auf den Mars setzen würde – die Mondmissionen waren da bereits ein alter Hut.

Alle Kurven in den Statistiken wiesen nach oben. In den knapp zehn Jahren von 1956 bis 1965 hatte sich das schwedische Bruttosozialprodukt pro Kopf verdoppelt. Im vorangegangenen Jahr, 1964, war es um 7,2 Prozent gewachsen, eine Zahl, die in der Wirtschaftsgeschichte des 20. Jahrhunderts selten erreicht wurde. Innerhalb von sieben Jahren war die industrielle Produktion Schwedens um ebenso unglaubliche 66 Prozent gewachsen. Und das bei einem Minimum an Konflikten. In Schweden gab es praktisch keine Arbeitsniederlegungen – vor allem im Vergleich mit den USA[1], dem gelobten Land der Streiks. Die Arbeitslosigkeit war verschwindend gering. Wer einen Job suchte, wurde sofort fündig, denn wenn es an etwas fehlte, dann an Arbeitskräften. Dem versuchte man mit Arbeitsmigration abzuhelfen, in erster Linie aus Finnland und den anderen nordischen Ländern, aber auch von Deutschen, Österreichern, Italienern und Ungarn. Die schwedische Handelsflotte war fast so groß wie die französische. Ungefähr jedes zehnte Schiff, das irgendwo auf der Welt vom Stapel lief, war auf einer schwedischen Werft gebaut worden. Die Gewinne verblieben nicht allein bei den Besitzern der Exportunternehmen, sondern kamen auch der Mehrzahl der Bevölkerung zugute. Die Einkommensunterschiede verringerten sich, und die Löhne stiegen Jahr für Jahr. Die Steuern waren zwar höher als irgendwo sonst[2], doch was spielte das für eine Rolle, da sich der Lebensstandard ebenso auf Rekordniveau befand und Schweden die niedrigsten Arbeitslosenzahlen der Welt hatte?

Der Ministerpräsident hieß Tage Erlander, ein eher zurückhaltender Intellektueller aus Lund, groß und schlaksig, zu dessen liebsten Freizeitbeschäftigungen das Lesen von Romanen gehörte, ein Mann, dessen Gestalt zu jener Zeit geradezu landesväterliche Proportionen anzunehmen begann. (Eine kleine, liebevoll karikierte Tonfigur von Erlander nahm in dem Zuhause meiner Kindheit einen Ehrenplatz ein.) 1966 hatte er seine Position zwanzig Jahre lang inne, und die Sozialdemokraten waren seit fast dreißig Jahren an der Regierung. Bei der Reichstagswahl 1964 hatte die Partei 47,3 Prozent der Stimmen erhalten, was im Vergleich mit der Kommunalwahl 1962, in der ihr Stimmenanteil 50,1 Prozent betragen hatte, eine Enttäuschung war. Dennoch blieb die Partei dominant: Die Sozialdemokraten hatten mehr Mitglieder als alle anderen Parteien zusammengenommen. Dominanz bedeutete jedoch nicht automatisch auch Streitbarkeit. Die Ideologien waren wie gesagt tot – oder lagen im Sterben – und die Politik der Zukunft würde vor allem fürsorgliche Machtausübung von Technokraten und Bürokraten sein: Zukunft hieß Verwaltung, moderner Ordnungssinn, soziale Ingenieurskunst. Niemand stellte die Marktwirtschaft in Frage. Oder die Mischwirtschaft, wie sie damals genannt wurde, denn der Staat besaß viele große Unternehmen und Monopole.

Liberale Nationalökonomen konnten lediglich konstatieren, dass das schwedische System in der Praxis funktionierte, ohne dass es dazu eine passende Theorie gab. In den Augen anderer sah es so aus, als ob Schweden den goldenen Mittelweg zwischen amerikanischem Raubtierkapitalismus und sowjetischer Planwirtschaft gefunden hätte. Der Wohlstand wuchs von Jahr zu Jahr, egal, welche Maßstäbe man anlegte: privater Konsum oder Durchschnittseinkommen oder durchschnittlicher Stundenlohn, Anzahl der Telefone oder der Fernsehgeräte oder der Privatautos. Nicht zuletzt mit dem eigenen Auto fanden die der Modernität huldigenden Schweden in diesem ungewohnten, doch wunderbaren Wohlstand zu sich selbst; ein Umstand, der jedoch eine leicht vorhersehbare Kehrseite in Form wachsender Staus und zunehmender Verkehrsunfälle mit sich brachte.

Kein Problem war jedoch so groß, dass man es nicht mittels rationalem Denken im Verein mit massiven staatlichen Maßnahmen lindern konnte. Diese hochrationale Welt war auf dem besten Weg, alles, was an die traurige, irrationale Vergangenheit erinnerte, hinter sich zu lassen: alte Häuser, alte Erinnerungen, alte Denkmuster. Der Krieg war vergessen, die Große Wirtschaftskrise davor verdrängt, die atomare Bedrohung sublimiert. Überhaupt erschien Geschichte irrelevant, und in gebildeten und intellektuellen Kreisen wurde selbst die Religion mit milder Nachsicht behandelt, als etwas, das ebenfalls bald der Vergangenheit angehören würde.

Wer es im Sommer 1965 wagte, mit dem Auto in südlicher Richtung durch Stockholm zu fahren (auf der linken Straßenseite, denn noch galt Linksverkehr), zum Beispiel eben nach Hökarängen oder in Richtung des neu eröffneten Warenhauses bei Kungens kurva (wo allen zahlenkundigen Schwarzsehern zum Trotz bereits die sagenhafte Erfolgsgeschichte des unbekannten Playboys Ingvar Kamprad begann), konnte die großen Abrissarbeiten im Zentrum der Stadt nicht übersehen. Zahlreiche alte Häuser, von denen einige bis auf das 17. Jahrhundert zurückgingen, wurden von Baggern und Pressluftbohrern zermalmt; alles, um Platz für Kaufhäuser oder ein anderes garantiert superrationales architektonisches Prachtstück zu machen. Eins davon war Åhléns neues, großes Warenhaus mit seinen neun Etagen im Stockholmer Zentrum, das im vorangegangenen Jahr eröffnet worden war. (Und es war keineswegs das einzige seiner Art: Innerhalb von fünf, sechs Jahren sollte Schweden das Land mit der größten Kaufhausdichte pro Kopf in Europa sein. Diese

Konsum-Kathedralen gaben auf ihre Art der Zukunfts-
faszination Ausdruck, die das Land ergriffen hatte, und
erwuchsen oft aus der Symbiose von verschiedenen kolossalen Wohnungsbauprojekten mit ebenso kolossalen
Um- und Ausbauten des Straßennetzes, die allerorten in
Schweden im Gange waren.) Außerhalb der City schossen
hinter dem bewaldeten Horizont ganz, halb oder zu einem
Viertel fertige Riesenmonolithe von Wohnhäusern in die
Höhe, in Beton gegossene Versprechen, dass auch der jahr-
zehntealte Wohnungsmangel noch bezwungen werden
würde. Überall sah man Baukräne, denn Stockholm wuchs,
im wahrsten Sinne des Wortes, dass es nur so krachte.

Doch nicht alles war groß angelegt. Ursprünglich sollte
ganz Hökarängen aus Reihenhäusern bestehen. Eine für
Schweden recht neue und umstrittene Wohnform, vor der
einige ältere Sozialdemokraten instinktiv zurückschreck-
ten, weil sie sie an die verhassten Gesindehäuser der Güter
denken ließ. Andere wiesen mit dem Rechenschieber in
der Hand darauf hin, dass bei dieser Bauform der Quadratmeter mehr koste als bei den üblichen Mehrfamilienhäusern, und eine unheilige Allianz aus Kommunalpolitikern
und Bauindustrie wollte deshalb lieber auf richtig große
Projekte setzen. Die orthodoxen Ideologen des Funktionalismus fanden, kleine Reihenhaussiedlungen gehörten zu
dem Grauenerregendsten, was man sich vorstellen könne, sie sprachen im Falsett von Dreck und Hysterie und
unkten, Wohnungen mit eigenen kleinen Rasenstücken
würden die Bewohner «verbürgerlichen». Nein, solche
Siedlungen entsprachen den futuristischen und großange-
legten Zukunftsvisionen in keiner Weise. Sie sahen ganz
einfach nicht «modern» genug aus. Zu jenem Zeitpunkt,

1965, hatten Ideologen, Geschäftsleute und Bauunternehmer gewonnen.

Es ist bezeichnend, dass die letzten in Hökarängen erbauten Häuser – jene oben erwähnten, die einem bei der Ankunft mit der U-Bahn sofort auffallen – Betonklötze waren, Eindringlinge aus der nahen Zukunft: in ihrer neobrutalistisch geometrischen Form und ihrer standardisierten, industrialisierten Ausführung signalisierten sie nicht nur, dass das sogenannte Millionenprogramm bald aufgelegt werden würde, sondern auch, dass das «Volksheim» vor dem Übergang zu einer neuen Phase stand. Aus den Originalplänen zur Erbauung einer kleinteiligen Musterstadt wurde nicht mehr als eine Enklave: die Reihenhaussiedlung im südöstlichen Teil Hökarängens – Skönstaholm.

Skönstaholm wurde von Mitarbeitern des kommunalen Liegenschaftsamts entworfen und von 1950 bis 1952 durch die Stadt Stockholm erbaut.[3] Die Siedlung ist idyllisch. Die auffallend jungen und ambitionierten Architekten haben sich bemüht, ihr menschliches Maß und einen eigenen Charakter zu verleihen. Es gibt hier neun unterschiedliche Haustypen in einem «Volksheimarchitektur» genannten Stil, vielleicht dem einzigen durch und durch schwedischen Architekturstil, und die Häuser waren ein Abbild davon, wie man sich dieses Volksheim vorstellte. Es war kleinteilig, baute formal auf der Erschaffung einer starken Gemeinschaft auf, jedoch ohne Konformismus und mit ausreichend Platz für das Individuelle. Struktur und Symbol in einem. Die Häuserzeilen waren sorgfältig in das bewaldete und hügelige Terrain eingefügt, wobei man oftmals sogar Rücksicht auf einzelne Bäume genommen hatte. Tüchtige kommunale Landschaftsarchitekten hatten das Ganze vollendet, indem sie die Bebauung mit einer abwechslungsreichen, nach Süden hin abfallenden Parklandschaft umgaben.[4] Genau wie im übrigen Hökarängen verliehen Details, die noch heute zu sehen sind, jeder Reihenhauszeile ihre besondere Eigenart. (Zum Beispiel sind die Türen entweder blau, grün, gelbbraun, lackschwarz oder schokoladenbraun gestrichen, es gibt eine vorgegebene Anzahl verschiedener Typen von Fenstern sowie fünf verschiedene Ausführungen der Wandlampen.) Uniformität sollte vermieden werden. Hier sollten keine Massenwesen wohnen, sondern Menschen, bei denen sich Kollektiv und Individualismus eine gesunde Balance hielten. Eine Mustersiedlung.

Doch obwohl die Reihenhäuser verhältnismäßig klein waren – die meisten hatten drei Zimmer und Küche bei gut achtzig Quadratmetern –, war die Errichtung der Häuserzeilen recht kostspielig, was sich in den Mieten niederschlug. Der Quadratmeterpreis war etwa doppelt so hoch wie in der Stockholmer Innenstadt. Wer in diesem Teil Hökarängens eine Wohnung suchte, musste sich einer Einkommensprüfung unterziehen. Außerdem wurde erwartet, dass man Kinder hatte. Hier zu wohnen, war also nicht allein teuer. Anfang der 50er Jahre war Hökarängen im Allgemeinen und Skönstaholm im Besonderen der südlichste Außenposten Stockholms. Jenseits der Häuser erstreckten sich Getreidefelder und Wald, und der heute stark befahrene Nynäsleden schlängelte sich als Schotterstraße dahin. Vom Balkon eines der nach Süden ausgerichteten Häuser aus konnte man in der Ferne noch das Wasser des Drevviken-Sees glitzern sehen.

In Skönstaholm zogen schnell die bessergestellten Mieter ein: Ingenieure, Architekten, Wirtschaftsprüfer, Ärzte, höhere Angestellte, Lehrer sowie andere Angehörige der gebildeten Mittelklasse. Die Siedlung war vom Rest Hökarängens durch einen Waldstreifen und den hohen Felsen getrennt. Doch beide Bereiche wurden durch den Söndagsvägen, der vom nördlichen Teil des Stadtteils bis zur Reihenhaussiedlung im Süden verlief, miteinander verbunden.

Und ebendort, in der Nummer 88, geschah der Mord.

DAS VERBRECHEN

Aus den Aufzeichnungen des Täters:

Zu kaufende Objekte: Elektroapparate, nicht unter das Betäubungsmittelgesetz fallende Drogen, Filmkombination, Tonbandgerät, unter das Betäubungsmittelgesetz fallende Drogen, medizinische Instrumente einschließlich Gurtspanner, Kosmetika, Selbstverteidigungswaffen, Transportgeräte, diverse Spezialinstrumente, Zweitschlüssel, Verkleidung für sie und mich

Weitere zu kaufende Objekte: Pfefferdose, Dolch, Leibbinde, Pistole, Handschellen, Plastilinstöpsel, Salzsäurebatterie, Kieferspreizer mit Schlauch

Salzsäure kaufen. HP-Flaschen von zu Hause. Miniaturflaschen leeren. Außerdem herstellen: Sträflingsmütze, einfache Handschellen, Kieferspreizer spezial, Augenbinde, Ohrenstöpsel. Kaffee-Extrakt kochen und in einen Behälter geben. Tonbandaufnahmen System und privat. Die Wirkung von Salzsäure prüfen

Schlafwagenfahrscheine, Hypnosebuch, Injektionsnadel, Perinimabel [sic], Stethoskop

Medizinische Instrumente, Betäubungswerkzeug entfällt, eventuell als Sicherheit. Eimer vorhanden, Schlauch, Plastikunterlage, Bettspanner. Kosmetika, Haarfarben und weitere Maskierung nicht notwendig, Grundkosmetika vorhanden

Kieferspreizer, Kopfkissenbezug, Schaumgummiunterlage, Plastikunterlage, Schaumgummistreifen, zwei Wasserbehälter, Luftfilter mit Einsätzen [...] Ohrenstöpsel, Spezialkopfhörer, Augenbinde, Stopfen für die Nase und Pinsel, um Erbrechen hervorzurufen

Die Hosen sollen luftdicht und aus Plastik sein, die Schuhe dicke Gummisohlen haben. Ersparnisse und Tabletten in einer Streichholzschachtel aufbewahren. Das Messer in der Leibbinde. Schreckschusspistole immer geladen. Geldscheine im Notizbuch. Zwecks Anonymität Wäschezeichen und übrige Kennzeichen entfernen

Salzwasser ruft Durst hervor. Kauf einer chemischen Toilette, komplette Einrichtung einschließlich Schminke, Durchfalldrogen zur Schwächung [...] Verdunstungsschutz wegen der Lampen, Pausen, Blitzlichtlampenersatz der Lampen [...] kleines Tier als Erklärung für Geruch, Musik, den Kopf festbinden.

Sie hielten es für Selbstmord. Gegen acht Uhr abends wurden die zwei Polizisten Källmo und Lilja von der Leitstelle mit ihrem Streifenwagen nach Hökarängen in den Söndagsvägen 88 beordert. Es war ein Todesfall gemeldet worden.

Die Straße war kurvenreich. Haus Nummer 88 erwies sich als eines, das zu einer niedrigen Zeile aus Reihenhäusern gehörte. Als sie mit ihrem schwarz-weißen Wagen eintrafen, wartete eine Gruppe aus vier Personen vor dem Haus: eine junge Frau, zwei junge Männer, der eine in einem hellblauen Pullover, sowie ein Mann mittleren Alters mit Bart. Einer aus der Gruppe berichtete, dass im oberen Stockwerk eine tote Person liege. Man führte die Polizisten durch das Haus Nummer 86 zur Rückseite von Nummer 88, wo die Terrassentür offen stand. Der junge Mann im hellblauen Pullover erklärte, die Tote dort oben heiße Kickan Granell, sei achtzehn Jahre alt und seine Verlobte. Sie seien beide am Sonntag aus einem Spanienurlaub zurückgekehrt und hätten sich gestern treffen wollen, aber sie war nicht aufgetaucht. Und weil sie heute auch nicht ans Telefon gegangen war, waren er und sein Bruder hergefahren. Da hatten sie sie gefunden.

Die Polizisten betraten das Haus durch die Terrassentür.

Alles war in bester Ordnung. An der Haustür lag ein Stapel Post. Zuoberst eine *Dagens Nyheter* vom 9. Juli. Die Schlagzeilen lauteten: «FOA-Mann bringt Wennerström zu Fall», «Tückische Autobahn», «Washington wechselt

Botschafter in Saigon aus». Ein kleiner Rahmen in der oberen rechten Ecke enthielt eine Wetterkarte, die für die meisten Regionen Schwedens auch weiterhin Regen und Wolken vorhersagte. Die Polizisten stiegen eine Wendeltreppe hinauf. Die Stufen knarrten. Oben angekommen, bemerkten sie einen schwachen Verwesungsgeruch. Zwei Türen standen offen, eine war geschlossen. Der Geruch kam aus dem Zimmer mit der geschlossenen Tür.

Der Verlobte zeigte auf das kleine Schlafzimmer, dessen Tür offen stand und das der Toten gehörte. Er sagte, dass ihre Ringe dort lägen, die sie nie ablegte, sowie mehrere Fotografien nebeneinander, die ihren Vater zeigten, und dass dies «merkwürdig» sei.

Die Polizisten öffneten die Tür. Die zwei jungen Männer drehten um und verschwanden rasch die Treppe hinunter. Källmo und Lilja sahen sich um. Auch in diesem Raum herrschte makellose Ordnung. Mitten im Zimmer standen zwei zusammengeschobene Betten. Nur dasjenige, das dem Fenster am nächsten stand, war bezogen.

Darin lag eine junge, blonde Frau.

Laken und Decke waren bis zum Brustkorb heraufgezogen, und ihr rechtes Bein sah darunter hervor. Ihr Gesicht war dem Fenster zugewandt. Sie war ganz offensichtlich tot. Der Geruch war hier im Zimmer durchdringender. Wachtmeister Lilja trat ans Fenster und öffnete es, um zu lüften.

Die Polizisten hoben das Laken an. Sie war nackt.

Ihr rechter Arm lag angewinkelt über den Brüsten, der linke zeigte schräg nach unten, und die Hand ruhte auf dem Venushügel. An ihrem Körper waren keinerlei offensichtliche Verletzungen oder Flecken, nur eine leichte rötliche Verfärbung der Haut auf der einen Seite der Brust und hinauf bis zum Hals – ein Anzeichen dafür, dass der Verwesungsprozess eingesetzt hatte. Es war kein Blut zu sehen, lediglich ein rötlicher Fleck von Verwesungsflüssigkeit, die aus ihrem Mund gekommen war, auf dem Kopfkissen. An den Nasenlöchern stand eine Schaumblase. Ihr rechtes Auge war geschlossen, das linke leicht geöffnet. Die Polizisten deckten sie wieder zu und inspizierten das Zimmer.

Auf dem Nachttisch stand ein Döschen Tabletten, ein weiteres auf dem Nachttisch des anderen Betts; das eine war mit «Preparyl» beschriftet, das andere mit «Polarmine». Sie zählten die Tabletten. In der Dose neben der Toten waren noch drei, in der anderen elf. Dann fiel den beiden etwas Seltsames auf: Das Kabel des Telefons, das in der Fensternische hinter einer Gardine stand, war fast durchtrennt.

Die zwei Polizisten besprachen sich. Es handelte sich hier doch wohl um Selbstmord? Es gab keinerlei Hinweise auf einen Einbruch oder ein Handgemenge: keine Unordnung, kein Blut, keine Verletzungen, nur eine tote Person in einem ordentlichen Bett. Außerdem zwei Tablettendöschen, die offenbar Schlafmittel enthielten. Und dann das durchtrennte Telefonkabel – musste man daraus nicht schließen, dass sie sichergehen wollte, dass sie, falls sie es sich anders überlegen würde, keine Hilfe herbeirufen könnte? Wenn man dann noch die seltsame Serie mit Fotos ihres Vaters im Nebenzimmer berücksichtigte, wirkte dann das Ganze nicht wie eine Art sentimentaler Abschied? Und die Ringe, die sie nie ablegte – war nicht auch das ein Zeichen von Abschied, von Trauer oder Enttäuschung? So musste es sein.

Hier lag offensichtlich wieder einmal ein Mensch, der sich das Leben genommen hatte. Schweden: Wohlfahrtsland, Glücksland, Unglücksland, Selbstmordland.

Lilja und Källmo gingen zu Nummer 86 zurück. Dort warteten die vier Personen, die sie vorhin in Empfang genommen hatten. Der junge Mann im hellblauen Pullover saß mit einer brennenden Zigarette an dem kleinen Küchentisch, den Kopf in die Hände gestützt. Vor ihm stand eine Tasse schwarzen Kaffees. Sein Name war Jan-Olov Svensson. Der andere junge Mann stellte sich als dessen großer Bruder Stig vor. Die junge Frau war eine gewisse Lillan Sundin und mit der Toten gut befreundet. Sie wohnte nebenan in Nummer 86. Die Polizisten zeigten ihnen die Tablettendöschen, und einer der Anwesenden bestätigte, dass sie wohl Schlafmittel enthielten. Es handele sich um Selbstmord, meinten die Polizisten. Die beiden Brüder und die Frau widersprachen. Warum sollte sie so etwas getan haben? Lilja und Källmo hörten nur mit halbem Ohr zu, sie waren gedanklich bereits bei den nächsten Schritten. Einer der beiden bat, das Telefon benutzen zu dürfen, und forderte einen Leichenwagen an. Die in der Küche hörten, dass der Polizist am Telefon erwähnte, die Leiche sei «alt».

Kurz nach acht traf der Leichenwagen ein, und zwei Männer luden eine Zinkwanne und eine kleine Persenning aus. Einer der Polizisten wies ihnen den Weg. Oben im Schlafzimmer erzählten die Beamten den beiden Trägern, es handele sich um eine junge Frau, die sich das Leben genommen hätte. Einem der Männer mit der Zinkwanne kam die Sache mit dem durchtrennten Kabel eigenartig vor, und er sagte, das Kopfkissen scheine etwas zu glatt und ordentlich, als ob ihr Kopf dort abgelegt worden wäre und sich danach nicht mehr bewegt hätte. Er fügte hinzu, dass auch die Decke und das Laken aussahen, als hätte sie jemand so hingelegt – das hatten die Polizisten getan –, und sagte etwas in der Art von «Das ist wohl kein normaler Todesfall, das war sicher Mord oder so etwas, so aufgeräumt, wie es hier ist». Nachdem er sich ein wenig weiter umgesehen hatte, machte er auch noch darauf aufmerksam, dass es seltsam sei, dass weder eine Schere noch ein Messer herumlag, womit die junge Frau das Telefonkabel hätte abschneiden haben können. Die Polizisten schoben den Einwand beiseite und zeigten auf die Tablettendöschen, worauf der Sargträger nachgab.

Sie schlugen Decke und Laken auf. Der eine ergriff die Unterarme der Frau, der andere ihre Knöchel, und so hoben sie den Leichnam in den Sarg. Sie bedeckten sie mit der Persenning, trugen sie zum Auto hinunter und fuhren ab. Das Ganze dauerte nicht mehr als zehn Minuten.

Die beiden Polizisten gingen zurück ins Nachbarhaus zu der kleinen Gruppe, die in Schockstarre wartete, und stellten weitere Fragen. Sie erfuhren, dass seit Sonntagabend keiner von ihnen mehr Kontakt mit Kickan Granell gehabt hatte. Jetzt war es Dienstag. Die Eltern der Toten mussten informiert werden. Lillan Sundin erzählte, dass Kickans Mutter und Vater, Gunnel und Arne, Urlaub in Frankreich machten und am Sonnabend zurückerwartet würden. Lilja und Källmo fuhren wieder ab. Dies geschah am 27. Juli 1965.

Eine Ärztin im *Södersjukhuset* stellte den Todesfall offiziell fest. Als die Leiche ins Leichenschauhaus gebracht wurde, hatte sich auf dem Boden der Zinkwanne etwas rote Flüssigkeit gesammelt, die aus der Nase der Toten ausgetreten war.

Gegen elf Uhr abends waren Lilja und Källmo wieder in ihrer Dienststelle – in Farsta –, wo sie dem Wachhabenden, dem Ersten Polizeiassistenten Arne Johansson, über den Routineeinsatz Bericht erstatteten. Diesem kam jedoch die Geschichte mit der toten jungen Frau so ungewöhnlich vor, dass er beschloss, sie weiterzuverfolgen. Er rief im Kriminalkommissariat an, das den diensthabenden Spurensicherer losschickte. Wincent Lange war ein junger Smålander mit Ziegenbart, noch recht neu in diesem Job, aber gut ausgebildet. Bis er im Söndagsvägen eintraf, war es Nacht.

Lange betrat das Haus und machte Licht. Routiniert steckte er die Hände in die Hosentaschen, um nicht unnötig Fingerabdrücke zu hinterlassen. Dann begann er sich umzusehen. Auch er konnte feststellen, dass im Söndagsvägen 88 die allerbeste Ordnung herrschte.

Das Esszimmer war unberührt. Auf der Spüle in der Küche lagen fünf Scheiben Knäckebrot, ein verdrücktes Paket Margarine sowie eine ungeöffnete Sardinendose. Auf der anderen Seite vom Herd stand ein Teller mit Schokoladenkeksen. Nichts Auffälliges, doch hatte offenbar jemand eine kleine Mahlzeit vorbereitet, die dann nicht stattgefunden hatte. In dem kleinen Wohnzimmer direkt neben der Terrassentür und unter einem Bild, das Straßenbahnen im Schnee zeigte, stand eine Sitzgruppe. Auf dem Tisch unter anderem einige Briefe, ein Aschenbecher mit vier Zigarettenkippen, ein leerer Umschlag, auf den jemand «Kickan für Essen und Reise» geschrieben hatte,

sowie eine angebrochene und fast ganz geleerte Schachtel
«Noblesse».

Im Wohnzimmer gab es auch eine kleine Nische mit
zwei Sesseln sowie einen Plattenspieler mit integriertem
Radio. Auf dem Plattenteller lag noch «Amore Scusami»,
ein Schlager mit Siw Malmkvist, der im Frühling neun
Wochen lang in der Hitparade gewesen war.

Lange stieg die schräg gewinkelte Treppe hinauf. Auch
hier konnte er nichts Auffälliges entdecken. Ganz oben
über dem Geländer hing ein roter Bettüberwurf, und eine
der kleinen Schranktüren stand einen Spalt weit offen. Etwas, das aussah wie ein Lappen, war von einem der Regalbretter gefallen und hatte sich unten in der Tür verklemmt.
Auch das Badezimmer war sehr aufgeräumt. Dort stand
ein Paket Waschmittel der Marke *Jör*, und an der Schräge
über der Badewanne hingen vier Slips, ein Jumper und
ein BH. Das war das Erste, was Lange auffiel. Wäscht man
wirklich erst noch seine Unterwäsche, wenn man sich das
Leben nehmen will?

Auch in Kickans Zimmer war alles, wie es sein sollte. Die
kühl registrierende Prosa des Tatortbefundberichts gibt
nicht nur das wieder, was Lange sah, sondern auch, wo-
nach er Ausschau hielt. Als Erstes inspizierte er das Fenster und hielt fest, dass nichts darauf hindeutete, dass sich
jemand hier Einlass verschafft hatte. Dann begann er sich
umzusehen:

> Das Bett steht an der südlichen Seite des Zimmers. Es
> ist mit der üblichen Ausstattung versehen, es fehlen
> jedoch Laken und Kopfkissenbezug. Auf dem Bett liegt

ein Bettüberwurf. Er ist glatt und straffgezogen. Am Kopfende liegen zwei Zierkissen, und am Fußende sitzt ein kleiner Zier-Hund. [...] Neben dem Kopfteil des Betts steht ein Nachttischchen. Foto 25 und 26. Darauf stehen eine Lampe und ein Wecker. Des Weiteren finden sich auf der Tischplatte ein Necessaire, ein Handspiegel, eine Rolle Spitzen, eine Schachtel Zigaretten der Marke *Marlboro*, eine Gazebinde, eine Schachtel Streichhölzer sowie ein Aschenbecher mit etwas Asche und einer Zigarettenkippe. Auf der Ablage unter der Tischplatte liegt ein Stapel Illustrierte, Zeitschriften und Ähnliches. Darauf steht ein Nähkorb. [...] Die Platzierung des Sekretärs geht aus Skizze und Foto 27 hervor. Wie aus diesem Foto und aus Foto 28 zu ersehen, ist die Fläche der Schreibplatte zur Gänze mit unterschiedlichen Gegenständen angefüllt. Unter anderem einige ungeöffnete Flaschen, Kickan Granells zwei Ringe, Strümpfe, ein Frotteehandtuch, einige Briefe, ein Zettel mit dem Text «Karl Olov Werngren, Sköldungagatan 36A, Uppsala, Tel. 14 57 18», Brieftaschen und Portemonnaies, Halstücher, Strümpfe und ein Notizbuch. Am Fußende des Betts steht ein Sessel. Über dessen Rückenlehne hängt ein Kleid in gelblicher Farbe. Darunter ein anscheinend kürzlich gestrickter Cardigan und ein Anfang [sic] Rock aus demselben Material. Über der Rückenlehne hängt des Weiteren ein dünnerer Cardigan, und auf der Sitzfläche liegt eine weiße Bluse. Foto 29. Im Toilettentisch in der Südostecke des Zimmers finden sich die üblichen Gegenstände. Außerdem liegt dort ein Umschlag mit mehreren Arbeitszeugnissen. [...] An der nördlichen Wand befindet sich ein Schrank und darüber ein Bücherregal. Auf dem Schrank liegen drei Fotografien von Kickan Granells Vater. Im Übrigen wird auf Foto 31 verwiesen.

Ich mustere eingehend die Fotos, die am Tatort aufgenommen wurden, wahrscheinlich von ebendiesem Wincent Lange und wahrscheinlich an ebendiesem späten Abend, und deren grelles Blitzlicht ein gewöhnliches schwedisches Heim von 1965 in einer Zeitblase eingefroren hat. Ich bin fasziniert davon, wie ordentlich alles ist. Der Boden im Wohnzimmer glänzt von Bohnerwachs. (Das Bohnerwachs ist zusammen mit den Hausfrauen verschwunden, denke ich. Heutzutage hat wohl niemand mehr für so etwas Zeit?) Ich erkenne auch die Mischung aus Stilen und Epochen wieder, die man in allen lebendigen Heimen findet. So ähnlich sah es bei uns zu Hause aus, als ich ein Kind war. Nur im Film haben die Leute immer Stringregale, Schmetterlingsessel, *Pipistrello*-Leuchten, Vinylfußböden und Sofas von *Stockum*. Die Sitzgruppe der Granells stammt aus den 60er Jahren, das Bücherregal ebenfalls, der Küchentisch und die Stühle vermutlich aus den 40ern, das Telefontischchen und der Sekretär aus den 50ern, und im oberen Stockwerk steht eine Truhe, die älter sein könnte als alles andere. Und dann der Fernseher, auf dünnen Möbelbeinen aus Holz. Das einzige sichtbare Bedienelement ist ein großes Rad an der Seite. Die Fotoserie folgt Langes Rundgang durch den Söndagsvägen 88, und genau wie er halte auch ich in Kickans Zimmer inne. Ich schaue mir die Fotos genauer an, drehe und wende sie, vergrößere sie. Ich hoffe, darauf mehr von I H R zu finden.

Ich sehe ein ziemlich typisches Mädchenzimmer, bewohnt von einer jungen Frau, die offenbar die Kindheit hinter sich gelassen hat, auch wenn immer noch einige Relikte davon zurückgeblieben sind: ein Plüschaffe auf einem hochbeinigen Hocker, ein Sparschwein aus Plastik sowie ein kleiner Globus aus Blech. Das Bücherregal unterstreicht das Bild der Alltäglichkeit, um nicht zu sagen Banalität. Auf dem unteren Regalbrett eine kleine Sammlung aus Ziergegenständen, der symbolische Platz in der Mitte wird von einem Foto eingenommen, das einen ernsten jungen Mann zeigt. Auf dem oberen Brett fast nur Schulbücher, unter anderem einige Wörterbücher und eine bekannte literarische Schulanthologie, «Dikt och tanke» – mit der ich übrigens selbst auch arbeiten musste, als ich zehn Jahre danach ins Gymnasium kam.

Menschen, die Kickan zu beschreiben versuchen, benutzen oft Wörter wie «lebhaft und freundlich». Oder «munter und fröhlich». Oder «spontan». Ein anderes wiederkehrendes Wortpaar ist «klein und blond». Oder «klein und hübsch». Das sagt nicht viel aus. Außer dass Kickan Granell nicht besonders groß war. Sie selbst fand sich etwas zu dünn, zu mager. Das Aussehen war ihr wichtig, sowohl ihr eigenes als auch das anderer Menschen. In ihrem Zimmer gibt es drei Spiegel: außer dem bereits erwähnten Handspiegel und dem großen Spiegel des Toilettentischs steht ein kleiner, anscheinend weißer Spiegelaufsatz am Fenster. Auch wenn sie vielleicht nicht der Typ Frau war, nach dem sich die Männer auf der Straße umdrehten, war sie durchaus bei den Jungen beliebt, und als sie älter wurde, nahm die Zahl ihrer Verehrer zu. Kickan selbst hatte gesagt, dass sie sich leicht verliebte, aber sie war nicht kokett, sondern hielt auf sich und legte Wert darauf, immer die Kontrolle zu behalten, was nicht so einfach war, da sie außerdem auch nett war, nett in dem Sinne, dass sie ungern jemanden verletzte. Daher konnte es vorkommen, dass sie ihre Mutter Gunnel um Hilfe bat, hoffnungsvolle Verehrer auf Abstand zu halten. Gunnel, wie ihre Tochter klein und blond, hatte unter den jungen Mädchen in der Nachbarschaft einen guten Ruf: Mit ihr konnte man über fast alles reden. Wenn Kickan Schluss machte, dann per Brief.

Sie war offenbar niemand, der einfach nur gefallen wollte. Vielmehr galt sie als «energisch», «tüchtig» und «effektiv», als «keck» oder «unerschrocken». Es machte ihr zum Beispiel nichts aus, allein von der U-Bahn durch den Wald nach Hause zu gehen, obwohl es dort dunkel war und man Exhibitionisten, Voyeuren und Spannern begegnen konnte. Sie wurde selten wütend, aber wenn, dann legte sie ein beeindruckend explosives Temperament an den Tag – sie ließ sich nichts gefallen. «Ambitiös» ist ein weiteres Wort.

Nicht dass Kickan eine Streberin gewesen wäre. Ihr Lesestoff hielt sich im Rahmen des Üblichen. Aus der Untersuchung des Schlafzimmers ihrer Eltern lässt sich schließen, dass sie an dem Abend, an dem sie ermordet wurde, vorhatte, den Fortsetzungsroman in der neuesten Nummer von *Damernas värld* und danach «Catherine» von Juliette Benzoni zu lesen. Die heute nicht ganz zu Unrecht in Vergessenheit geratene Benzoni war 1965 gerade in Mode gekommen und hatte ihre Serie über Catherine begonnen, die schließlich sieben Bände umfassen sollte. Eine Beschreibung des Inhalts von «Catherine» liest sich so: «Die junge Catherine Lecroix wächst zu einer herzzerreißend schönen jungen Frau heran. Ihre ausdrucksvollen violetten Augen und ihr dramatischer, goldgelber Haarschopf wecken das Begehren des mächtigen Herzogs Philippe, der Ränke schmiedet, um sie zu seiner Geliebten zu machen, indem er sie gegen ihren Willen dem steinreichen, doch gefühlskalten königlichen Schatzmeister zur Frau gibt.»

Kickan war tatkräftig, wusste, was sie wollte, und arbeitete zielstrebig darauf hin. Im letzten Frühling hatte sie sowohl im *Serafimerlasarettet* gearbeitet als auch an zwei Tagen in der Woche Abendkurse besucht, um ihre Chancen zu erhöhen, zu einer Sekretärinnenausbildung bei *Bar-Lock*[5] angenommen zu werden. Akademische Ambitionen hatte sie keine. Im Frühjahr 1964 hatte sie das Gymnasium im zweiten Jahr abgebrochen. Damals besuchte sie die Lateinklasse von Stockholms *samgymnasium* in der Luntmakargatan. (Wahrscheinlich hatte sie sich dort nie richtig eingelebt. Sie verlor schnell den Kontakt zu ihren ehemaligen Schulkameraden im Stadtteil Vasastan.) Und zwar, weil bereits feststand, dass sie in den Sprachfächern durchfallen würde. Zwischen Kickan und ihrem Vater Arne war es wegen ihrer schwachen Leistungen zu ernsthaften Spannungen gekommen.

Arne Granells Berufsbezeichnung lautete zwar Buchhalter, doch er arbeitete als Verkäufer bei einem Herrenausstatter und träumte vom sozialen Aufstieg. Er war immer elegant gekleidet, und die älteren Mädchen in der Nachbarschaft fanden ihn attraktiv. Er war vier Jahre jünger als seine Frau. Viele seiner Wünsche hatte er, wie es so oft geschieht, auf seine Tochter übertragen. Kickan selbst hatte die Situation als belastend empfunden. Nachdem sie beschlossen hatte, die Schule abzubrechen, fühlte sie sich sehr erleichtert. Die Atmosphäre im Reihenhaus hatte sich auf einmal entspannt.

Die Ambitionen des Vaters lebten aber offenbar weiter, zumindest teilweise: Einer der Einwände, die er gegen Kickans Verlobung mit Jan erhoben hatte, hatte gelautet, Jan zeige zu wenig Initiative. Dass der zukünftige Schwiegersohn nur eine Ausbildung zum Möbeltischler absolvierte, machte das sicher nicht besser. Die Familie Granell wird als freundlich, aber ein wenig verschlossen beschrieben, als zurückgezogen, allerdings kann es sich dabei genauso gut um umgekehrten Snobismus handeln. Schweden sah sich zwar gern als ein Land, in dem die gesellschaftlichen Klassen genauso tot waren wie die Ideologien, und vermutlich war sozialer Aufstieg in jener Zeit so einfach wie nie zuvor oder danach – mein eigener Vater hatte vom Brauereiarbeiter zu dem großen Zukunftsberuf Ingenieur umgeschult. Dennoch fiel es vielen neu Zugezogenen wie den Granells schwer, in die zusammengeschweißte Gemeinschaft aufgenommen zu werden, die im Söndagsvägen zwischen denjenigen gewachsen war, die dort schon seit einem Jahrzehnt oder länger wohnten. Man sagte, die Leute dort seien etwas «vornehm». Es dauerte, bis man sich duzte.

Über die Beziehung zwischen Kickan und ihrem Freund sagen die Leute übereinstimmend, dass er sehr ruhig und still gewesen sei, geradezu träge, vielleicht sogar ein wenig lethargisch. Ebenso sind sich alle darin einig, dass Kickan die Dominante war, wegen ihres starken Willens, ihrer Energie und allgemeinen Effektivität. Aber auch, dass beide damit glücklich waren. Kickan war sehr gesprächig und konnte gut mit Menschen umgehen, was ihr bei ihrer Arbeit im physiologischen Labor des *Serafimerlasaretts* sehr zugutegekommen war. Dort hatte sie hinter einem kleinen Schiebefenster gesessen, getippt, Besucher mit einem Lächeln empfangen und ihnen den Weg gewiesen. Als die Vertretungsstelle im Juni auslief, hatte sie ausgezeichnete Beurteilungen erhalten.

Als ich mir die Fotos ansehe, fällt mein Blick wieder auf das Regal, in dem die Bücher liegen wie beiseite geschoben – oder vielmehr schon fast vergessen von einem Menschen, der froh und ungeduldig war, seine Schulzeit endlich hinter sich zu lassen und dem Erwachsenenleben und der Zukunft entgegenzulaufen.

Was es in diesem Zimmer nicht gibt, sagt in meinen Augen fast genauso viel aus wie das, was auf den Fotos zu sehen ist. Es fehlen schrille Poster mit langhaarigen Teenageridolen von der Sorte, die sogar in dem Zimmer hingen, das ich mir mit meinem Bruder teilte. Schließlich schreiben wir das Jahr 1965, als die *Rolling Stones* zum ersten Mal nach Schweden kamen, ein ziemlich misslungenes Konzert spielten und mit «Satisfaction» einen Riesenhit landeten, die *Animals* ebenfalls einen mit «Don't Let Me Be Misunderstood», Bob Dylan mit «Like a Rolling Stone», *The Who* mit «My Generation», die *Beatles* mit «Yesterday» und die *Hep Stars* mit «Cadillac». Es fehlt ein kleiner Plattenspieler aus Plastik von der Sorte, die seit kurzem zum üblichen Inventar vieler Jugendzimmer gehörten. Nicht einmal ein Transistorradio oder ein Hula-Hoop-Reifen oder ein Foto von James Dean. An der Wand hängt ein Gemälde, das ein Paar von Seidenschwänzen darstellt. Das Einzige, worin man notfalls eine vage Verbindung zur Jugendrevolte und den neuen Zeiten sehen könnte, ist eine Packung Anti-Baby-Pillen, die es damals seit gut einem Jahr auf Rezept gab. Die Schachtel *Marlboro*, die ebenfalls dort liegt, ist dahingegen nichts Besonderes: Rauchen gehörte zum Erwachsenwerden dazu.

Dieses unpersönliche, ordentliche Zimmer gehörte einer jungen Frau, die zahlreichen Aussagen zufolge nur wenig Freiheiten genoss. War sie unterwegs, rief sie regelmäßig zu Hause an und erzählte, wo sie sich gerade aufhielt. Ein Teil ihres explosiven Temperaments und auch ihres starken Willens scheint sich in den vielen Auseinandersetzungen mit ihrem Vater während ihrer Pubertät entwickelt zu haben. Es gab durchaus Situationen, in denen sie als «widerspenstig» empfunden bzw. beschrieben wurde.

Ich glaube allerdings, dass man es sich zu leicht macht, wenn man das Fehlen von *Rolling-Stones*-Postern im Zimmer als Beweis dafür wertet, dass ihr Vater auch weiterhin ihr Leben bestimmte. Es kann sich dabei genauso gut um ihre eigene Wahl handeln. Wie die meisten anderen mochte sie die *Beatles* – in jenem Jahr veröffentlichte die Band zwei ihrer besten LPs: «Help!» und «Rubber Soul», während gleichzeitig ihr Film «Hi-Hi-Hilfe!» Premiere hatte, der unerwartet gute Rezensionen erhielt –, war aber nicht übermäßig begeistert von langen Haaren bei Männern, die gerade in Mode gekommen waren. Schon besser gefiel ihr eine andere Neuerung, ebenfalls aus dem Jahr 1965: der Minirock[6]. Sie war ein Mensch mit eigenem Willen und eigenem Geschmack, denke ich, und hefte mich dann wieder an Langes Fersen.

Die Fotoserie erreicht das Elternschlafzimmer.

Lange betrat das Zimmer der Eltern und hielt fest, dass auch hier alles wohlgeordnet und aufgeräumt wirkte. Auf einem Stuhl vor dem einzigen Fenster lagen eine Strickjacke, ein langärmeliger blauer Jumper, ein BH und ein schwarzer Slip.

Kein Nachthemd. Auf dem Nachttisch ein Fläschchen mit Nasentropfen, ein Feuerzeug, ein Brieföffner, der romantische historische Roman «Catherine» und darauf eine Dose Niveacreme. Der Deckel war geöffnet – ein interessantes Detail.

Für Lange sah es so aus, als ob sich die junge Frau fertig gemacht hätte, um ins Bett zu gehen, nicht um zu sterben.

Lange untersuchte das Telefon mit dem fast ganz durchtrennten Kabel in der Fensternische. Auch er konnte kein Werkzeug finden, dass dafür benutzt worden sein könnte. Der Brieföffner war ganz eindeutig zu stumpf. Er begann sich das Bett genauer anzusehen. Waren nicht sowohl das Laken als auch das Kopfkissen eine Spur zu glatt, als dass jemand darauf gelegen und sich bewegt haben könnte? Er entdeckte zweierlei: Auf dem Kissen fand er außer einem Fleck aus getrocknetem Blut auch noch einen unerklärlichen kleinen Klecks von etwas, das gelbbraune Farbe zu sein schien. Und weiter unten auf dem Laken, ungefähr dort, wo ihr Unterleib gelegen haben musste, bemerkte Lange einen kleinen harten, gräulichen Fleck. Seine Erfahrung sagte ihm, dass es sich dabei sehr wohl um getrocknetes Sperma handeln könnte.

Lange hatte genug gesehen. Der Fall musste eingehender untersucht werden.

Früh am nächsten Tag, einem Mittwoch, wurde die Leiche in der Rechtsmedizin in Solna obduziert. Die Autopsie wurde von dem bekannten jungen Rechtsmediziner Sven-Olof Lidholm durchgeführt – der von einigen «Leichholm» genannt wurde, da er fast nur dann in Erscheinung trat, wenn es um Tote ging. Nicht alle Polizisten mochten ihn: Er sah gut aus, zeigte sich gern in den Medien und war alles andere als ein Duckmäuser: War er abweichender Meinung, zögerte er nicht, das kundzutun. Während er die Untersuchung durchführte, diktierte Lidholm:

1. Die Leiche liegt nackt auf dem Obduktionstisch.
2. Der Körper misst 160 cm und ist normal gebaut, Fettgewebe und Muskulatur sind normal.
3. Die Haut weist einen deutlichen Sonnenbrand auf mit Streifen von einem sogenannten Bikini.
4. Keine verbleibende Leichenstarre.
5. Der Körper befindet sich im Anfangsstadium der Verwesung, die sich am deutlichsten im rechten oberen Teil des Rumpfes und an den Oberarmen zeigt.

Lidholm hielt penibel alle Anzeichen der Verwesung fest und ging dann zur Untersuchung des Kopfes über. Er suchte nach Wunden oder ähnlichen Verletzungen, die unter den Haaren verborgen waren, fand aber nichts. Auch die Nase schien intakt zu sein, obwohl sich darin seltsamerweise ziemlich viel Blut befand. Sowohl Lippen als auch Zähne waren unbeschädigt: «Die Zungenspitze drückt gegen die Innenseiten der oberen Vorderzähne.» Das Zungenbein schien intakt zu sein. Nein, keinerlei Hinweise auf ein Verbrechen.

Lidholm sah sich das Gesicht aus der Nähe an, und jetzt fand er Flecken, wenn auch sehr kleine, die sich als Spuren von Gewalteinwirkung deuten ließen. Auf dem linken Nasenflügel befand sich eine helle, undeutliche Verfärbung der Haut. Auffälliger war ein runder blauer Fleck auf dem linken Augenlid. Direkt daneben fiel Lidholm ein bogenförmiger, einen halben Zentimeter langer Kratzer auf. Wodurch könnte der hervorgerufen worden sein? Möglicherweise durch einen Fingernagel? Als Lidholm die Bindehaut der Augenlider untersuchte, fand er stecknadelkopfgroße Blutungen der Art, die man Erstickungsblutungen nennt und die durch Sauerstoffmangel entstehen, zum Beispiel bei jemandem, der erwürgt wird. Davon fanden sich jedoch nur wenige.

Das war alles. Andere Verletzungen gab es nicht.

Auch die Geschlechtsorgane waren unverletzt, ebenso die Analregion. Er nahm Proben aus der Scheide und führte eine erste einfache Untersuchung per Mikroskop durch, bei der er jede Menge Spermien fand. Die junge Frau hatte kurz vor ihrem Tod Geschlechtsverkehr gehabt. Bei der anschließenden Obduktion der Leiche konnte Lidholm jedoch keine Anzeichen für Krankheiten oder Ähnliches entdecken: Es schien keine der sogenannten natürlichen Todesursachen vorzuliegen. Auch halbverdaute Tabletten fanden sich nicht, weder im Magen noch im Darm. Und sie war nicht schwanger. Das Wichtigste war jedoch, dass er keinerlei Blutungen im Hals feststellen konnte. Und dass Zungenbein und Kehlkopf unverletzt waren. Trotz der Blutungen in den Augen war klar: Sie war *nicht* erwürgt worden.

Blut und Urin wurden zum Schnelltest geschickt, und die Antwort kam umgehend: keinerlei Spuren von Schlafmitteln. Sie hatte sich nicht das Leben genommen. Das

Sperma und die Verletzungen im Gesicht deuteten darauf hin, dass es sich wahrscheinlich um einen Sexualmord handelte. Doch wenn sowohl Tod durch Erwürgen als auch Selbstmord ausgeschlossen werden konnten – wie war sie dann ums Leben gekommen?

DIE JAGD AUF DEN TÄTER

Aus den Aufzeichnungen des Täters

Dann das Problem mit den Reisetaschen, also Schultern einschließlich Hände sind 50 Zentimeter breit und schlimmstenfalls ohne Hände 35 Zentimeter. Die Messung hat gezeigt, dass es möglich ist, eine Person in einer 75 x 55 x 35 Zentimeter großen Reisetasche aufzubewahren, bei Verwendung eines Atemaggregats und bei minimalem Sauerstoffverbrauch bei künstlicher Bewusstlosigkeit. Das Gefahrenmoment ist Urin, erhöhte Körpertemperatur, Stöße verschiedener Art, Ausbuchtungen an der Reisetasche

Durch intensive Weiterbearbeitung können auch die schwierigsten Probleme mit minimalem Risiko verringert werden. So ist auch eine wesentliche Verbesserung bei dem hier so wichtigen Lager- und Transportproblem möglich. Der in Frage kommende Körper ist klein und schlank, sein geschätztes Gewicht beträgt ungefähr 50–55 Kilo, die Größe liegt zwischen 1,60 und 1,65. Um leichter eine Kontrolle des gemieteten Zimmers zu verhindern, kann das Objekt auch unter dem eigenen Bett aufbewahrt werden. Auch Koffertransport, also der Transport in einer Reisetasche, ist möglich. Versuche mit Steinen, mit exakter Gewichtskontrolle, Benutzung

einer Waage und einem zusätzlichen Seil darum herum
[…] Unter dem Bett sollte das Objekt so platziert werden,
dass sie ein wenig schräg liegt, um Erbrechen zu ver-
hindern, und gefesselt ist

Das Problem mit den Koffern […] Ausbuchtungen sind
sichtbar, das kann mit Stahlblech und einem besseren Seil
außen herum verhindert werden, dann kann auch der
Tragegriff kaputt gehen, dagegen könnte ein Trageriemen
helfen. Außerdem könnte die Tasche umfallen, wenn sie
nicht ordentlich verstaut wäre, vor allem wäre zu merken,
dass sie einen außergewöhnlichen Inhalt haben, wenn
man die Taschen horizontal legen würde. Dann wäre
noch mit hohem Gewicht zu rechnen, außerdem mit
Geruch durch Urin und Exkremente, Erbrechen, Transpi-
ration, verbrauchte Luft, eventuell Blut und Weiteres […]
der Atem wäre also möglicherweise durch ein Loch in der
Tasche sichtbar, besonders nachts und bei kaltem Wetter

Dann hätte die eigentliche Aktion damit begonnen, zu
versuchen, auf irgendeine Weise in die Wohnung hinein-
zukommen und sie wehrlos zu machen […]

Verletzungen durch Schläge, Verletzungen durch Fallen.
Betäubung nicht schnell genug, Betäubung zu tief.
Schreie, andere Geräusche oder Schatten könnten von
einem Außenstehenden bemerkt werden. Hinfallen könn-
te von einem Außenstehenden bemerkt werden […]
Unpräzise Schläge, dabei eventuell Bewegung. Zu leichter
Schlag, zu harter Schlag. Verletzung der eigenen Hand.
Zu langsame Schlagfolge […] Zuhilfenahme der Knebel

41

[…] Atmungsschwierigkeiten, Behinderung des Erbrechens, Gefahr des Erstickens. Unzureichend reduziertes Vermögen zu schreien […] Elementare Fesselung

Dann kommt die eigentliche Aktion, dazu zählt also Vergewaltigung […] Das Ganze soll gefilmt werden und alle Wertsachen sollen mit wissenschaftlicher Präzision und Schnelligkeit aus der Wohnung entfernt werden

Danach hätte ich versucht, sie so tief zu betäuben, dass sie einen längeren Transport überstehen könnten, sie also in zwei Koffern zu verpacken und ein Taxi gerufen und dann hätte ich sie beide als Gepäck auf dem Südbahnhof aufgegeben, wäre ins Hotel zurückgefahren, hätte mich umgezogen und wäre zum Westbahnhof gefahren und dort hätte ich einen Zug genommen, wo ich irgendwo an einem kleineren Bahnhof ausgestiegen wäre und mich maskiert hätte, eventuell auch, indem ich eines dieser Schönheitsinstitute aufgesucht hätte, wo man alle möglichen kleineren Operationen und dergleichen macht, dann wäre ich weitergefahren zu dem Bahnhof auf dem Land, an dem Silvia als Gepäck angeliefert worden wäre, und hätte sie abgeholt und sie zur ersten Pension geschafft, nachdem ich dort die Miete bezahlt hätte, und die erste Behandlung mit Gehirnwäsche begonnen. Danach hätte ich sie wieder betäubt und in den Koffer gepackt, sie sozusagen konserviert abgestellt, und wäre zum Mittagessen gegangen […] Dann wäre ich unmittelbar danach zur ersten Pension zurückgereist und hätte ihre Behandlung fortgesetzt und das alles hätte ich mehrmals wiederholt

[Die Behandlung] wird im Zimmer mit verbundenen Augen vorgenommen. Immer Handschuhe tragen gegen Empfindungen bei Körperkontakt, starke Müdigkeit nach Vergewaltigung. Wiederholtes Aufwachen aus der Leere in einer Traumwelt muss deprimierend, verwirrend wirken und das Zeitgefühl beeinflussen. Ein Mensch, der dem Tode nahe ist und sich in einer vollkommen anderen Welt befindet und körperlich extrem geschwächt ist, schafft es bestimmt nicht zu schreien? [...] Klaustrophobie lässt sich mit atmungshemmenden Chemikalien verstärken. (Bei Atemnot besteht die Gefahr von Geräuschen durch viel zu starke Atemaktivität.) Die zu verwendenden Neurosen beinhalten Dinge wie Spinnen und großes Unglück, große offene Plätze, Wüsten und hohe Berge, große Höhen, Ungeheuer und Sagenwesen, Mäuse und Schlangen. Drei Tage Frist, um danach mit Furcht zu beginnen. [...] Sie soll sich fühlen wie der einsamste Mensch auf der ganzen Welt

Es wäre sicher darauf angekommen, wie sich das Ganze entwickelt hätte, und hiermit sind wir schon beim vierten Tag und am vierten Tag hoffte ich zumindest schon so weit zu sein, dass ich es riskieren konnte, sie wieder in einen normalen Zustand zu versetzen, sodass ich sie aufwecken und dem Besitzer der Pension als eine Bekannte hätte vorstellen und mit ihr in den Bergen hätte spazieren gehen können

Der Sommer 1965 war ungewöhnlich kühl und sonnenarm, und Mittwoch, der 27. Juli, bildete keine Ausnahme.[7] Das unbeständige Wetter hielt an. Einzelne Schauer fielen hier und da aus dem wolkenverhangenen Himmel über Stockholm, über Hökarängen und auf die Scharen von Polizisten und Kriminaltechnikern, die sich im Söndagsvägen versammelt hatten. Sobald aus der Gerichtsmedizin die Nachricht eingetroffen war, dass es sich wahrscheinlich um Mord handelte – wenn auch mit unbekannten Tatmitteln –, wurde eine Ermittlung in Gang gesetzt. Leiter dieser Operation war der erfahrene Kriminalkommissar G W Larsson, ein großer, dünner, ernster, fast schon schwermütiger Mann über fünfzig mit Adlernase und länglichem, schmalem Gesicht. Larsson war Chef des Ersten Dezernats, das auch unter dem Namen «Gewalt-Dezernat» firmierte und für die schwersten Verbrechen zuständig war, in erster Linie Mord, aber auch Totschlag, Raub und Ähnliches, und dem viele der besten und erfahrensten Kriminalpolizisten angehörten.[8]

Das Ganze als eine Operation zu bezeichnen ist keine Übertreibung. Gleich von Beginn an waren die Ermittlungen sehr umfangreich. Es handelte sich hier um einen klassischen Mord mit unbekanntem Täter, der außerdem besondere Merkmale aufwies – junge, unschuldige Frau zu Hause überfallen und in ihrem eigenen Bett ermordet –, die ihm sofort höchste Priorität zuwiesen. Auch das Personalaufgebot beruhte auf Erfahrungswerten. Die ersten achtundvierzig Stunden einer Ermittlung sind meist die entscheidenden. So lange sind die Spuren noch frisch, und die Fährte lässt sich gut verfolgen. Danach verblassen sowohl Erinnerungen als auch Spuren, und der anfänglich kleine Vorsprung des Täters wächst. Das Gedächtnis ist eine spröde Materie.

Ein Team erhielt am Mittwoch den Auftrag, das Wohngebiet zu durchkämmen und an allen Türen zu klingeln, um Zeugen ausfindig zu machen. Eine weitere Gruppe aus Kriminaltechnikern sicherte währenddessen am Tatort, im Haus, die Spuren. Gleichzeitig begann ein drittes Team damit, alle Personen aus Kickans engstem Bekanntenkreis zu vernehmen: selbstverständlich ihren Verlobten, dazu Familienangehörige, Freunde. Das ist das übliche Prozedere. Zum einen wollte man auf diese Weise das Opfer analysieren, sich ein Bild davon machen, wer sie gewesen war, womit sie sich beschäftigt, wen sie gekannt hatte und so weiter. Zum anderen wählte man diese Vorgehensweise, weil in drei Viertel aller Mordfälle Opfer und Täter einander kennen. Wenn das Mordopfer eine Frau ist, ist außerdem die Wahrscheinlichkeit sehr hoch, dass sie von ihrem Ehemann, Geliebten oder Freund – dem jetzigen oder dem Ex-Freund – umgebracht wurde. Bemerkenswert ist darüber hinaus, zumindest rein statistisch betrachtet, dass es sich beim Täter und bei demjenigen, der das Opfer gefunden hat, nicht selten um ein und dieselbe Person handelt.

Es war daher nicht überraschend, dass Kickans Verlobter, Jan Olov Svensson, einer der Ersten war, die an diesem Tag befragt wurden. Wenn in diesem frühen Stadium der Ermittlungen jemand als verdächtig gelten konnte, dann war er es. Fast schon zwangsläufig.

Nicht nur Polizisten drängten sich auf dem kurzen Abschnitt des Söndagsvägen. Schon bald erschienen zahlreiche Journalisten, darunter Fotografen mit Teleobjektiven. Einige der bekanntesten Kriminalreporter in Stockholm waren ebenso vor Ort wie Mitarbeiter von *Aktuellt*, der einzigen Nachrichtensendung des einzigen schwedischen Fernsehsenders. Einer der in dem Reihenhaus arbeitenden Kriminaltechniker sagte: «Sie sind wie besessen. Sobald man sich einem Fenster nähert, sind sie schon mit ihren Kameras da.»

Der Mord war an sich schon eine Sensation. «Junge Frau in ihrem eigenen Bett tot aufgefunden» etc. Doch auch dem Ort, an dem die Tat stattgefunden hatte, kam eine gewisse Bedeutung zu.

Trotz seiner idyllischen Anmutung hatte Hökarängen einen erstaunlich schlechten Ruf. Nicht nur Schwedens ökonomische Statistik wies nach oben, sondern auch die Kurven, die die zur Anzeige gebrachten Verbrechen darstellten[9] – eine Tatsache, die Politiker und andere Besserwisser nicht begreifen konnten. Müsste angesichts eines derart phantastischen Wohlstandes nicht die Kriminalität die gleichen erfreulichen Anzeichen für einen Rückgang aufweisen wie zum Beispiel die Zahl der Alkoholiker und Sozialhilfeempfänger? Draußen in Hökarängen hatten Sachbeschädigungen, Kleinkriminalität, Bandenkriege und andere Probleme derartige Ausmaße angenommen, dass sich die Behörden zeitweise gezwungen sahen, dort dauerhaft Polizei zu stationieren. Andere wiederum reagierten mit heftigen Ausbrüchen sprachlicher Kosmetik: Das Viertel sollte umbenannt werden!

Dass bestimmte Bereiche der Innenstadt zwielichtig,

heruntergekommen und gefährlich waren, war eine Sache. Gamla Stan wurde als unmodern und schmutzig betrachtet und war schon seit langem ein Unterschlupf für Diebe und Trunkenbolde – dort zu wohnen war nichts, womit man sich brüstete, und Touristen blieben der Gegend fern. Nun zog das Viertel darüber hinaus auch noch einen neuen und unbekannten Typus menschlicher Wracks an – die Drogensüchtigen. Sie trafen sich dort in den zahlreichen «Fixerhöhlen», um «Pumpenpartys» abzuhalten, sich also Drogen zu spritzen. (Diese Begriffe waren genauso neu wie die dazugehörigen Phänomene – die Anführungszeichen waren in der Tagespresse häufig anzutreffen.) Kein Wunder, dass immer noch Pläne existierten, große Teile dieses Stadtteils, dessen Bebauung vielfach aus dem Mittelalter stammte, einfach abzureißen.

In dem Bereich rund um den Stureplan, in der Brunnsgatan und der David Bagares gata, hielt sich eine andere Elendsnische, genannt «Der Sumpf», der aus leer stehenden alten Häusern ohne Elektrizität und Heizung bestand, die nur noch geduldig und schweigend auf die Abrissbagger warteten. Bis es so weit wäre, hatten dort Obdachlose, Junkies, Alkoholiker und in Schwierigkeiten geratene verarmte Rentner eine Heimstatt gefunden. Aus der Sicht des wohlfahrtsstaatlichen Utopismus war es bedauerlich, wenn auch logisch, dass die Probleme im alten Stockholm fortlebten, zumindest für gewisse Zeit. (Reißt den Dreck doch einfach ab!) Doch Probleme auch in und mit den ganz neu errichteten Vororten? Das passte irgendwie nicht ins Bild. Sie waren schließlich Orte ohne Erinnerungen, unbelastet von jener Bürde der Vergangenheit, wie man sie im Zentrum begutachten konnte.

Als man Stadtteile wie Hökarängen baute, hegte man große Hoffnungen, dort einen neuen Menschen-Typus entstehen zu sehen, einen Gegenpol zum Massenmenschen, der von der Anonymität der Großstädte der Vorkriegszeit geformt worden und eine der Voraussetzungen für Nazismus und Faschismus gewesen war. Hökarängen und Hunderte ähnlicher Wohngebiete überall in Schweden gründeten auf der Annahme, dass ihre geringe Größe, die allen zugänglichen Grünflächen und die enge Nachbarschaft mit ihren gemeinschaftlich genutzten Räumlichkeiten einen «demokratischen Menschentypus» hervorbringen würden, «in dem sich Freiheit und Selbständigkeit mit sozialem Verantwortungsbewusstsein vereinen» würden.[10] Auf die äußere Verwandlung sollte eine innere folgen. Bereits in den 50er Jahren hatten die Planer und idealistische Architekten jedoch enttäuscht konstatieren müssen, dass sich die Menschen mit Einzug des Wohlstands vorzugsweise damit begnügten, sich ins Private zurückzuziehen, sich im eigenen Umfeld verlierend, und dass sie nur in dem Maße Interesse an Gegenwart und Zukunft aufbrachten, wie man diese im Fernsehen besichtigen, ihnen im eigenen Auto entgegenrollen oder sie als Wegwerfartikel kaufen konnte.

Ein beträchtlicher Teil von Hökarängens Aura eines Problemviertels entstand bereits in den späten 40er Jahren, als die Wohnungen in den Mehrfamilienhäusern in einem der ersten Abschnitte des neuen Stadtteils zu einfachen Einzimmerwohnungen mit gemeinsamer Toilette im Keller und ohne Zentralheizung verdichtet wurden, um als Übergangsquartiere für wohnungslose Problemfamilien zu dienen.[11] Mit absehbaren Folgen. Was als Provisorium gedacht war, hatte zwanzig Jahre Bestand, bis dieser neu errichtete Slum aus Ausschreitungen und Elend schließlich aufgelöst wurde.

Es verlief wie gesagt eine tatsächliche wie symbolische Grenze aus Wald und Felsen zwischen der wohlhabenden Reihenhaussiedlung im südlichen Hökarängen und den einfacheren Mietshäusern im Norden. Und obwohl die Kinder aus den zwei Gegenden in dieselbe Schule gingen und einander leicht erkennen konnten – die aus der Reihenhaussiedlung waren immer ein wenig besser gekleidet –, mieden Letztere sorgsam die nördlichen Bereiche von Hökarängen, die als gefährlich galten, als Unterschlupf von *Morlocks* in kurzen Hosen, die wie bei H. G. Wells jederzeit herabstoßen und sich einen der kleinen *Eloi* von Skönstaholm greifen konnten. Im Söndagsvägen kursierte das Gerücht, dass eine Jungenbande aus dem Saltvägen in Farsta Gefangene mache, um sie dann zu foltern: ihnen Schnittwunden zuzufügen, die sie mit Salz einrieben.

Wir, die wir in jener Zeit aufwuchsen und Mütter hatten, die immer zu Hause waren, lebten in einer offenen und gleichzeitig merkwürdig umgrenzten Welt. Wir waren frei und bewegten uns, wie, wann und wohin wir wollten, wobei allerdings zwischen den einzelnen Vierteln unsichtbare Grenzen verliefen, die man so gut wie nie überschritt. Dabei wurde man geographisch weniger von der Überwachung durch die eigenen Eltern (sprich: die Mutter) eingeschränkt als durch die Angst vor den anderen Kindern, die ihre eigenen Bereiche hatten, ihr *Barrio*, in dem sie spielten und patrouillierten. In Hökarängen blieb man innerhalb seiner Grenzen, außer, wie gesagt, in der Schule, wo dieses System plötzlich nicht mehr galt und die Kinder sich mischten, was ständige Streitereien und Prügeleien zur Folge hatte. Die Welt der Erwachsenen griff praktisch nie in das hier überall grassierende Schulhofmobbing ein. Es gab nicht einmal ein Wort dafür.[12] Ich kann mich erinnern, dass für diejenigen, die in den frühen 60er Jahren aufwuchsen, ein bisschen Nasenbluten quasi dazugehörte. Vor allem für Jungen.

Hökarängen bedeutete schlechte Nachrichten. Hökarängen, das waren soziale Probleme. Hökarängen war ein gefährlicher Ort, den man nach Möglichkeit mied.

Vorstellung und Wirklichkeit vermischten sich. Als die Schlagzeilentexter der Boulevardpresse erst einmal auf die Problematik aufmerksam geworden waren, trugen sie gern das Ihre dazu bei, das Bild zu verstärken. Positive Nachrichten aus der Gegend verortete man in Farsta, schlechte in Hökarängen, selbst wenn es in beiden Fällen um dieselbe Straße ging.[13] Und wie so oft erschuf die Fiktion ihre eigene Wirklichkeit: Kleinkriminelle und andere Personen mit unlauteren Absichten wurden angelockt.

Wo also sollte ein solcher Mord geschehen, wenn nicht in Hökarängen?

Die Vernehmung des Verlobten durch das Dezernat für Gewaltdelikte im großen Polizeigebäude auf Kungsholmen begann um fünf vor zwölf. Der Vernehmungsleiter, der Erste Kriminalassistent Ernst Ahlbäck, bat Svensson zu beschreiben, was geschehen war, beginnend mit der Rückkehr aus dem Spanienurlaub am vergangenen Sonntag bis zu dem Augenblick am vorigen Tag, an dem er seine Verlobte tot aufgefunden hatte.

Svensson erzählte:

Wir landeten Samstagnacht halb vier oder eigentlich Sonntagmorgen halb vier in Bromma, und meine Eltern holten uns am Flughafen ab, dann fuhren wir direkt zu unserem Sommerhaus auf Ekerö, und wir gingen um ungefähr fünf Uhr ins Bett, und dann schliefen wir bis halb zwei – glaube ich. Dann kam mein Bruder, und wir erzählten von unserem Urlaub, und dann haben wir gegessen, und gegen Abend wollte Kickan nach Hause fahren, um nachzusehen, ob sie bei *Bar-Lock* angenommen worden war, sie hatte wohl eine Mitteilung bekommen, oder ob sie Montag am Karolinska zu arbeiten anfangen sollte. Dann wollte sie nach Hause und auspacken, und sie wollte ihre Sachen waschen, und mein Bruder [...] – sie haben sie ungefähr gegen halb acht nach Hause gefahren, glaube ich, und ich wollte sie abends anrufen, ob sie bei Bar-Lock angenommen war. Ich habe sie so um neun Uhr angerufen, und da war sie nicht angenommen worden, und sie wusste nicht, ob sie am Montag am Karolinska anfangen sollte oder nicht. Sie wollte Montagmorgen am Karolinska anrufen. Wir hatten mit meinem Vater verabredet, dass sie am Montagmorgen mit in unser Sommerhaus kommen sollte. Er wollte sie um zehn anrufen – gegen zehn Uhr am Montag. Dann war er Montag zu Hause in der Stadt, und er rief sie gegen elf Uhr an, aber sie ging nicht dran. Er versuchte es ein paarmal, und dann fuhr er hin und klopfte an, aber keiner machte auf, und da dachte er, dass sie doch zur Arbeit gefahren war. Sie hatte davon gesprochen, dass sie das machen wollte. Das glaubten wir wohl alle, und dann habe ich sie abends angerufen, aber sie ging wieder nicht dran, und dann bin ich am Dienstag nach Hause gefahren, weil ich befürchtete, dass sie krank sein könnte, und ich habe am Karolinska angerufen, aber dort hatte man nichts von ihr gehört. Sie hatte da Montagmorgen nicht angerufen oder so, und später an dem Abend habe ich ihre Freundin angerufen, die nebenan wohnt, und sie gefragt, ob sie sie gesehen hätte, aber sie hatte nichts gesehen, und sie hatte Kickan gegen elf Uhr Sonntagabend verlassen – sie war bei ihr gewesen, und Kickan wusch gerade Unterwäsche und so. Dann fuhren mein Bruder und ich hin, und wir gingen ums Haus, und auf der Rückseite stand die Terrassentür offen, und das kam mir ziemlich komisch vor, weil sie nie Türen offen lässt. Dann gingen wir nach oben, und als Erstes fiel mir der Geruch auf. Es roch ein bisschen seltsam, fand ich, und ich ging ins Badezimmer und in ihr Zimmer, und dann ging mein Bruder in das Elternschlafzimmer, und da lag sie, als ob sie schlafen würde – das war alles [Pause] Ich habe nicht viel von ihr gesehen. Dann [Pause] da war es Viertel nach sechs und dann riefen [Pause] Der Onkel des Nachbarn war zu Hause, und er rief die Polizei, und die kamen dann zehn nach sieben, und dann fuhren wir los.

Der Vernehmungsleiter versuchte zunächst den zeitlichen Ablauf zu rekonstruieren, ab dem Moment, an dem das Paar in Bromma landete, bis zu dem Augenblick, an dem Kickan am Dienstagabend tot aufgefunden wurde. Er erkundigte sich auch danach, ob sie traurig oder niedergeschlagen gewirkt habe, als die beiden das letzte Mal miteinander sprachen – «Nein, das würde ich nicht sagen» –, und ob sie gesundheitliche Probleme gehabt habe – keine, abgesehen von mehreren Fällen von Mandelentzündung. Er stellte Fragen zu ihrer Beziehung. Svensson gab an, es sei ihnen gutgegangen, sie hätten sich Silvester verlobt, keine Reibereien, kein Streit, der ganze Urlaub war harmonisch verlaufen.

Die Polizisten fragten Kickans Freund, wo er während der letzten Tage gewesen war. Er schien ein Alibi zu haben.

Von Sonntag bis Dienstag war er nach seiner Aussage im Sommerhaus seiner Eltern auf Ekerö gewesen, die ganze Zeit im Beisein eines Elternteils. Seine Chance, sich während der Nacht zu Montag ungesehen von dort zu entfernen, wurde als minimal eingeschätzt, teils weil er in einem Zimmer über dem der Eltern schlief und das kleine Sommerhaus kaum hätte verlassen können, ohne dass sie es bemerkt hätten, teils weil er nicht Auto fahren konnte und keine Nachtbusse verkehrten. In Svenssons Angaben schien außerdem alles zusammenzupassen, sie veränderten sich nicht und enthielten keinerlei Widersprüche oder Ungereimtheiten. Eine erste rasche Überprüfung seiner Vorgeschichte hatte ebenfalls keine alarmierenden Resultate ergeben: Er war weder durch Gewalttätigkeit noch durch hitziges Temperament oder übertriebene Eifersucht aufgefallen. Er schien im Gegenteil ein ruhiger und friedlicher Charakter zu sein. Soweit die Polizisten es beurteilen konnten, frönte er auch keinen exzentrischen sexuellen Neigungen. Das alles musste natürlich noch überprüft werden.

Gab es andere Männer, ehemalige Freunde? Nein, nicht

soweit er wusste. Auf einer Italienreise im letzten Sommer hatte sie sich jedoch in einen Italiener verliebt, was zu einer akuten, aber rasch vorübergehenden Krise in ihrer Beziehung geführt hatte. Und im Sommer 1963 in Frankreich hatte ein französischer Junge mit ihr geflirtet, den sie während eines Familienurlaubs an der Riviera kennengelernt hatte. Die beiden hatten eine Art Fernbeziehung per Brief angefangen.

Diese Verbindungen waren mittlerweile beendet. Zumindest soweit er wusste.

Svensson konnte jedoch berichten, dass Kickan manchmal auf dem Heimweg von der U-Bahn durch den Wald, der die einzelnen Bereiche von Hökarängen voneinander trennte, verfolgt worden war, und bei einer Gelegenheit im vergangenen Herbst war sie dort einem Exhibitionisten begegnet. Außerdem gab es dort viele Voyeure. Das bewusste Waldgebiet mit seinen Fuß- und Radwegen endete in einem Streifen mit dichtem Bewuchs genau hinter dem Haus Söndagsvägen Nr. 88. Das Gelände fiel an dieser Stelle steil ab: Eine Person, die ein wenig weiter oben an dem steilen Abhang stand, konnte mühelos in die Fenster im oberen Stockwerk des Reihenhauses hineinschauen. Und dass Kickan im Bett ihrer Eltern schlief, mit dem Telefon an ihrer Seite, könnte nach Ansicht ihres Verlobten daran gelegen haben, dass sie Angst gehabt hatte. Vor etwas oder vor jemandem.

Doch wovor hätte sie Angst haben sollen? Der nördliche Teil von Hökarängen wurde zwar wie gesagt als Problembereich wahrgenommen, doch Skönstaholm bildete eine Art Gegenpol dazu, einen ruhigen und sicheren Ort, wo

jeder jeden kannte. Die hier lebenden Familien, besonders die seit den Anfängen dabei waren, hatten ein starkes Gemeinschaftsgefühl entwickelt. Viele Feste wie die
Walpurgisnacht und Lucia feierte man gemeinsam, und es
wurden gemeinschaftliche Weihnachtsbaumplünderun-
gen und Krebsfeste veranstaltet. An Mittsommer begann
der Umzug der Bewohner am kleinen Platz vor dem Laden,
und an der Spitze des Zuges ging Lillan Sundins Vater, der
bekannte Kapellmeister Arvid Sundin, mit seinem Akkor-
deon. Neben ihm der großgewachsene Radiosprecher und
Musiker Sten Carlberg mit seiner Gitarre. Sie spielten unter anderem dessen bekannten Song «Sommer, Sommer,
Sommer», den er komponiert hatte, als er nach Skönstaholm gezogen war. Bei jeder Häuserzeile, an der man
vorbeikam, schlossen sich weitere Menschen dem Zug an,
und die Prozession wuchs, während sie sich zu den weit-
läufigen Wiesen neben dem Tennisplatz hinunterschlän-
gelte, wo der mit Laub geschmückte Mittsommerbaum
aufgerichtet wurde und das gemeinsame Mittsommerfest
begann, zunächst mit Spielen und Geschenke-Angeln für
die Kinder, später am Abend mit Tanz für die Erwachsenen, der oft bis in die Morgendämmerung andauerte. Den
Tennisplatz hatten die Einwohner selbst angelegt: Viele
spielten Tennis, auch Kickans Vater, auch die Kinder, und
einige von ihnen sollten sich in dieser Sportart einen Namen machen.[14] Im Winter wurden Skiwettbewerbe veranstaltet, ein extra angelegter runder Asphaltplatz wurde
geflutet, sodass eine Eisbahn entstand, und die langen,
breiten Hänge hinunter zum Tennisplatz eigneten sich
hervorragend zum Rodeln.

Im ersten Jahrzehnt seit der Erbauung des Viertels hatte

man eine erstaunliche Zahl gemeinsamer Aktivitäten entwickelt. Alles in Eigenregie. Man traf sich zum Fotogra-
fieren, zum Bridge, zu Schach und Tischtennis. Darüber
hinaus gab es einen Hausfrauenverein, der unter anderem
Kurse im Nähen, Weben, Batiken, Porzellanmalerei und
Bettwäschepflege anbot und Modenschauen mit selbstent-
worfenen Hüten arrangierte sowie Aristophanes' «Lysis-
trata» mit selbstgenähten Kostümen aufführte. Im Stadtteil wuchsen viele Obstbäume, und die Bewohner ließen
in ihren Kellern unter den Tischtennistischen heimlich
Wein gären. Auf dem kleinen Platz am Rand der Siedlung
gab es auch einen Damenfriseur und einen kleinen *ICA*-
Laden, dessen Besitzer seine Kunden mit Vornamen an-
sprach und bei dem man seine Einkäufe jederzeit in einem
zerfledderten Spiralblock anschreiben lassen konnte.

Einer der Menschen, mit denen ich sprach, sagte mir,
dass das Leben dort «nicht wie ‹Die Kinder aus Bullerbü›
war, aber fast». Diese Assoziation ist interessant und leicht
nachzuvollziehen: die dicht zusammenstehenden Häuser,
die Nähe zur Natur, die Horden von Kindern, alle in ungefähr demselben Alter, die den ganzen Tag draußen her-
umtollten. Die Äußerung sagt auch etwas über die damalige Zeit aus. Astrid Lindgren war äußerst populär – 1965
erschien ein weiteres ihrer Bullerbü-Bücher[15], und im Jahr
davor war «Vi på Saltkråkan» (Ferien auf Saltkrokan) mit
riesigem Erfolg im Fernsehen gelaufen. Ihre geschickt und
mit viel Gefühl gestalteten ländlichen Idyllen waren für
Stadtmenschen gedacht, nicht obwohl, sondern gerade
weil diese in einem immer weiter urbanisierten, säkula-
risierten, durchrationalisierten, anonymisierten und mo-
dernisierten Land lebten. Lindgren zeichnete das Bild ei-

nes stillen, pastoralen Schweden, das just in dem Moment gefeiert wurde, in dem es unterging.

Zu dieser Zeit, also Mitte der 60er Jahre, war in Skönstaholm und auch in Schweden etwas in Gang gekommen: ein großer, nicht geplanter Umbruch, der die alten Lebensgewohnheiten auf unvorhergesehene und einschneidende Weise veränderte. Viele der oben erwähnten regen Hobby-Gruppen im Viertel, die sich in den Kellern und den Wohnzimmern der Bewohner getroffen hatten, verkümmerten oder hatten sich bereits aufgelöst. Immer weniger Menschen nahmen an den gemeinsamen Festen teil, gerade auch an der größten Veranstaltung, der Mittsommerfeier unten auf der Wiese, die vier, fünf Jahre später ganz abgeschafft werden sollte. Das war nicht auf irgendein obskures Ereignis zurückzuführen, sondern schlicht und einfach auf den Wohlstand: das Fernsehen, das Auto, das Sommerhaus. Jeder saß bei sich zu Hause und schaute *Hylands hörna*, fuhr im eigenen Auto zu jemandem zu Besuch oder irgendwohin, wo es etwas noch Interessanteres gab und was auf einmal leicht erreichbar war, oder verschwand in das neu erworbene kleine Sommerhaus und blieb dort. Als zwölf, dreizehn Jahre vorher die ersten Einwohner in die neue Siedlung gezogen waren, gab es im ganzen Söndagsvägen ungefähr zehn Autos. 1965 hatte sich diese Zahl beinahe verzehnfacht. Die Parkplätze reichten nicht mehr aus. Die Wohlstandskritiker hatten befürchtet, dass ein neuer, entindividualisierter Massenmensch entstehen könnte, doch das Gegenteil geschah – alte Zugehörigkeiten zerfielen allmählich in einer Art Atomisierung.

Ein Idyll ist kein absoluter Zustand. Es entsteht erst im

Nachhinein. Seine Voraussetzung ist eine Veränderung, eine Verwandlung, ein plötzlicher Riss. Daher ist es immer eine nachträgliche Konstruktion.

Die üppig begrünten Flächen rund um die Reihenhauszeile wurden von fünfundzwanzig uniformierten Polizisten mit sechs Hunden durchkämmt. Nach G W Larssons Anweisungen gingen sie als Menschenkette durch die hügeligen Park- und Waldbereiche am Söndagsvägen. Sie trugen die 1965 bei Polizisten übliche Dienstkleidung mit Schirmmütze, dunkelblauer Uniform mit blanken Knöpfen, weißem Koppel, weißen Knüppeln, weißem Hemd, schwarzem Schlips und weißen Handschuhen. Pistolen wurden nur nach 18 Uhr getragen, oder in besonderen Situationen. Nur ein halbes Jahr davor hatten alle diese Männer noch Säbel getragen, doch waren diese im Zuge der Verstaatlichung der Polizei am 1. Januar abgeschafft worden. Einige trugen trotzdem weiterhin Säbel. (Die Reform war in den Reihen der Polizei umstritten.) Auf den Fotografien sind Kriminalbeamte in Zivil zu sehen, die dünne Mäntel angezogen haben, um sich gegen den Nieselregen und den kühlen Wind zu schützen. Andere haben die Hände in den Taschen. Die Suchaktion wurde von einem kahlköpfigen Mann mittleren Alters in hellem Trenchcoat geleitet, Kommissar Torsten Lindberg von der Wache in Farsta.

Polizisten und Hunde durchsuchten Gebüsche, Hecken und die freien Rasenflächen zwischen den Häusern sowie die zur Tennisbahn hin abfallenden Wiesen. Das meiste, was sie fanden, war Abfall, doch wurde zur Sicherheit und der Form halber alles mitgenommen, obwohl nichts davon in unmittelbarem Zusammenhang zum Fall zu stehen schien. Die Funde – ein Taschenmesser, ein Herrenschuh, ein blutiger Wattebausch, ein Damenstrumpf, ein Zettel mit dem Namen «Roger Esping» darauf etc. – wurden nummeriert und für die Lagerung und eine eventuelle Untersuchung durch die Kriminaltechnik registriert.

In der Theorie war das durchaus richtig. Die Menschenketten übersahen jedoch etwas, das während der ganzen Zeit in einem Gebüsch lag und vielleicht auch auf den ersten Blick als Müll hätte durchgehen können, das sich aber, als es schließlich gefunden wurde, als wichtiges Beweisstück entpuppte.

Am späten Nachmittag mussten auch diejenigen Polizisten, die von Tür zu Tür gegangen waren, erkennen, dass ihre Bemühungen nur magere Ergebnisse gezeitigt hatten. Die Leute hatten bestätigt, dass man – über die in Hökarängen häufigen Fälle von Sachbeschädigungen, nicht zuletzt von Straßenlaternen, hinaus – ein Problem mit Voyeuren und Exhibitionisten hatte. Viele Frauen hatten Angst, nach Einbruch der Dämmerung allein von der U-Bahn durch den Wald zu gehen. Trotzdem verschloss man selten die Türen oder zog die Gardinen vor – schließlich war man ja in Skönstaholm. Niemand hatte etwas Auffälliges beobachtet, niemand hatte etwas bzw. eine oder auch mehrere Personen gesehen, die man mit dem Todesfall in Nummer 88 in Verbindung hätte bringen können.

Es war allerdings Ende Juli, kurz vor Ende der landesweiten Werksferien, und ein großer Teil der Einwohner war verreist. Der gleiche Umstand, der dafür gesorgt hatte, dass so viele der gemeinschaftlichen Sommeraktivitäten eingeschlafen waren, sorgte jetzt für eine unerwartet geringe Zahl an Zeugen: Viele hielten sich immer noch in ihren Sommerhäusern auf. Man versuchte ihre Zahl zu schätzen, indem man festhielt, in wessen Briefkasten Post oder Zeitungen lagen. Die Kriminalbeamten entschieden, dass eine weitere Klingelaktion Anfang der folgenden Woche wahrscheinlich bessere Ergebnisse liefern würde.

Während die Polizisten in weißen Handschuhen mit ihren Hunden unterwegs waren, bewachten zwei weitere die Nummer 88: Einer stand vor der Haustür, der andere an der Terrasse. In der ganzen Zeit gingen die fünf Mitarbeiter der Spurensicherung ein und aus; sie hatten ihren VW-Bus direkt vor dem Haus geparkt. Ihre Aufgabe war nicht einfach. Wegen der Fehler, die die ersten Polizisten vor Ort gemacht hatten, war der Tatort nicht gesichert worden, man hatte die Leiche abtransportiert, und insgesamt neun Personen waren durch das kleine Reihenhaus getrampelt.

Die fünf Kriminaltechniker ignorierten die Fotografen und gingen mit ihren kleinen, weichen Pinseln und ihrem Pulver durchs Haus und suchten auf herkömmliche Weise nach Fingerabdrücken. Sie untersuchten das Schlafzimmer, wo das Opfer gefunden worden war, sie fotografierten alles – sowohl in Schwarz-Weiß als auch als Farbdia –, sie packten Bettwäsche, Kleidung, Unterwäsche, das Telefon und so weiter für den Abtransport und zur Analyse ein, sie saugten alle Böden ab und wechselten in jedem Zimmer die Staubbeutel, die sie in besonders gekennzeichneten Umschlägen verpackten, sie zeichneten Skizzen und machten sich Notizen. Sie untersuchten beide Eingangstüren, die Kellertür im Haus und die Tür außen am Beginn der Häuserzeile, die ebenfalls in den Keller führte.

Nirgendwo fanden sich Spuren von Gewalteinwirkung, und alle Schlösser funktionierten einwandfrei. Sie kontrollierten Fenster, Fensterbleche und Fensterriegel, doch alles war in Ordnung, und sie konnten weder Kratzspuren, Fußabdrücke oder Ähnliches entdecken, das darauf hingedeutet hätte, dass sich jemand auf diesem Weg Einlass verschafft hatte. Die zwei Dachluken an der Vorderseite waren zwar nicht verschlossen, doch fanden sich keine Anzeichen dafür, dass jemand auf dem Dach gewesen oder an den Regenrohren hochgeklettert wäre. Als man die Luken öffnete, rieselten außerdem Staub und Schmutz herunter, und da es darunter genauso sauber und ordentlich war wie auch sonst im oberen Stockwerk, folgerten die Techniker, dass auch über das Dach niemand eingedrungen war.

Die erste und einfachste Vermutung schien also richtig zu sein: Der Täter war höchstwahrscheinlich durch die nichtverschlossene Terrassentür ins Haus gelangt. Die Kellertür konnte man wohl ausschließen: teils hatte sie ein besseres Schloss, teils hätte sich der Berg an Post und alten *Dagens Nyheter* davor unweigerlich verschoben, wenn jemand über die Kellertreppe eingestiegen wäre.

Allerdings hatte man eine Beobachtung gemacht, die die Frage nach dem Zeitpunkt des Überfalls betraf. Auf dem Nachttisch lagen, wie bereits gesagt, mehrere Gegenstände, die darauf hindeuteten, dass Kickan auf dem Weg ins Bett gewesen war, als der Mord geschah – wie die aufgeschlagene Zeitschrift und die Handcreme mit dem geöffneten Deckel –, während andererseits ein wichtiges Detail fehlte: das Glas Wasser, mit dem sie jeden Abend vor dem Einschlafen die Anti-Baby-Pille hinunterspülte. Sie war nicht im Schlaf angegriffen worden.

Gegen fünf Uhr nachmittags beendeten die Kriminaltechniker ihre Arbeit für diesen Tag. Es würde mehrere Tage dauern, bis die endgültigen Ergebnisse unter anderem der Analyse der Fingerabdrücke da sein würden, doch Kommissar GW Larsson hatte bereits eine Theorie dazu, was sich abgespielt haben könnte, die er an die eifrig mitschreibenden Reporter weitergab. Jemand, vielleicht einer der Voyeure der Gegend, womöglich eine «psychisch labile Person», hatte von dem hohen und steilen Hang hinter dem Reihenhaus Kickan zufällig durch das Fenster gesehen. (Als Letztes, bevor sie ins Bett ging, wusch sie ihre Unterwäsche, so viel wusste man, und ihr Verlobter hatte während seiner Vernehmung in einem Nebensatz erwähnt, dass sie dabei auch schon mal nackt herumgelaufen war.) Die bewusste Person hatte sich dann aus einem Impuls heraus durch die unverschlossene Tür «Eintritt verschafft und sie im Schlaf ermordet». Oder er war ertappt worden und hatte sie getötet, um sie daran zu hindern, Alarm zu schlagen. Die Frage war nur, wie? Wie hatte er sie getötet? Das war immer noch ein Rätsel.

Der Mord wäre demnach eine spontane Tat von jemandem gewesen, der zufällig vorbeigekommen war. Die falsche Person am falschen Ort zum falschen Zeitpunkt.

Ein Täter, der derart impulsiv handelte, war einerseits sehr gefährlich, sollte jedoch andererseits verhältnismäßig leicht ausfindig zu machen sein. Aufgrund des zufälligen und unorganisierten Charakters des Verbrechens müsste es fast zwangsläufig zahlreiche Spuren und wahrscheinlich auch Zeugen geben. Man hatte bereits eine Beschreibung des möglichen Täters.

Wer war GW Larsson, der Kriminalkommissar, der die Ermittlungen leitete? Ich lerne schnell, seine Signatur «GWL» in den Unmengen an Unterlagen wiederzuerkennen, die bei den Ermittlungen angefallen sind und die heute im Polizeiarchiv aufbewahrt werden. Sie taucht überall auf, als Genehmigung einer Maßnahme oder als Bestätigung, dass er etwas zur Kenntnis genommen hat. Und auch in den alten Zeitungsartikeln wird meist er zitiert. Die Reporter scharen sich mit Block und Stift um ihn, hören zu, fragen nach, machen sich Notizen.

Gösta William Larsson war innerhalb der Polizei einen langen Weg gegangen. Geboren in einem kleinen Dorf in Österlen, bewarb er sich nach einer längeren Zeit als Assistent des Landpolizeikommissars in Höör um eine Stelle als Wachtmeister mit besonderen Aufgaben bei der Schutzpolizei in Stockholm, die er auch bekam. Das war 1931, und Larsson war fünfundzwanzig Jahre alt. Mit Kriegsbeginn erhielt er erste Aufgaben als Kriminalpolizist, und dazu gehörte auch die Suche nach Tätern von Raubüberfällen. Seinen ersten Fall löste Larsson blitzschnell: Innerhalb von vierundzwanzig Stunden hatte er den Schuldigen identifiziert und festgenommen, die Beute gefunden und dem Eigentümer zurückgegeben sowie Sachbeweise gesichert – Fingerabdrücke auf einer Schnapsflasche, die man in einem Holzstapel in einem Hinterhof in Gamla Stan gefunden hatte. Seine Vorgesetzten waren beeindruckt.

Larsson erhielt immer nur die besten Arbeitszeugnisse. Er hatte «außerordentliche Kompetenz, außerordentliches Leistungsvermögen, außerordentliche Urteilsfähigkeit, außerordentliche Zuverlässigkeit» unter Beweis gestellt. Es wäre dennoch falsch, in diesem großgewachsenen, aber zurückhaltenden Mann einen Karrieristen zu sehen. Ich glaube eher, dass er ein Mensch war, den es auf eine Position verschlagen hatte, auf der er seine Talente entfalten konnte, Talente, von denen er zum Teil nicht einmal wusste, dass er sie besaß.

Er war ausdauernd und engagiert, gab praktisch nie auf. Seine Beharrlichkeit grenzte schon manchmal an Besessenheit. Wenn ein Fall ihn wirklich gepackt hatte, arbeitete er Abende und Nächte hindurch und auch in seiner Freizeit. Als nach dem Mörder eines zehnjährigen Mädchens namens Kerstin Blom gefahndet wurde, verbrachte er zwei Monate lang jede Mittagspause auf Spielplätzen in der Gegend, in der das Mädchen verschwunden war, um hinter einer Zeitung versteckt nach Männern Ausschau zu halten, die Kontakt zu den Kindern suchten. Und vor den Weihnachtsfeiertagen füllte er meist als Letztes seine Tasche mit Unterlagen zu aktuellen Fällen.

Seine Ruhe und Intelligenz, sein methodisches Vorgehen und sein scharfes Auge für Details machten ihn zu einem fähigen Ermittler. Dank seines ausgeprägten Interesses an Menschen und seines starken psychologischen Einfühlungsvermögens war er außerdem ein geschickter Vernehmer. Viele hielten ihn sogar für den besten in Schweden. Mit seinem vertrauenerweckenden schonischen Akzent konnte er auch noch den Hartgesottensten Geständnisse entlocken.

Einmal sollte er den Mord an einer siebenundzwanzig Jahre alten Prostituierten aufklären, die man in ihrer kleinen Wohnung erdrosselt und mit ihrem Slip im Mund aufgefunden hatte. Nach schwierigen Ermittlungen, in deren Zuge Larsson immer wieder nachts unterwegs gewesen war, um Kontakte zu den Stockholmer Prostituierten zu knüpfen, und es ihm sogar gelungen war, mit dem ehemaligen Zuhälter des Opfers auf freundschaftlichen Fuß zu kommen, war er einem Verdächtigen auf die Spur gekommen, einem Landarbeiter aus Göteborg. Es gab jedoch keinerlei beweiskräftige Indizien, und der Mann leugnete die Tat hartnäckig. Larsson war jedoch ebenso zäh. Er schloss sich allein mit dem Verdächtigen im Vernehmungsraum ein, zog das Telefonkabel aus der Buchse und setzte sich ihm gegenüber. Zwischen ihnen stand wie üblich nur die Schreibmaschine, auf der er gewissenhaft alle Fragen und Antworten festhielt. Die Vernehmung zog sich über viele Stunden hin, den ganzen Tag lang, mit kurzen Zigaretten- und Essenspausen. Gegen Abend waren beide erschöpft, doch der Mann hatte nicht gestanden. Sie sahen einander eine Weile lang an, dann stellte Larsson eine letzte, unerwartete Frage: «Konnten Sie von Ihrem Platz im Bett aus ihren Slip erreichen, oder mussten Sie aufstehen, um ihn zu holen?» Der Mann schwieg, lange Zeit, doch es war ein neues Schweigen, und Larsson spürte eine Art innerer Erschütterung bei dem Verdächtigen, weshalb er dessen Hand ergriff, wie man es bei einem verängstigten Kind machen würde – worauf das vollständige Geständnis aus dem Mann heraussprudelte.

GW Larsson hatte etwas zutiefst Menschliches, das verhinderte, dass er der häufigsten Gefahr seines Berufs erlag: sich zu verhärten, um all das, womit er konfrontiert wurde, zu überleben. Vielleicht gelang ihm das mit Hilfe einer besonderen Gabe, nämlich der des Vergessens? Im Laufe der Jahre ermittelte er in dreihundertsechzig Mordfällen, doch durch die schiere Masse scheinen die einzelnen Bilder für ihn ineinander verschwommen zu sein; er selbst hat erzählt, er habe «eine Reihe grauenhafter Taten ins versöhnende Vergessen abgeschoben». Doch das hat mit Sicherheit Spuren hinterlassen. Die Verpflichtung, die er gegenüber den Ermordeten empfand, die Fälle aufzuklären, aber auch eine langsam, jedoch stetig wachsende Versagensangst hatten Larsson mit den Jahren immer mehr belastet. (Ein großes und schmerzhaftes Fiasko hatte er tatsächlich erlebt.) Darüber hinaus war er auch kein junger Mann mehr. Im nächsten Jahr würde er sechzig Jahre alt werden.

Auch privat wirkte GW Larsson zurückhaltend. Sonntags pusselte er gern in seinem Garten, war dabei allerdings immer bereit, alles fallen zu lassen, wenn ihn wieder einmal ein Anruf zum Dienst holte. Er war belesen und hatte seit seiner Kindheit ein Faible für Archäologie, doch vor allem interessierte er sich für Kunst. In seinem Haus in Enebyberg hatte er mit der Zeit – und gegen Ratenzahlung – eine sehr schöne kleine Sammlung modernistischer Malerei zusammengetragen, darunter einige surrealistische Bilder von Künstlern aus der Halmstadgruppe. Ich habe nirgends einen Hinweis gefunden, dass Larsson je seine Dienstwaffe gezogen, geschweige denn benutzt hätte. Er trug fast immer Fliege.

Es kommt mir eigenartig vor, ihn auf diese Weise zusammengefasst zu sehen. Denn wirkt er dadurch nicht ein wenig wie ein literarisches Klischee? Der erfahrene und nachdenkliche Kommissar, kulturell interessiert und mit exzentrischen Charakterzügen, erfolgreich, doch mittlerweile etwas müde, geradezu desillusioniert, und von seinen eigenen Dämonen gepeinigt. Fakten und Fiktion bedingen sich gegenseitig, doch hier hat wohl die Realität den Vortritt. In jenem Jahr erschien Maj Sjöwalls und Per Wahlöös Krimi «Roseanna», dessen Hauptfigur, ein gewisser Kommissar Beck, «der fähigste Vernehmungsleiter des Landes», ganz offensichtlich Züge von GW Larsson geliehen hat. Und Beck hat Nachfolger bekommen, zu viele, um sie alle aufzuzählen, doch vielleicht könnte man sagen, dass GW Larsson auf diese Weise weiterlebt, nicht als Name oder als Bild, sondern in Fragmenten, als ein Bündel von Eigenschaften, das in der Welt der Fiktion zu immer neuem Leben erweckt wird.

1965 wusste jeder in Schweden, wer GW Larsson war. Unter seiner Leitung hatte sich das Erste Dezernat den Ruf als das beste im Land, ja sogar als eines der besten in Europa erworben. Es löste 80 bis 85 Prozent aller seiner Fälle. Unaufgeklärte Mordfälle waren damals in Stockholm eine Seltenheit. Heute ist Larsson in Vergessenheit geraten. Eine Google-Suche ergab eine Handvoll Treffer, alle mit magerem Informationsgehalt. Ein guter Freund von mir, der neugierig wurde, als ich ihm von Larsson erzählte, fand im Internet nicht ein einziges Bild von ihm.

Als Kickan am Dienstagabend tot aufgefunden wurde, war auch die junge Frau dabei, die im Haus nebenan wohnte, Anna Margareta Sundin – von allen nur Lillan genannt. Sie waren seit vier oder fünf Jahren Nachbarinnen und befreundet. Sie waren zwar nicht auf die gleiche Schule gegangen, fuhren aber oft gemeinsam mit der U-Bahn in die Stadt. Lillan war eine von Kickans wenigen Freundinnen. Kickan schien sich mit ihren ehemaligen Schulkameraden nur selten zu treffen, und während der letzten Jahre

hatten sie und ihr Verlobter die meiste Zeit zu zweit verbracht. Auch wenn sie das so gewollt hatte, fand sich doch
in ihrem Kalender ein Eintrag, der erkennen lässt, dass ihr
jemand, außer ihrem Verlobten, fehlte, dem sie sich anver-
trauen konnte.

In der Vernehmung konnte Lillan bestätigen, dass sie
gesehen hatte, dass der große Bruder von Kickans Verlob-
tem sie am Sonntagabend nach Hause gefahren hatte. Ihr
eigener Freund war da gerade zu Besuch, weshalb sie nicht
nach draußen gegangen war, um Kickan zu begrüßen,
doch nach einer Weile war Kickan herübergekommen, in
Plauderstimmung und weil sie sich etwas zu essen borgen
wollte. Als Lillans Verlobter schließlich gefahren war, war
es Viertel nach neun, und sie war zum Nachbarhaus hinübergegangen. Die beiden hatten im Wohnzimmer gesessen und geraucht, die aus Spanien mitgebrachte Scho-
kolade gegessen und sich unterhalten. Es war ein wenig
stickig im Zimmer, deshalb war Kickan irgendwann während des Gesprächs aufgestanden und hatte die Terrassentür geöffnet, um zu lüften.

Danach wollte sie zwei Briefe verschicken – einen an
ihre Eltern im Ausland und einen mit fünfzehn Kronen
darin, die sie sich auf der Heimreise von einem Paar geliehen hatte –, weshalb sie zu Lillan hinübergegangen waren,
um Umschläge und Briefmarken zu holen.[16] Und weil
Kickan wollte, dass die Briefe mit der ersten Post abgingen, war sie zum nächstgelegenen Briefkasten, neben dem
Laden, gegangen, der nur gut einhundertfünfzig Meter
entfernt war. Lillan ging mit. Es war jetzt halb zehn. Auf
dem Weg blieben sie für rund zehn Minuten stehen, um
mit Nachbarn aus einem der Reihenhäuser zu sprechen.

Weitere Personen waren nicht zu sehen. Es dämmerte, und die sommerliche Luft wurde allmählich kühl. Kickan, die nur dunkelblaue, lange Hosen, eine weiße Bluse und schwarze Sandalen trug, hatte sich von Lillan eine Strickjacke geliehen.

Als sie wieder zurück waren, ging Kickan mit zu Lillan, unter anderem, um sich etwas Waschmittel zu borgen, damit sie ihre Unterwäsche waschen konnte. Bei dieser Gelegenheit erzählte Lillan ihr, was ihr vor einigen Tagen zugestoßen war.

Anfang der Woche hatte sie sich in der City mit einer Freundin getroffen, es war spät geworden, und sie hatte einen Zubringerbus genommen. Wie den meisten Frauen war es auch ihr nicht geheuer, im Dunkeln allein durch den Wald und an dem hohen Felsbuckel vorbeizugehen, und wie immer hatte sie sich gründlich umgeschaut, aber niemanden gesehen. Nach ungefähr fünfhundert Metern hatte sie Schritte hinter sich gehört. Dort ging ein Mann. Ängstlich beschleunigte Lillan ihre Schritte, doch der Mann ging ebenfalls schneller. Schließlich hatte er sie eingeholt und angefangen, sich mit ihr zu unterhalten. Er hatte sie gefragt, wo sie gewesen war, was sie gemacht hatte, kurz: Er versuchte, sie anzumachen. Lillan war immer schneller gegangen. Voller Panik hatte sie versucht, seine Annäherungsversuche abzuwehren, und hatte mit ihm gesprochen, um ihn zu beschwichtigen. Als sie ihr Haus gesehen hatte, war sie losgerannt, hineingestürzt und hatte sofort hinter sich abgeschlossen. Vom oberen Stockwerk aus hatte sie gehört, wie der Mann da unten in der Dunkelheit um das Haus herumlief und an eins der Fenster klopfte.

Mehr als fünfzig Jahre sind seitdem vergangen, wir schreiben Januar 2019, und ich esse mit Lillan[17] an einem Fenstertisch in «Källhagens värdshus» zu Mittag, mit Aussicht über die eisbedeckte Djurgårdsbrunnsviken. Unten am Strand eilt hin und wieder ein dick eingemummelter Vater in Elternzeit mit Kinderwagen vorbei sowie der eine oder andere Jogger. Die Sonne scheint auf den blendend weißen Schnee. Wir haben mehrmals miteinander telefoniert, aber erst jetzt einen Termin für ein Treffen gefunden. Lillan ist eine elegante Frau in den Siebzigern, mit hennarotem Pagenkopf, kirschroten Nägeln und großem Silberschmuck. Und mit einem schönen, breiten Lächeln. Sie hat sowohl in Verlagen als auch in der Werbebranche gearbeitet. Als ich ihr die Dokumente zeige, tauscht sie zum Lesen eine hübsche Brille gegen eine andere hübsche Brille. Wir essen beide Kartoffelpuffer. Wir trinken beide Wasser ohne Kohlensäure.

Sie fragt mich, ganz offensichtlich ein bisschen unangenehm berührt, warum ich über den in Vergessenheit geratenen Fall schreiben will. Ich erkläre ihr, dass es mir dabei zum Teil um meinen alten Traum geht, an einem Thema zu arbeiten, das noch in der Erinnerung der Menschen gegenwärtig ist. Als Historiker kommt man unweigerlich zu spät an den Ort des Geschehens. Man ist auf Quellen und Dokumente angewiesen, und zwar unabhängig davon, ob man wie ich über das 17. oder über das frühe 20. Jahrhundert schreibt.[18] Man kann niemanden fragen, der dabei war. Das kann man jedoch, wenn es um die 1960er Jahre geht – eine Zeit, an die ich mich selbst noch erinnere, weil ich in ihr aufgewachsen bin.

Als ich mit der Arbeit begann, tat ich das, wie gewöhnlich, voller Optimismus und buchstäblich in Helligkeit. Denn als ich das erste Mal zum Stockholmer Stadtarchiv fuhr und die lange, steile Treppe von Kungsklippan aus hochstieg, war es Anfang September und ein warmer Altweibersommer. Kindergartenkinder spielten in dem kleinen Park neben dem niedrigen Ziegelbau, in dem sich das Archiv befindet. Bald schon saß ich erwartungsvoll in dem hellen Lesesaal, und ein Wagen mit bauchigen Archivkartons wurde herangerollt. Ich verlor mich darin. Die Öffnung im Raum-Zeit-Gewebe tat sich auf. Wieder einmal.

Doch obwohl die Arbeit in vieler Hinsicht tatsächlich einfacher war als mit historischen Dokumenten, hatte sich, als ich Lillan jetzt traf, bereits eine gewisse Frustration eingestellt. Zeitzeugen aufzutreiben war schwieriger gewesen, als ich gedacht hatte. Und als es mir doch geglückt war, mit einigen Personen in Kontakt zu kommen, lautete die häufigste Antwort auf meine Fragen: «Daran kann ich mich nicht erinnern.» Dabei fiel mir ein, wie mein Vater, als die Demenz ihn allmählich umfing, auf meine Fragen zu seinem Leben oder zu meiner Kindheit immer häufiger antwortete «Ich kann mich nicht erinnern», und zwar in einem Ton ständig wachsender Verzweiflung, sodass ich schließlich zu fragen aufhörte.[19] Es ist natürlich, dass so vieles in Vergessenheit gerät. Erinnerungen verblassen, verwittern oder werden durch etwas ersetzt, das Freud Deckerinnerung nannte, Dinge, an die wir uns erinnern, um uns nicht an andere Dinge erinnern zu müssen. Um solche Deckerinnerungen handelt es sich wohl bei einigem, was Zeugen mir erzählt haben, aber sicher kann ich mir nicht sein.

Das Gedächtnis ist spröde. Nicht nur, dass einiges verlorengeht. Die Erinnerungen können auch einer Art Umorganisation unterworfen werden, einem Aufräumprozess, wobei Details hinzugefügt oder verschoben werden, oftmals auf der Grundlage von später erworbenem Wissen oder aus einer Art innerer Logik des Narrativs. Der Rechtsmediziner Lidholm berichtete viel später, dass er eigentlich derjenige gewesen sei, der herausfand, wie Kickan ermordet worden war, und zwar, weil ihm ein charakteristischer Geruch aufgefallen sei, als er die Leiche öffnete. Das stimmt schlicht nicht; das geht sowohl aus dem Obduktionsbericht wie auch aus anderen Unterlagen hervor. Der Kriminaltechniker Wincent Lange arbeitete nach seiner Pensionierung an einem Buch über den Fall – das er nie vollendete –, in dem die ganze Jagd nach dem Mörder als ziemlich unproblematisch dargestellt wird. Es enthält zwar nur wenige sachliche Fehler, aber die ganze Abfolge wurde in seiner Erinnerung stark komprimiert, sodass der Ablauf manchmal unlogisch wurde. Es ist mir auch mehrmals passiert, dass mir jemand etwas ziemlich detailliert geschildert hat, ich aber wusste, dass dieselbe Person 1965 in den Vernehmungen etwas ganz anderes ausgesagt hatte. Dabei lügen diese Menschen nicht, sondern ihre Erinnerungen sind verblasst, und die Lücken haben sich mit Mutmaßungen oder Spekulationen oder den Erinnerungen anderer gefüllt, Improvisationen, die mit der Zeit die Form von Erinnerungen angenommen haben.

Sowohl die Vernunft als auch die Hirnforschung sagt uns, dass der Zerfallsprozess beim Vergessen keineswegs linear verläuft. Einiges geht recht schnell verloren. Das muss so sein. Anderes bleibt hängen, abhängig von seiner

relativen Bedeutung oder den Umständen oder dem Zeitpunkt, zu dem wir es erlebt haben.[20]

Außerdem befinde ich mich natürlich – unfreiwillig –
in einer überlegenen Position, wenn ich Menschen frage,
woran sie sich aus dem Sommer 1965 erinnern. Ich habe
alle Akten des Amtsgerichts und des Oberlandesgerichts
durchgearbeitet. Ich habe alle Vernehmungsprotokolle
gelesen, einige davon fünf- oder sechsmal. Ich habe den
Bodensatz des Polizeiarchivs auch nach nebensächlichen
Informationen durchsiebt, die vielleicht irgendetwas zum
Verständnis beitragen könnten. Ich glaube daher, dass ich
erkennen kann, ob jemand sich erinnert oder ob er nur
glaubt, sich zu erinnern. Offenkundig gibt es aber auch
Dinge, die man nicht vergisst, die sich ins Gedächtnis
brennen. Für immer.

Unser Mittagessen neigt sich dem Ende zu. Die Beleuch-
tung wird gedimmt, und die Reihen von Leuten auf *Kick-
off*-Veranstaltungen oder Konferenzen oder was auch
immer lichten sich. Das Personal beginnt die Tische ab-
zuräumen. Bald sind wir die Einzigen hier. Lillan hat mir
von ihrem Leben erzählt, von ihrem Vater, ihrer Jugend in
Hökarängen, jenen Tagen Ende Juli 1965, sie hat mir beschrieben, wie es war, als sie die Leiche fanden, wie sie in
die Schlafzimmertür trat und Kickan dort im Bett liegen
sah und begriff, dass sie tot war. «Es kam mir vor, als würde ich ewig dort stehen, ich sah den schwarzen Hals, aber
dann hat mein Onkel mich gepackt und mich weggerissen.» Lillans Bericht stimmt bis ins kleinste Detail.

Genauso, als sie von dem Zwischenfall erzählt, der sich
einige Tage vor dem Mord zugetragen hatte. Ihre Schil-

derung ist klar, prägnant, detailliert. Sie erwähnt außerdem Details, die nicht in den Vernehmungsprotokollen stehen: Als sie den Mann im Dunkeln herumlaufen und an die Fenster klopfen hörte, schloss sie sich im Schlafzimmer ein und bewaffnete sich mit einer Schere. Sie weiß nicht, wie viel Zeit verging, aber am nächsten Morgen stellte sie fest, dass sie in ihren Kleidern eingeschlafen war, die Schere immer noch in der Hand.

Nachdem sie ihr das erzählt hatte, hatte Lillan deshalb Kickan geraten, gut abzuschließen und sich das Telefon neben das Bett zu stellen. Kickan, die keine Angst im Dunkeln hatte, sondern im Gegenteil als ziemlich forsch galt, war ja ein halbes Jahr davor selbst einem aufdringlichen Exhibitionisten begegnet und fand Lillans Bericht beunruhigend. Deshalb beschloss sie, im Zimmer der Eltern zu schlafen – denn nur dort gab es eine Telefonbuchse.

Mit am interessantesten und verstörendsten an Lillans Bericht war die Tatsache, dass der Mann sich offenbar in dem Reihenhaus auskannte. Er wusste von dem gemeinsamen Keller, der unter der gesamten Gebäudezeile verlief und von dem aus man direkt in die einzelnen Wohnungen gelangen konnte. Die Kellertür am Beginn der Häuserzeile stand häufig offen, und es war schon vorgekommen, dass «zweifelhafte Individuen» und Unbefugte dort unten gewesen waren – meistens Jugendliche, die «allein sein» wollten. (In den von Wohnungsnot geprägten 60er Jahren kam Sex außerhalb der Wohnung oder in Autos oder halböffentlichen Bereichen sehr viel häufiger vor als heute.) Wenn die Mieter bemerkten, dass die Kellertür offen stand – sie wurde dann oft mit einem Stein offen gehalten –, schlossen sie sofort wieder ab, doch es dauerte meist nicht lange, und sie stand wieder offen.

Lillan lieferte eine gute Beschreibung des Mannes: circa dreißig bis fünfunddreißig Jahre alt, einen Meter achtzig groß, breitschultrig, kräftig gebaut, mit gerader Nase und braunem Haar mit Pony. Sie wusste noch, dass er ein am Hals offenes Hemd über einem Shirt mit V-Ausschnitt getragen hatte. Vor allem war ihr aber etwas anderes aufgefallen: «Er hatte so unheimliche Augen, fand ich. Er sah aus, als ob er mich gleich schlagen würde.»

Man hatte Lillan verschiedene Fotos gezeigt, auf denen bekannte Sexualstraftäter zu sehen waren.

Noch am Freitag wusste man nicht, woran Kickan eigentlich gestorben war. Man war zwar überzeugt, dass ein Unbekannter sie ums Leben gebracht hatte: Der sicherste Hinweis darauf waren die Erstickungsblutungen an der Bindehaut der Augen. Gleichzeitig wusste man aber, dass sie *nicht* erwürgt worden war. Das passte nicht zusammen.

Natürliche Todesursachen waren ebenfalls ausgeschlossen. Alle Personen, mit denen man bisher gesprochen hatte, hatten das Ergebnis der Obduktion, dass Kickan keine gesundheitlichen Probleme gehabt hatte, bestätigt. In ihrem Blut hatten sich keine Spuren von Alkohol oder Schlafmitteln oder Schmerztabletten befunden, auch nicht von der zu dieser Zeit immer beliebter werdenden Droge Preludin oder von einem anderen Amphetaminpräparat oder sonst irgendeinem Narkotikum. Sie war clean. Das einzige Alkaloid, das in ihrem Blut gefunden wurde, war Koffein, allerdings in sehr geringen Mengen, 0,5 Milligramm pro 100 Gramm. Im Klartext bedeutet das, dass sie am letzten Tag ihres Lebens ein paar Tassen Kaffee getrunken hatte.

Die Analyse ihres Mageninhalts ergab ebenfalls nichts Auffälliges oder Ungewöhnliches. Es fanden sich Spuren von Erdbeeren, Petersilie, Kartoffeln, Dill und Kohl, Erbsen, Fleisch und «nicht verkleisterte Getreidestärke» – also verdautes Brot – sowie schließlich «Steinzellen des Kakaos». Diese letzte Mahlzeit hatte sie «höchstens 3 Stunden vor Eintritt des Todes» zu sich genommen. Auch das alles stimmte mit den Erzählungen der Zeugen überein – bis hin zu den letzten dünnen «Noblesse»-Täfelchen, die sie gegessen hatte, als sie mit Lillan unten auf dem Sofa gesessen, geraucht und geredet hatte.

An den Ermittlungen war auch ein Kriminaltechniker namens Bo Johansson beteiligt. Er erinnerte sich an einen bemerkenswerten Fall, den er fast genau einen Monat vorher bearbeitet hatte. Sie waren zu einem kleinen Einfamilienhaus im Kulstötarvägen 65 im Stadtteil Tallkrogen gerufen worden – weniger als einen Kilometer vom Söndagsvägen entfernt. (In Tallkrogen wohnten übrigens auch Kickans Verlobter und dessen Familie.) Angeblich hatte ein Unbekannter gegen halb zwei in der Nacht die siebzehnjährige Tochter der Familie, Anne-Lie Olsson, überfallen, die im Partykeller schlief. Das Mädchen war wach geworden und hatte einen intensiven süßlichen Geruch wahrgenommen, sie konnte nicht klar sehen, hatte aber trotzdem bemerkt, dass ein fremder Mann im Zimmer war, der ihr ein Stück Stoff aufs Gesicht drückte. Sie schrie, machte das Licht an und rannte die Treppe hinauf, wobei sie in Panik schrie: «Da ist ein Mann in meinem Zimmer!» Ihre Eltern liefen in den Keller, aber dort war niemand. Der Mann war auf demselben Weg verschwunden, auf dem er gekommen war, durch den Heizungskeller. Das Schloss an der dortigen Außentür war schon seit einiger Zeit beschädigt. Sie stellten fest, dass das Kopfkissen im Bett ihrer Tochter mit einer stechend riechenden Flüssigkeit getränkt war.

Sie riefen die Polizei. Da ein Portemonnaie fehlte, ging man von einem gewöhnlichen Einbruch aus. Bo Johannson wurde beauftragt, sich den Partykeller anzusehen. Er fand keine Spuren des Eindringlings, außer einem intensiv riechenden Fleck auf dem Kopfkissen, dem Beweis, dass es sich nicht um eine dunkle, nächtliche Phantasie handelte. Johannson nahm Proben vom Kissen.

Die chemische Analyse ergab, dass es sich bei der Flüssigkeit um Chloroform handelte.

Chloroform ist eine chemische Verbindung, die in den 1830er Jahren quasi zufällig entdeckt wurde, als ein exzentrischer amerikanischer Chemiker aus Versehen Whisky mit einem Desinfektionsmittel vermischte, das er zur Reinigung seines Hühnerstalls benutzte, und dabei feststellte, dass die Mischung eine betäubende Wirkung hatte: Die Dämpfe führten beim Einatmen schnell zu Bewusstlosigkeit. Anfangs nutzten gelangweilte Menschen der viktorianischen Epoche das Mittel als Freizeitdroge. Man konnte spezielle Apparate mit angeschlossenen Masken kaufen, mit denen man Chloroform in sicheren und völlig legalen Formen zu Hause konsumieren konnte. Den großen medizinischen Durchbruch erlebte der Wirkstoff in den 1850er Jahren, nicht zuletzt, nachdem bekanntgeworden war, dass Königin Viktoria ihn während ihrer letzten beiden Entbindungen verwendet hatte. Lange Zeit war Chloroform das am häufigsten verwendete Narkosemittel der Welt.[21]

Bald zeichnete sich jedoch ab, dass es auch eine Schattenseite hatte. Selbst gesunde Patienten konnten sterben, plötzlich und anscheinend zufällig, nachdem sie mit Chloroform betäubt worden waren. Mit der Zeit erkannte man, dass eine nur minimal überhöhte Dosis zu Herzversagen führen konnte und dass eine starke Adrenalinausschüttung des Körpers – weil der Patient große Angst bekam oder weil die Atemwege nicht richtig arbeiteten – im Verein mit Chloroform akutes Herzflimmern auslösen konnte. Leberschäden kamen ebenfalls häufig vor. Trotzdem hielten Ärzte an «diesen gefährlichen, doch gesegneten Dämpfen», wie sie genannt wurden, noch bis in die 1930er Jahre fest, als eine eindeutige Todesstatistik und die gleichzeitige Entdeckung neuer Narkosemittel dazu führten, dass man sich vom Chloroform abkehrte. Im Jahr 1965 wurde es in schwedischen Kliniken, außer den veterinärmedizinischen, nicht mehr benutzt. Es war jedoch weiterhin rezeptfrei in der Apotheke erhältlich, für sieben Kronen und fünfunddreißig Öre pro Liter. Hausfrauen benutzten es als Fleckentferner, in der Industrie wurde es zum Reinigen der Maschinen eingesetzt, Schmetterlingssammler töteten damit ihren Fang.

Als zählebiges populärkulturelles Klischee behielt Chloroform jedoch seinen festen Platz im kollektiven Bewusstsein. Im Fernsehen, in Filmen, Detektivromanen und Radiosendungen begegnetem einem – und begegnen einem bis heute – Szenen, in denen der Schurke sich von hinten anschleicht und seinem Opfer ein Stück Stoff auf Mund und Nase presst, worauf es sofort willen-, hilf- und bewusstlos wird. Hier haben wir es mit einem interessanten und nicht ungewöhnlichen Zirkelschluss zu tun, in dem Realität und Fiktion einander bedingen. Die Leute lernen aus Büchern und Filmen, wie so etwas, zum Beispiel mit Chloroform, funktioniert – scheinbar.

Denn es spielt dabei offenbar kaum eine Rolle, dass Chloroform eine unberechenbare und unzuverlässige Methode darstellt, um jemanden zu betäuben, dass das Mittel nur schwer zu dosieren ist und potenziell tödlich wirkt, dass es mehrere Minuten dauern kann, bis die Bewusstlosigkeit eintritt, und dass man sich unmöglich mit so einem Lappen in der Hand auf die Lauer legen kann – Chloroform ist flüchtig und gibt schnell Dämpfe ab. Deshalb sollte man den Lappen erst unmittelbar vor der Anwendung damit tränken, weil sonst das Risiko besteht, dass der Täter sich selbst narkotisiert.

Realität und Fiktion sind zentrale Kategorien alles Menschlichen. Sie sind so lange sinnvoll, wie wir sie auseinanderhalten und alles tun, um die zwischen ihnen verlaufenden Grenzen zu respektieren; nur weil es uns hin und wieder schwerfällt, die beiden auseinanderzuhalten, bedeutet das nicht, dass man den Unterschied ignorieren oder missachten dürfte. Einer der Gründe dafür, und auch dafür, dass wir die Trennlinie manchmal nur schwer erkennen können, ist, dass diese zwei Größen in ständiger Kommunikation miteinander stehen. Menschliche Handlungen werden nicht von der Realität bestimmt, sondern von dem *Bild*, das wir uns von der Realität machen. Menschliche Erzählungen entspringen manchmal der

Wirklichkeit, und manchmal wird die Wirklichkeit den Erzählungen angepasst. Tatsachen und Fiktion beeinflussen einander, legen sich schichtweise umeinander. Und in kaum einem Bereich zeigt sich das so deutlich wie im Verbrechen. Die Vorstellung, die sich der Durchschnittsmensch beispielsweise von einem Mord oder einem anderen schweren Verbrechen macht, hat nur sehr wenig mit der Wirklichkeit zu tun, mit der glücklicherweise nur die wenigsten eigene Erfahrungen gemacht haben. Das, was man zu wissen glaubt, stammt zum großen Teil aus Krimis und ähnlichen Werken der Fiktion. So auch in unserem Fall. Als der Mörder schließlich gefasst wurde, stellte es sich heraus, dass dieser Teil seines Plans kaum mehr war als inszenierte Filmklischees.

Bo Johansson war Kriminaltechniker, Experte für diverse physische Spuren, aber nicht für Chemie, doch als er am Freitag zur Mittagszeit aus anderen Gründen im Kriminaltechnischen Institut war, nutzte er die Gelegenheit, um mit einem der Angestellten dort über den Tallkrogenfall zu sprechen. Der bestätigte ihm, dass Chloroform durchaus auch bei Kickan Granell zum Einsatz gekommen sein und in der Tat tödlich wirken könne. Johansson rief Lidholm an, den zuständigen Rechtsmediziner.

Der ließ alles fallen, was er gerade in Händen hielt, und kontaktierte Professor Roger Bonnichsen am Kriminaltechnischen Institut, der das eingeschickte Material sofort analysierte.

Er untersuchte das Gehirn, den Magen samt Inhalt, Teile der Leber, die eine Niere sowie Blut und Urin der Toten. Chloroform ist wie gesagt in reiner, flüssiger Form leicht flüchtig, aber ist es erst einmal mit Körperflüssigkeiten vermengt oder ins Gewebe eingedrungen, verbleibt es dort und wird nur langsam abgebaut. Das Ergebnis lag schnell vor: Es ließen sich deutliche Spuren von Chloroform nachweisen, besonders im Mageninhalt (2,5 Milligramm pro 100 Gramm), vor allem aber im Gehirn (5,5 Milligramm pro 100 Gramm).

Gegen vier Uhr am Freitagnachmittag rief Bonnichsen GW Larsson an. Kickan Granell war mit Chloroform betäubt worden. Der Mörder musste ihr einen intensiv getränkten Lappen auf Mund und Nase gedrückt haben. Was auch die kleinen Kratzer erklären würde, die der Rechtsmediziner in ihrem Gesicht bemerkt hatte. Es handelte sich dabei um eine hohe und höchstwahrscheinlich tödliche Dosis Chloroform, vielleicht an die zwei Deziliter.

Dass Kickan Granell mit Chloroform getötet worden war, bedeutete nichts weniger, als dass man die Theorien, an denen man bislang die Ermittlungen ausgerichtet hatte, aufgeben musste. Hier handelte es sich *nicht* um eine Impulstat. Man suchte *nicht* nach einem labilen, herumstreifenden Voyeur, sondern es lag eine *geplante* Tat vor, die von einem kontrollierten und genau kalkulierenden Täter ausgeführt worden war.

Genau das hatten die Kriminaltechniker auch bereits vermutet. Denn falls der Söndagsvägen ein Tatort war, war er der sauberste, den sie je gesehen hatten. Es gab keine Unordnung, keine Fußspuren, keine unerklärlichen Spuren oder Flecken – abgesehen von dem seltsamen braungelben Farbklecks auf dem Kopfkissenbezug – und keine Fingerabdrücke, außer denen, die dort hingehörten. Also hatte der Täter offenbar Handschuhe getragen.

Eine wichtige Entdeckung hatte man jedoch gemacht. Auf dem unteren Teil des glattgemangelten Lakens fanden sich jede Menge Verschmutzungen, überwiegend kurzer Grasschnitt, aber auch Pflanzennadeln, kleine Pflanzenteile und etwas, das dunkle Haare zu sein schienen. Dennoch war der Fußboden unter dem Bett glänzend sauber – fleckenlos. Genau wie überall sonst im Haus. Den Kriminaltechnikern war außerdem aufgefallen, dass in dem Sessel, der dem Sofa im unteren Stockwerk gegenüber stand, der Bürstenaufsatz eines Staubsaugers lag. In diesem Sessel hatte Lillan Sundin während ihrer Unterhaltung mit Kickan gesessen; und Lillan war sich sicher, dass sie die Bürste nicht gesehen hatte. In Versuchen stellte sich außerdem heraus, dass es, unabhängig davon, wo der Bürstenaufsatz lag, physisch unmöglich war, dort zu sitzen, ohne ihn zu bemerken. Außerdem stand das Rohr, zu dem der Aufsatz gehörte, jetzt falsch herum und am falschen Platz im Putzschrank. Und es hatte eine neue Beule, eine Beule, die vorher nicht da gewesen war. Am rätselhaftesten war jedoch etwas anderes: Auf dem Rohr gab es keine Fingerabdrücke. Eine unbekannte Person musste den Staubsauger benutzt und danach sorgfältig abgewischt haben.[22]

Derjenige, der Kickan ermordet hatte, hatte danach noch das Haus wieder in Ordnung gebracht.

Der Mord hatte gleich von Beginn an großes Aufsehen erregt, das keineswegs nachließ, als die Zeitungen mit fetten Überschriften und Ausrufezeichen über die neuesten «sensationellen» Ereignisse berichteten: dass Kickan mit

Chloroform ermordet worden war und dass eine junge Frau gleichen Alters und von ähnlichem Aussehen, die nur siebenhundert Meter vom Söndagsvägen entfernt wohnte, zu einem früheren Zeitpunkt auf gleiche Weise attackiert worden war, nämlich bei sich zu Hause, in ihrem eigenen Bett. Beide Überfälle waren offenbar gut vorbereitet gewesen, indem der Täter seine Opfer und ihre Wohnungen beobachtet und herausgefunden hatte, wie er sich ungesehen Zutritt verschaffen konnte. Es sah eindeutig so aus, als ob hinter beiden Taten dieselbe Person steckte.

Jetzt ging eine wahre Flut an Hinweisen ein. «Der große Detektiv Öffentlichkeit» meldete sich zum Dienst. Dieser Begriff wurde mit Vorliebe von Journalisten benutzt, von Polizisten aber eher ironisch. Er entstammte den während des Krieges gewachsenen Erwartungen, dass in einer Notsituation alle Bürger das Ihre zum Besten des Landes und zur Sicherheit des Reiches beizutragen hätten. Erwartungen, die durch die Tatsache, dass aus dem Krieg ein kalter Krieg geworden war, nicht gedämpft wurden. Im Gegenteil. Ich glaube, dass die schwedische 60er-Jahre-Mentalität ohne den Kalten Krieg nicht umfassend zu verstehen ist. Der war gerade durch eine seiner definitiv gefährlichsten Phasen gegangen, mit der Berlin-Krise 1961 und der Kubakrise 1962. Und in gleichem Maße, wie die Entspannung Fortschritte machte, war sie aus schwedischer Perspektive von der großes Aufsehen erregenden Spionageaffäre um den Oberst Stig Wennerström überschattet worden, die erst im vorangegangenen Jahr ihr juristisches Nachspiel gehabt hatte, während es gleichzeitig immer noch zu politischen Nachbeben kam.

Es herrschte zweifellos das durchaus berechtigte Gefühl einer ernsten Bedrohung von außen, durch «die Russen» und durch die Bombe. In allen Telefonbüchern gab es den berühmten Abschnitt «Wenn es Krieg gibt», ein Kapitel, das mich als Kind genauso maßlos faszinierte, wie es mich erschreckte, und in dem man erfuhr, wie man sich bei einem Angriff mit Kernwaffen verhalten sollte, oder was man tun sollte, falls die eigene Stadt evakuiert wurde: «Bleiben Sie während der Evakuierung mit Ihrer Familie zusammen / Nehmen Sie nur das mit, was für Sie absolut unentbehrlich ist / Ihr Gepäck darf nur das beinhalten, was Ihre Familie eigenhändig tragen kann.» Im Treppenaufgang des Mietshauses, in dem wir wohnten, hing, wie in allen Mietshäusern, eine kleine gerahmte Karte, auf der genau die Fluchtwege eingezeichnet waren, auf denen wir das Haus verlassen sollten, wenn der Krieg ausbrach. Dieses Gefühl der Bedrohung wurde oft unterdrückt, sublimiert, aber nach Art sublimierter Ängste tendierte es dazu, an anderer Stelle wieder zutage zu treten, zum Beispiel in Situationen wie der nach Kickans Ermordung.

Ältere Polizisten wussten aus bitterer Erfahrung, dass das meiste, was der «große Detektiv» anschleppte, völlig uninteressant sein würde; sie wussten aber auch, dass sie es sich nicht leisten konnten, diese Informationsquelle zu ignorieren. Irgendwo zwischen diesen mehr oder weniger relevanten Beobachtungen würde vermutlich etwas sein, klein oder groß, oder vielleicht auch winzig, das sie schließlich zum Mörder führen könnte.

Da man jetzt wusste, wie Kickan getötet worden war, legten die ermittelnden Beamten die meisten der Hinweise zu mysteriösen Männern und Ähnlichem beiseite, um sich stattdessen auf die Sache mit dem Chloroform zu konzentrieren. Ein wenig ungewohnt war das schon. Keiner der zuständigen Polizisten mit G W Larsson an der Spitze hatte jemals einen Fall bearbeitet, in dem jemand auf diese Weise getötet worden war.

Die Ermittlungen konzentrierten sich jetzt auf drei Bereiche.

Einige Mitarbeiter durchforsteten die Kartei nach Sexualstraftätern und ähnlichen Straffälligen, die ihre Opfer betäubt hatten. Andere fahndeten nach dem Mann mit den unheimlichen Augen, der Lillan Sundin belästigt hatte. Die Ermittlungsabteilung hatte aus ihrer Kartei Schwarzweißfotos von Männern herausgesucht, die hinsichtlich Alter und Körpergröße der Beschreibung aus Lillans erster Aussage entsprachen. Sie sah sie sich alle an. Dabei stieß sie auf einen Mann, dessen «Nase und Haar eine gewisse Ähnlichkeit mit dem Gesuchten aufwiesen». Er war ein finnischer Gelegenheitsdieb namens Lasse Olavi Toivonen.

Toivonen war 1963 wegen schweren Diebstahls festgenommen und verurteilt worden, und nach sechs Monaten im Gefängnis hatte man seine Ausweisung beschlossen. Man versuchte, mit Hilfe der sogenannten Schreibtischfahndung – eine vornehme Bezeichnung dafür, vom Schreibtisch aus alle erdenklichen Melderegister durchzutelefonieren – herauszufinden, ob er womöglich nach Schweden zurückgekehrt war. Außerdem schickte man Toivonens Fingerabdrücke in die Kriminaltechnik, für den Fall, dass im Söndagsvägen etwas gefunden würde, womit man sie abgleichen könnte.

Aber noch ehe man in der Suche nach dem Mann, der Lillan bedrängt hatte, besonders weit gekommen war, waren andere Ermittler auf eine zweite Spur gestoßen, die einen sehr vielversprechenden Eindruck machte.

Ein drittes Team war nämlich damit beauftragt worden, alle Apotheken in Stockholm anzurufen, um herauszufinden, ob es einen Kauf von Chloroform gab, der mit dem Mord in Zusammenhang stehen könnte. Es eilte, weil bald Wochenende war, und da es außerdem der letzte Arbeitstag im Juli war, bestand die Gefahr, dass einige der Apothekenangestellten sich in den Urlaub verabschiedeten.

Das Team wurde sofort fündig.

Die rund um die Uhr geöffnete Apotheke C. W. Scheele lag damals im Eckhaus Vasagatan und Vattugatan in Vasastan, hübsche Räumlichkeiten in einem schönen Haus – die Einrichtung war aus dunklem und hellem Mahagoni mit Intarsien von Carl Malmsten. (Das Gebäude fiel zwei Jahre später dem unaufhaltsamen Abrisswahn in Stockholm zum Opfer, worauf die Apotheke – aber nicht ihre geschmackvolle Einrichtung – an ihre heutige Adresse am Klarabergsviadukt umzog.) Dort arbeitete eine Apothekenhelferin, die sich erinnerte, dass am vergangenen Sonntag, dem Mordsonntag, gegen zwölf Uhr ein Mann dreihundert Gramm Chloroform gekauft hatte. Er war zwar von einem anderen Mitarbeiter bedient worden, der mittlerweile in den Urlaub gefahren war, aber die Angestellte konnte sich, obwohl sie sich in den hinteren Räumen aufgehalten hatte, trotzdem gut daran erinnern, da sie gebeten worden war, die Flüssigkeit abzufüllen. Der Mann war noch keine dreißig und ein guter Kunde der Apotheke Scheele.

Das Beste war, dass sie sogar seinen Namen wusste: Ragnar Sundén.

Die Polizei konsultierte die Verbrecherkartei. Der achtundzwanzigjährige Sundén war vorbestraft, zwar nicht für ein Sexualdelikt, aber doch für ein Gewaltverbrechen. Außerdem hatte er früher einmal im Söndagsvägen gewohnt. Der Mann kannte also die Gegend. Alles passte zusammen.

Vielleicht würde sich das Ganze also doch noch als leicht zu lösender Mordfall erweisen. Am späten Freitagabend erging der Befehl zur Ergreifung Sundéns. Die Polizisten, die bei seiner Privatadresse anklopften, konnten nur feststellen, dass er nicht zu Hause war. Vielleicht war er auf der Flucht? Der Fall hatte schließlich großes Aufsehen erregt und war unter anderem in den Siebenuhrnachrichten des landesweiten Radiosenders erwähnt worden. Vielleicht war ihm da klar geworden, was auf ihn zukam?

Eine Beschreibung Sundéns wurde herausgegeben und alle verfügbaren Kräfte in Stockholm mobilisiert. Polizeiwagen fuhren mit blinkendem Rotlicht durch die Stadt, Gruppen von Schutzpolizisten mit weißen Handschuhen kontrollierten alle Adressen von Personen, die irgendwelche Verbindungen zu Sundén hatten, auch seine alte Adresse im Söndagsvägen. Doch stellte sich heraus, dass das Gebäude wegen Umbauten geräumt worden war. Ein aufgeregter Reporter, der Zeuge dieser Aktivitäten wurde, sprach von dem «größten und schnellsten Polizeiaufgebot in der Geschichte der Kriminalpolizei». Erfahrene Polizisten konnten über diese Übertreibung nur müde lächeln.

Der Leitende Polizeidirektor Otto Holm hatte die Verantwortung für die Ermittlungen und verbrachte die ganze Nacht am Telefon in Erwartung des Gesprächs, das ihm die Ergreifung Sundéns melden würde – doch vergeblich. Noch am Samstagmorgen war er nicht ausfindig gemacht worden. *Dagens Nyheter* tröstete seine Leser jedoch mit der Überschrift: «Mädchenmörder umzingelt – Aus seiner Wohnung geflohen – In nächtlicher Razzia gejagt». Sicher, es war nur eine Frage der Zeit, bis Sundén gefasst werden würde. Die bange Frage war, ob er bis dahin möglicherweise noch einmal zuschlagen würde: Man ging davon aus, dass er noch Chloroform übrighatte.

Am Samstagvormittag, den 31. Juli, konnte die Suche nach zwölf Stunden abgeblasen werden. Sundén war gefasst worden. Die Festnahme verlief, wie es zu heißen pflegt, ohne Zwischenfälle.

Die Freude bei der Polizei und die Erleichterung bei den Bürgern waren groß. Und von kurzer Dauer.

Eine an Hysterie grenzende Angst hatte während der letzten Tage die Hauptstadt im Griff gehabt. Die Stockholmer waren von einer in vieler Hinsicht neuen Form von Narrativ gepackt: dem von einem gesichtslosen und raffinierten Mörder, der womöglich noch einmal zuschlagen würde, und dann noch einmal. Bisher kannte man so etwas nur aus Spielfilmen sowie natürlich aus dem klassischen Detektivroman, in einer verfeinerten, kitzelnden und unterhaltenden Form. So etwas war nicht beängstigend, da es sich nur in eingeschneiten Pensionen oder auf isolierten Flussschiffen oder entlegenen Inseln oder Ähnlichem zutrug – Lokalitäten mit einem Hauch von Exotik. Dort waren dann mehrere Menschen ohne größere Versorgungsprobleme und unter unrealistischen Prämissen zusammengekommen, alle mit den entsprechenden Mitteln, Motiven und der Gelegenheit sowie natürlich der völligen Abwesenheit eines Alibis, wobei einer von ihnen – oder einige oder vielleicht auch alle! – einen anderen, den alle hassten, mittels irgendeiner absurd komplizierten Methode ins Jenseits beförderten. Ein einzelner, doch hochintelligenter Amateurdetektiv, der möglichst einige liebenswerte Marotten hat und der nur zufällig vor Ort ist, löst dann aber das Rätsel allein kraft seiner Intelligenz, worauf Harmonie und Ordnung wiederhergestellt werden. Geschichten dieser Art haben nichts mit der Wirklichkeit zu tun, doch das ist gerade ihr Vorzug: Sie offerieren keine Hilfe dabei, die Welt zu verstehen, sondern eine Möglichkeit, aus ihr zu entfliehen. Das gilt im Übrigen auch heute noch für das meiste, was in diesem Genre geschrieben wird.

Das Phänomen «Serienmörder» – damals hatte das Schwedische noch nicht einmal ein Wort dafür – war zu ebenjenem Zeitpunkt gerade von einer spannenden Fiktion zu einer Realität geworden, die vor allem die Boulevardpresse ausschlachtete. Zum einen hatten Schweden und Stockholm mit den Morden an zwei kleinen Mädchen im Spätsommer 1963 soeben den ersten Fall mit einem echten Serienmörder erlebt, ein Fall, an dem auch GW Larsson gearbeitet und der ihn stark geprägt hatte. (Ich komme gleich noch darauf zurück.) Zum anderen war dem sogenannten «Würger von Boston»[23] in Schweden so viel Aufmerksamkeit zuteil geworden, wie man sie Kriminalfällen in den USA normalerweise nicht schenkte, wobei selbst die seriösen Tageszeitungen nicht der Versuchung widerstehen konnten, andächtig zu vermelden, wenn «Ein Weiteres Opfer Gefunden» wurde.

Viele sonst beliebte Parks und Grünanlagen im Stock-

holmer Süden waren plötzlich wie leergefegt. Frauen be-
waffneten sich, wenn sie ausgingen, wenn auch nur mit
eher bescheidenen Mitteln wie Pfefferstreuern oder Kämmen mit Stahlgriff. Die Zeitungen druckten Anleitungen
mit Fotos, die Schritt für Schritt erklärten, wie man sich bei
einem Überfall verteidigen sollte. Die Angst nährte sich
selbst: Ganz reale Fälle von Nachstellungen, Überfällen
und Ähnlichem, die normalerweise höchstens eine Notiz
unten auf Seite fünf wert gewesen wären, bekamen nun
große schwarze Schlagzeilen. Draußen in Skönstaholm
ließ kaum noch jemand seine Haustür unverschlossen.

Als Ragnar Sundén erfuhr, dass er des Mordes an Kickan
Granell verdächtigt wurde, reagierte er mit Erstaunen und
entschiedenem Leugnen. Er hätte nichts damit zu tun und
außerdem ein Alibi. Am Sonntagabend war er mit seiner
Frau im Kino gewesen, und als sie gegen zehn Uhr nach
Hause gekommen waren, hatten sie noch eine Weile fern-
gesehen – es lief ein Konzert der Göteborger Symphoniker,
Bogo Leskoviv dirigierte Werke von Borodin und Ravel;
die Sendung endete um 22.10 Uhr, und danach war Sendeschluss – wie jeden Tag ungefähr um diese Zeit. Daraufhin waren sie ins Bett gegangen. Zusammen. Die Ehefrau
bestätigte diese Angaben.

Während beide vernommen wurden, nahm man eine
rasche Durchsuchung ihrer Wohnung vor. Gleichzeitig wurde die Apothekenhelferin, die am vergangenen
Samstag bei Scheele gearbeitet hatte, für eine Gegenüberstellung ins Polizeipräsidium auf Kungsholmen bestellt. Das dauerte ein wenig, weil sie sich auf dem Land
aufhielt, doch gegen vier Uhr am Samstagnachmittag traf

sie ein. Man zeigte ihr acht Männer, unter ihnen Sundén. Sie sah sie sich an und erklärte «mit Bestimmtheit», dass sie keinen der Männer jemals vorher gesehen habe. Der Polizeibeamte gab sich damit nicht zufrieden, bat sie, noch einmal genau hinzuschauen und sich jeden Mann einzeln anzusehen. Sie willigte ein, doch das Ergebnis war auch dann noch eindeutig negativ. Keiner der Männer war der Stammkunde, der am letzten Sonntag in der Apotheke gewesen war. Dessen war sie sich sicher.

Das zwang die Polizei, ihren Jagdeifer zu dämpfen und die Angelegenheit noch einmal genauer zu überprüfen – und es stellte sich heraus, dass es sich um eine Namensverwechslung handelte. Die Apothekenhelferin hatte mit ihrer Schwester über den Fall gesprochen, und *die Schwester* glaubte sich zu erinnern, der Name des Stammkunden sei Ragnar Sundén. Dann wollte es ein eher unwahrscheinlicher Zufall, dass es in der Kartei der Polizei tatsächlich einen Ragnar Sundén gab – mit kriminellem Vorleben –, der früher einmal im Söndagsvägen gewohnt hatte. Da die Hausdurchsuchung darüber hinaus nichts ergeben hatte, war für GW Larsson klar, dass sie einen Missgriff getan hatten. Gegen fünf Uhr am Samstagnachmittag konnte Sundén das Präsidium als freier und entlasteter Mann verlassen.

Diejenigen Kriminalpolizisten, die seit Dienstag hart und intensiv gearbeitet und auf einen schnellen Abschluss des Falls gehofft hatten, fühlten sich ausgelaugt. Alle wussten, wenn man einen Mordfall nicht rasch, innerhalb von zwei, drei Tagen löst, besteht die Gefahr, dass die Aufklärung sich hinzieht. Zu allem Überfluss war auch noch ein

anderer Mordfall draußen in Årsta dazugekommen, der
Personal und Zeit band, die man eigentlich für den Fall in
Hökarängen benötigt hätte.

Die meisten fuhren nun nach Hause, um den Sams-
tagabend gemeinsam mit ihren Familien zu verbringen,
Frau und Kinder zu sehen, die man seit Anfang der Woche kaum zu Gesicht bekommen hatte; einige, um schon
am nächsten Tag wiederzukommen, andere, um neue
Energien für den kommenden Montag zu tanken. G W
Larsson – wie immer untadelig in Sakko, weißem Hemd
und Fliege – spürte die Enttäuschung, wies aber auf seine
zurückhaltende Art darauf hin: «Unsere Aufgabe besteht
genauso darin, Unschuldige zu entlasten, wie Schuldige
aufzuspüren und zu überführen.»

Der neue Mordfall, ja. Der achtundfünfzigjährige Uno Ellström besaß eine kleine Kellerwerkstatt im Slätbaksvägen
in Årsta. Um über die Runden zu kommen, arbeitete er
doppelt: zum einen in seiner eigenen kleinen Firma, zum
anderen als Angestellter einer anderen Werkstatt in einem
der südlichen Vororte. Er galt als tüchtiger Handwerker,
hatte aber ein Alkoholproblem. Mitte Juli war er einmal
nach Hause geschickt worden, nachdem er wieder einmal sturzbetrunken an seinem Arbeitsplatz gelegen hatte.
Seitdem hatte ihn niemand mehr gesehen.

Ellström war alkoholisiert, depressiv, lebensmüde und
hatte finanzielle Probleme. Momentan verbrachte er seine
Zeit meist zusammen mit ähnlichen Existenzen in einer
von Stockholms zahlreichen kleinen, verrauchten Bierstuben, die überall verstreut lagen, nicht zuletzt in Stadtteilen mit weniger gutem Ruf wie Söder und Gamla Stan,

oftmals in dunklen Seitenstraßen und in Kellern, ein leicht zugängliches Asyl für Einsame, Alkoholiker und diejenigen, bei denen zu Hause Enge herrschte, wo dem überwiegend männlichen Publikum billiges Pilsner[24] und einfache Hausmannskost serviert wurden. Ellströms eigenes Stammlokal war die *110* auf Söder gewesen, das aber jetzt geschlossen hatte. Seine Ehe war schon vor langer Zeit zerbrochen. Er hatte zwar eine Freundin, doch auch diese Beziehung war dabei einzuschlafen: Sie trafen sich nur hin und wieder, und es vergingen zwei Wochen, bevor sie auf den Gedanken kam, zu Ellström nach Hause zu fahren, um nachzusehen, wieso er nichts mehr von sich hören ließ. Apropos: nach Hause. Er wohnte in einem wenige Quadratmeter großen, verschlagsähnlichen Kellerraum direkt neben der Werkstatt, dessen Einrichtung aus einem Stuhl, einem Bett und einem Sekretär bestand.

Dort fand ihn seine Freundin.

Ellström saß vollständig angezogen im Bett, doch sie wusste sofort, dass er nicht mehr lebte. Es hätte ein natürlicher Tod sein können, oder auch Selbstmord, doch als man den übel riechenden Leichnam näher untersuchte, stellte sich heraus, dass unter seinem Hemdkragen und Schlips ein weiterer Schlips fest um seinen Hals gewickelt war, so fest, dass er das unmöglich selbst getan haben konnte.

In den ersten aufgeregten Theorien war die Rede von Raub, oder möglicherweise davon, dass eine der Personen, mit denen der ein wenig rechthaberische Ellström auf Kriegsfuß stand, auf diese Weise eine Meinungsverschiedenheit beendet hatte. Es zeigte sich aber, dass die Realität, wie fast immer, viel farbloser war.

Zeugen wussten zu berichten, dass in der Kellerwerkstatt ein reger Verkehr von betrunkenen Personen geherrscht hatte, und eine Überprüfung der Angaben bei *Stockholm Taxi* ergab, dass es einige Fahrten zur und von der Adresse exakt zu der berechneten Tatzeit gegeben hatte, Fahrten, die unter anderem zum nächstgelegenen *Systembolaget* geführt hatten, wobei einer der Passagiere ein fünfunddreißigjähriger Finne gewesen war. Der wurde aufgegriffen und gestand nach einer Vernehmung von nur wenigen Stunden, dass er Ellström erwürgt hatte. Die Tat war der Höhepunkt dreier alkoholgetränkter Tage, als die zwei plötzlich aneinandergeraten waren. Worum es dabei eigentlich gegangen war, wusste der Finne nicht mehr richtig. Eventuell um einige Besitztümer, die ins Pfandhaus gebracht werden sollten, um das Besäufnis fortsetzen zu können. Ellström war so betrunken gewesen, dass er sich kaum hatte wehren können.

So sahen (und sehen) die meisten Morde aus: grausame, dumme, unüberlegte, sinnlose Taten, begangen in einer Mischung aus Alkoholnebel und plötzlich aufsteigender Wut, keine spannenden Geheimnisse, sondern Niedertracht, die in ihrer Banalität genauso leicht ausgelöst zu werden scheint wie sie aufzuklären ist, wobei Opfer und Täter alte Bekannte sind, lädiert und verbraucht, Brüder in Zufall, Unglück und Niederlage. Und waren es keine Säufer, die einander wegen Kleinigkeiten umbrachten, dann waren es mehr oder weniger betrunkene Männer, die ihre Frauen und Freundinnen erschlugen, aktuelle oder ehemalige. Manchmal töteten sie auch ihre Kinder und zum Schluss sich selbst. Das nannte sich dann euphemistisch «Familientragödie».

Uno Ellström wurde am Samstag, den 31. Juli, erwürgt aufgefunden. Am Mittwoch, den 4. August, war der von den Zeitungen «Schlipsmord» genannte Fall gelöst, und sowohl Mörder als auch Opfer versanken schnell wieder in der Anonymität, aus der sie für kurze Zeit aufgestiegen waren. Die zwanzig Polizisten, die man von dem Fall in Hökarängen nach Årsta abgezogen hatte, hatten kaum mit der Arbeit begonnen, als sie schon wieder zu den Ermittlungen im Mordfall Kickan Granell zurückbeordert wurden.

Während der folgenden Wochen arbeiteten die Mordermittler gleichzeitig an mehreren Fronten an dem Mord im Söndagsvägen. Die meisten Beamten kümmerten sich um die bis dahin gut einhundertfünfundsiebzig Hinweise aus der Bevölkerung.

Man war also wieder bei Berichten von Exhibitionisten angelangt, oder von mysteriösen Autos oder ebenso mysteriösen Männern mit unheimlichen Augen oder Männern mit krimineller Vergangenheit, die sich Chloroform verschafft haben konnten, oder Männern mit außergewöhnlichen Angewohnheiten, die sich Chloroform verschafft haben konnten, oder Männern mit auffälligem Verhalten oder Männern, die ganz allgemein einfach nur irgendwie seltsam waren. Oft waren die Hinweise so vage, dass sie keinen Sinn ergaben. So meldete sich zum Beispiel eine Frau Vilhelmson und berichtete, dass sie «in der U-Bahn einen unbekannten Mann» gesehen hatte, oder eine Frau Witt, die einige Tage nach dem Mord einen unbekannten Mann mit «mysteriösem Aussehen» im Hauptbahnhof beobachtet hatte.

Die Ermittler überprüften auch bislang nicht gemeldete Ereignisse, bei denen Frauen von ihnen unbekannten Männern belästigt oder verfolgt worden waren, sowie die vielen Fälle, in denen die Anzeigen liegengeblieben waren. Man befragte nicht nur die Personen, die die interessantesten Hinweise geliefert hatten, und legte ihnen Fotos vor, sondern auch andere Personen, die möglicherweise etwas wussten oder in den Fall verwickelt waren.

Die Annahme, dass es sich bei dem Täter um einen bereits verurteilten Sexualstraftäter handeln könnte, war keine allzu gewagte Spekulation. Man stellte Listen mit bekannten Sexualstraftätern auf, besonders mit solchen, die man als «Vergewaltiger mit Würgetendenz» bezeichnete. Man zeigte Zeugen mehrfach Fotos von verurteilten Vergewaltigern. Sicherheitshalber kontrollierte man auch die Ausgangslisten von Psychiatrischen Kliniken und Gefängnissen, für den Fall, dass jemand, der bereits einsaß, an dem bewussten Wochenende Ausgang gehabt hatte. Dabei stieß man tatsächlich auf mehrere alte Bekannte, die an diesen Tagen nicht im Gefängnis gewesen waren, und überprüfte sie. Frühere Überfälle auf Frauen wurden noch einmal einzeln aufgerollt. Man schaute sich auch ungeklärte Fälle ähnlicher Art an, unter anderem einen Mord an einer Frau auf Mallorca im Jahr 1962.

Es war nicht auszuschließen, dass der Täter jemand war, der in der Gegend gearbeitet und sich auf die Weise Kenntnisse über die Anwohner und Zutritt zu den Häusern verschafft hatte. Man kontrollierte daher auch Hausmeister, Elektriker und Müllmänner, Gärtner und Ableser. Jeden einzelnen Namen überprüfte man anhand der Verbrecherkartei. Dahinter stand die übliche Vermutung, dass Menschen selten als Mörder debütieren, sondern in der Regel zunächst mit anderen, kleineren Verbrechen angefangen haben.

Von der schnellen Aufklärung des Årsta-Falls inspiriert, wurden andere Mitglieder des Ermittlungsteams damit beauftragt, die Taxifahrten in den oder aus dem Stadtteil, in dem der Mord geschehen war, zu überprüfen, außerdem allen Hinweisen auf Autos nachzugehen, die an dem bewussten Tag in der Gegend gesehen worden waren. Denn es war nicht sicher, dass der Täter in der Gegend wohnte, auch wenn viel dafür sprach, dass er sich dort zumindest etwas auskannte. Außerdem führte man in Hökarängen weitere Befragungen in der Nachbarschaft durch, jetzt mit besseren Erfolgsaussichten, da viele der Anwohner mittlerweile aus dem Sommerurlaub zurückgekehrt waren. Dasselbe galt übrigens auch für die Gruppe der Ermittler, die Verstärkung durch erholte Kollegen erhielten, die im Urlaub gewesen waren, sowie von Leuten aus anderen Abteilungen. Mehr als fünfzig Polizisten und Kriminaltechniker hatten seit der Entdeckung des Mordes in Vollzeit an dem Fall gearbeitet, und das Team wuchs, je mehr Personen überprüft oder befragt wurden.

War der Mörder ein Fremder oder jemand, den Kickan Granell gekannt hatte? Durch seine anfängliche sichere Überzeugung ein wenig gebranntes Kind, wollte G W Larsson nun niemanden mehr ausschließen. Bei Morden dieser Art tendieren dem Opfer nahestehende Täter dazu, die Leiche zu entfernen oder sich ihrer zu entledigen in dem Versuch, die Verbindung zwischen sich und dem Opfer zu verschleiern: Fremde hingegen haben durch das Eingehen solcher Risiken selten etwas zu gewinnen, weshalb sie die Leiche in der Regel zurücklassen. Das sprach dafür, dass der Mörder kein Bekannter von Kickan war. Allerdings gab es keine Hinweise auf einen Einbruch – möglicherweise war er hereingelassen worden. Nur Personen aus Kickans Bekanntenkreis wussten, dass sie gerade aus dem Urlaub zurückgekommen war und sich nun in dem Haus im Söndagsvägen aufhielt. Sprach das nicht dafür, dass der Täter jemand war, den sie kannte?

Auf der Suche nach bislang übersehenen Details vernahm man erneut Personen aus Kickan Granells direktem Umfeld. Ein paar Polizisten sichteten ihre zahlreichen Briefe, die die Kriminaltechniker in ihrem Zimmer gefunden hatten, im Sekretär, auf dem Nachttisch und im Schrank. Sie wurden nach Absender sortiert und gelesen, in der Hoffnung, darin auf etwas Wichtiges zu stoßen oder zumindest auf eine Person, die man bislang übersehen hatte. Alle Namen, bekannte und unbekannte, wurden sorgfältig erfasst.

GW Larsson ging persönlich alle einlaufenden Berichte, Pressemitteilungen, Hinweise und Vernehmungsprotokolle durch. Alle Informationen, die er für vernachlässigbar hielt, bekam auch noch sein direkter Vorgesetzter, Otto Holm, zur Ansicht. Keine Schlamperei. Nicht dieses Mal. Die beiden saßen meistens von acht Uhr morgens bis zum späten Abend zusammen in Larssons Büro in der Dienststelle auf Kungsholmen. Jeder Arbeitstag endete auf die gleiche Weise: Um 22 Uhr drängten sich die Mitglieder der einzelnen Teams im Büro des Kommissars oder in der Bibliothek des Dezernats für Gewaltdelikte zusammen und erstatteten Bericht über die Ergebnisse der letzten vierundzwanzig Stunden. GW Larsson hörte zu und erteilte Anweisungen.

Der Druck, den Mord aufzuklären, war groß. Nicht nur, weil die Zeitungen die hysterische Stimmung in Stockholm schürten, sondern weil auch die Ermittler ernsthaft besorgt waren, dass der Mann noch einmal zuschlagen könnte.

Wie bereits erwähnt, quälten GW Larsson Erinnerungen an Geschehnisse, die zwei Jahre zurücklagen. Damals hatte er die Ermittlungen geleitet, nachdem zwei kleine Mädchen, die sechsjährige Berit Glesing und die vierjährige Ann-Kristin Svensson, im Abstand von nur einem Monat vergewaltigt und ermordet worden waren – die Sechsjährige am 6. August 1963 im Vitabergspark auf Södermalm und die Vierjährige am 2. September 1963 in einem Wäldchen hinter einem Spielplatz in Aspudden. Man hatte den Mörder schnell dingfest gemacht, allerdings mit Hilfe eines derartig seltenen Zufalls, dass er nicht einmal in einem Roman glaubwürdig gewesen wäre: Ein Polizist geht in seiner Freizeit in der betreffenden Gegend spazieren und sieht einen Mann mit aufgeknöpfter Hose und einem merkwürdigen Gang aus einem Wäldchen kommen, doch da er nicht weiß, was sich hier kürzlich abgespielt hat, denkt er sich nichts dabei. Am folgenden Tag ist derselbe Polizist an einer Befragung der Anwohner in Aspudden und Gröndal beteiligt, und im Ekenbergsvägen 32 öffnet derselbe Mann die Tür, den er zum Zeitpunkt des Mordes aus dem Wald hat kommen sehen. Noch im Auto auf dem Weg zum Kommissariat macht der Mann Andeutungen, dass er der Gesuchte ist.

Dieser leicht geistig behinderte Zweiunddreißigjährige namens Ingvar Lövgren war ein bekannter Exhibitionist, den man für harmlos hielt, der jedoch nach einer nur ungefähr einstündigen Vernehmung die Morde an den beiden Mädchen gestand. Er konnte auch durch Indizien überführt werden und wurde zu forensisch-psychiatrischer Unterbringung verurteilt.

Bald stellte sich heraus, dass dies nicht die ersten Morde waren, die Lövgren verübt hatte. G W Larsson war ein Verdacht gekommen, nicht zuletzt, was einen Fall im August des vorangegangenen Jahres betraf, bei dem eine ältere Frau erschlagen und erstickt in der kleinen Einzimmerwohnung in der Fleminggatan 83 auf Kungsholmen aufgefunden worden war, die sie mit ihrem Mann bewohnte. Sobald er sich die Zeit nehmen konnte, schloss er sich daher in seinem Büro ein und ging alle Aktenordner mit den Unterlagen zu diesem Fall durch und nahm auch Kontakt zu einigen der Zeugen auf. Einer der Zeugen hatte Lövgrens Bild in der Zeitung gesehen und ihn als den Mann wiedererkannt, den er gesehen hatte, wie er die Fleminggatan 83 ohne Hemd verließ. (Der Mörder hatte sein Hemd, das voller Blut war, in der Wohnung zurückgelassen.) Auch diesen Mord gestand Lövgren[25] und sprach in den Vernehmungen darüber hinaus von einem weiteren, der sich als Vergewaltigung und Mord an einer sechsundzwanzigjährigen Frau im Sommer 1958 in einem dunklen Kellerflur in einem Mietshaus draußen in Fruängen herausstellte. Lövgren wurde für den Mord in der Fleminggatan verurteilt, aber trotz aller Indizien – und zu G W Larssons Frustration – beschloss der Staatsanwalt, im Mordfall von Fruängen keine Anklage zu erheben, da er die Beweislage für etwas zu dünn hielt. Alle Polizisten waren jedoch davon überzeugt, dass Lövgren schuldig war, und der Fall wurde, wie es hieß, als «polizeilich aufgeklärt» betrachtet.

Diese Erfahrung hatte Larsson zutiefst erschüttert. Nicht nur, weil er mit zwei abscheulichen und im Grunde unverständlichen Morden an kleinen Kindern konfrontiert gewesen war. Er bezeichnete den Fall als «eine besonders harte und lehrreiche Lektion». Mehrere überkommene Wahrheiten, von denen sie sich in der Arbeit hatten leiten lassen, wurden daraufhin in Frage gestellt, vor allem die, dass ein bestimmter Typus Sexualverbrecher, wie eben Exhibitionisten, ungefährlich sei. Diesem Irrtum waren übrigens nicht nur die ermittelnden Beamten aufgesessen: Im gleichen Jahr, in dem Lövgren die Mädchen ermordete, hatte ein erfahrener Psychiater ihn untersucht und bescheinigt, er sei zwar «labil und emotional gestört», aber ebenfalls vermerkt, nichts deute darauf hin, dass er «eine Gefahr für die allgemeine Sicherheit» darstelle. Lövgren konnte deshalb sein zielloses Vagabundenleben in den südlichen Stadtteilen Stockholms fortsetzen.[26]

Was Larsson sich im Nachhinein nicht eingestehen wollte, war, dass es bei der harten Lektion nicht wirklich um das Gutachten des Psychologen ging. Der Fall war und blieb eine schwere persönliche Niederlage für ihn und die anderen im Dezernat für Gewaltdelikte, obwohl der Schuldige gefasst worden war.

Es stellte sich nämlich heraus, dass unmittelbar nach dem ersten Mord an dem einen Mädchen von mehreren Personen Hinweise auf Lövgren eingegangen waren, man diese Hinweise aber verschlampt hatte. Papiere wurden verlegt, Informationen blieben auf einem Schreibtisch liegen, ein Ermittler wurde krank und ein anderer, unerfahrener, erhielt den Auftrag, Lövgren zu überprüfen – und schloss ihn aus dem Kreis der Verdächtigen aus. Stattdessen arbeitete man eine Liste mit zweiunddreißig anderen Personen ab, die man bevorzugt überprüfen wollte. Und dann wurde Lövgren gefasst, aber wie gesagt eher zufällig und erst, nachdem er wieder gemordet hatte. Das war keine stolze Stunde für die Mordkommission. Eine Beschwerde beim Justizombudsmann war die Folge.

Nach der Sache mit Lövgren schwebte die Bedrohung über G W Larssons Haupt, noch einmal mit einem Fall konfrontiert zu werden, der sich zu einer Serie unbegreiflicher Morde auswachsen könnte. Vor allem aber, eine Chance zu verpassen, einen Mörder daran zu hindern, noch einmal zuzuschlagen. Während dieser Ermittlungen fühlte er den schlimmsten Druck, dem er je ausgesetzt gewesen war, und es war offensichtlich, dass er fürchtete, noch einmal zu versagen. Daher rührte seine systematische und penible Vorgehensweise im Fall Granell. Erst viel später räumte Larsson ein, dass er zu jener Zeit mit dem Gedanken gespielt hatte, sich aus der Polizeiarbeit zurückzuziehen.

Einige der Ermittler folgten weiter der Chloroformspur. Der zugrunde liegende einfache und logische Gedanke lautete wie gesagt, dass man den Täter ermitteln würde, wenn man herausfinden könnte, wo, wann und wie er sich das Chloroform beschafft hatte – mit ähnlichen Vorgehensweisen hatte man oft bei Giftmorden Erfolg gehabt. Und auch wenn der vielversprechende Hinweis von Scheele ein Blindgänger gewesen war, hatte man nach dem Rundruf bei den Apotheken der Stadt eine Liste erstellen können, die Käufe von Chloroform durch unbekannte Personen in dem Zeitraum vor dem Mord umfasste, Einkäufe, die alle einzeln überprüft werden mussten:

- Beckasinen, Storforsgränd 2 in Farsta Centrum: ein Verkauf circa vierzehn Tage vor dem Mord
- Fasanen, Högdalsgången in Högdalen: eine kleine Flasche, verkauft zwischen dem 19. und 24. Juli
- Uttern, Hjälmarsvägen 26 in Årsta: ein Verkauf vor dem 18. Juli
- Duvan, Brommaplan: mehrere Verkäufe von insgesamt circa einem halben Liter an nicht identifizierte Kunden nach dem 18. Juni
- Ängeln, Triewaldsgränd 2 in Gamla Stan: Verkauf einer Flasche zwischen dem 10. und 24. Juli an einen unbekannten Mann
- Fenix, Götgatan im Stadtteil Söder: Verkauf einer Flasche vor circa 14 Tagen an eine unbekannte Person
- Lokatten, Långholmsgatan 24 auf Söder: Verkauf einer Flasche mit 25–30 Gramm an einen «Mann mit Hunden»
- sowie Ekorren in Älvsjö: ein Verkauf von 200 Gramm zwischen dem 19. und 24. Juli an einen «mysteriösen Kunden», einen Mann im Alter von 40 bis 45 Jahren, 170 bis 175 Zentimeter groß, der auf die Frage, wozu er das Chloroform benutzen wolle, ausweichend geantwortet, dann aber angegeben hatte, er benötige es, «um Tiere zu töten».

Der Hinweis von der Apotheke Scheele konnte übrigens ad acta gelegt werden, da die Person, die den Kauf am

Mordsonntag getätigt hatte, sich am Montagmorgen, den 2. August, aus eigenem Antrieb meldete. Der Mann erzählte, dass er das Chloroform dazu brauche, um Maschinen zu reinigen, und außerdem hatte er für die Mordnacht ein Alibi.

Die Chloroformkäufe konnten Schritt für Schritt von der Liste gestrichen werden, aber das nützte wenig, da ständig neue Hinweise eingingen. Allmählich ging den Polizisten auf, dass die Chloroformspur eine Sackgasse war.

Der Kauf in einer Apotheke war zwar die einfachste Art, sich das Mittel zu beschaffen, aber keineswegs die einzige, da Chloroform auch im industriellen Bereich Verwendung fand sowie in Labors und in Schulen. Außerdem meldeten sich zahlreiche hilfsbereite und «legale» Chloroformkäufer auf den Aufruf der Polizei, um mitzuteilen, dass sie durchaus einen Rest des Mittels in ihrem Sommerhaus hätten und so fort, und als die Listen mit diesen Hinweisen verglichen wurden, zeigte sich, was ziemlich frustrierend war, dass die Apotheken mehr Chloroform verkauft hatten, als sie selbst zunächst angegeben bzw. geglaubt hatten. Und da es sich bei Chloroform ja nicht um verderbliche Ware handelte, sondern es überall in der Stadt in Putzschränken und Waschküchen lagerte, konnte es sich der Täter ohne große Mühen selbst beschafft haben. Als einer der ermittelnden Polizisten sich mit der Bitte an die Stockholmer Hausfrauen wandte, den Inhalt ihrer Chloroformflaschen zu kontrollieren, geschah das mit einem Unterton der Verzweiflung. War das Chloroform in letzter Zeit plötzlich und auf unerklärliche Weise weniger geworden? Und als sich eine Schule in Gubbängen meldete und berichtete, dass eine Flasche Chloroform entfernt worden war, fuhr ein Kriminaltechniker hin und nahm Fingerabdrücke. Wenig überraschend, dass keiner dieser Ansätze zu irgendwelchen Resultaten führte.

Am Donnerstag, den 5. August, trafen sich fünf Männer in der rechtspsychiatrischen Abteilung des Gefängnisses auf Långholmen. Das Zimmer, in dem sie saßen, gehörte dem Professor in Rechtspsychiatrie Gösta Rylander. Außer ihm waren anwesend GW Larsson, Larssons Vorgesetzter, der Leitende Polizeidirektor Axel Danielson, Sven Olof Lidholm, der Kickans Leiche obduziert hatte, sowie der erfahrene Oberarzt Yngve Holmstedt, der erste und damals einzige Sachverständige für Vergewaltiger in Schweden. (Holmstedt hatte viel Erfahrung in der Zusammenarbeit mit der Polizei: Er hatte unter anderem die forensisch-psychiatrische Untersuchung des Täters in jenem lange Zeit unaufgeklärten Mord an Kerstin Blom vorgenommen, den GW Larsson wider Erwarten im vorangegangenen Jahr hatte aufklären können. Diese Leistung hatte seinen Ruhm noch gemehrt.) Die Initiative zu diesem Treffen war von Larsson ausgegangen. Er fürchtete eine Wiederholungstat, falls der Polizei nicht bald ein Durchbruch gelang, und der Fall gab ihm immer mehr Rätsel auf. Es schien, als hätten die überkommenen Wahrheiten über Vergewaltiger ihre Gültigkeit verloren – auch hier scheinen sich seine Erfahrungen aus den Mädchenmorden vor zwei Jahren geltend gemacht und ihn dazu gebracht zu haben, neu zu denken.

Das Treffen war einzigartig: Es war das erste Mal, dass die schwedische Polizei bereits bei der Suche nach einem Mörder auf psychologische Expertise zurückgriff – also noch bevor ein Verdächtiger festgenommen worden war.

So gesehen ist dies das erste Täterprofil in Schweden. Larsson und Lidholm präsentierten Rylander und Holmstedt die Fakten und beendeten ihren Vortrag mit der schwierigen Frage: «Können die Herren uns ein psychologisches Porträt dieses Mannes erstellen?»

Ein weiterer Grund, warum Larsson so ein erfolgreicher Mordermittler geworden war, lag darin, dass er nicht nur ein Auge für Menschen hatte, sondern auch echtes Interesse an ihnen. Seine Geduld, sein gesunder Menschenverstand und ruhiges Einfühlungsvermögen ermöglichten es ihm, ein Verbrechen aus der Perspektive des Täters zu sehen und zu *verstehen* – verstehen nicht im Sinne von entschuldigen, sondern von begreifen –, was viele gern möchten, aber nur wenige schaffen. Es war jedoch offensichtlich, dass Larsson in diesem Fall Schwierigkeiten hatte, zu verstehen, wie der Täter tickte, und dass ebendies ihn antrieb.

Holmstedt teilte seine Auffassung, dass der Mörder von Kickan Granell sich nicht wie ein typischer Vergewaltiger verhalten hatte. Für den ist die Gewalt in der Regel nicht nur ein Mittel, sondern ein Ziel, «vor allem während des Vorspiels». Und selbstverständlich hatte man es hier nicht mit einem Exhibitionisten oder Voyeur zu tun, der plötzlich Amok lief. Dafür war der Mord viel zu gut vorbereitet und geplant gewesen – bis hin zur gründlichen Reinigung des Tatorts mit dem Staubsauger. Nein, dies war kein gewöhnlicher Vergewaltiger. «Suchen Sie nach einem Sonderling», lautete die Antwort, «nach einem wahrscheinlich Geisteskranken mit großen Kontaktproblemen und abnormen sexuellen Zwangsvorstellungen.»

Eine Reihe weiterer, nicht leicht zu interpretierender Umstände deutete ebenfalls darauf hin, dass die gesuchte

Person nicht normal war, gestört war. Der Mörder hatte offenbar Kickans rosa Nachthemd mitgenommen, das man im Reihenhaus nirgends hatte finden können – weshalb? Als Souvenir? Und was bedeutete die Art, wie er Kickans nackten Körper bedeckt hatte? Es schien fast, als hätte er sie ins Bett gebracht und dabei darauf geachtet, dass ihr Kopf sichtbar auf dem Kopfkissen ruhte. Als ob sie schliefe. Und erlaubte die Tatsache, dass die Überfälle just in diesem Sommer begonnen hatten, irgendwelche Rückschlüsse? War zum Beispiel im Leben dieses Mannes etwas geschehen, das sie ausgelöst haben könnte? Und was verriet die Methode, wie er die Frauen überfiel, über ihn selbst?

Ich kenne Frauen, die vergewaltigt worden sind. Alle Männer, ob sie es wissen oder nicht, kennen Frauen, denen das angetan worden ist. Und angesichts der Tatsache, wie häufig dieses Verbrechen vorkommt, bin ich sicher im Laufe der Jahre einer Reihe Vergewaltiger begegnet, ohne es zu wissen. Es handelt sich dabei ja nicht um etwas, mit dem sich die Täter brüsten, und es ist auch niemandem anzusehen, ob er solche Taten begangen hat. Ich weiß nichts über das Phänomen, außer dass man ziemlich dumm sein muss, um zu glauben, dass es bei einer Vergewaltigung um Sex geht, außer in oberflächlichem Sinne. Es geht um Macht.

Was Kickan Granell widerfahren war, war eine Vergewaltigung in Kombination mit Mord, und um so etwas zu verstehen, benötigt man besondere Kenntnisse. Ich lese also zwei amerikanische Fallanalytiker, die sich beide mit dem Phänomen befasst haben, aber in vielerlei Hinsicht im Gegensatz zueinander stehen.

Der eine ist der legendäre John Douglas, der – natürlich, hätte ich beinahe gesagt – das Vorbild für die Figur des Jack Crawford in dem Film «Das Schweigen der Lämmer» war. Er hat einen umfangreichen und einmaligen Wissensschatz über «Serienmörder» zusammengetragen – diesen Begriff soll er geprägt haben –, indem er über viele Jahre amerikanische Gefängnisse besucht und verurteilte Verbrecher interviewt hat, und der darüber hinaus die heute so berühmte *Profiling*-Abteilung des FBI begründete. Der nicht unumstrittene Douglas ist, nachdem er seine fünfundzwanzigjährige Karriere beim FBI beendet hatte, mehr oder weniger freiwillig ein Teil der medialen Serienmörderindustrie geworden – viele der Klischees in unterschiedlichsten Erscheinungsformen, die uns beinahe täglich in Krimis und Fernsehserien begegnen, basieren auf seinen Beobachtungen.

Der andere ist der korrekte, trockene Wissenschaftler Brent Turvey, der eines der wenigen richtigen Lehrbücher[27] geschrieben hat, die es zu diesem medial dankbaren Thema gibt, in dem sich Sensationslust und Scharlatanerie häufig vereinen und wirkliche oder selbsternannte Experten nie müde werden, miteinander zu streiten. Turvey hat unter anderem Douglas hart angegriffen wegen des Täterprofils, das Letzterer auf Anforderung der Eltern in dem berüchtigten Fall JonBenét Ramsey erstellen ließ.

Was sagen also diese zwei so unterschiedlichen und miteinander konkurrierenden Fallanalytiker über Männer, die Vergewaltigungen begehen?

Solche Männer sind demnach erfolglose Versager, sie sind ihrer Männlichkeit nicht sicher und vergewaltigen, um sich ihrer Maskulinität, Virilität und ganz allgemein ihrer Stärke zu versichern. Solche Männer sind stark egozentrisch, nicht nur in dem Sinne, dass sie Frauen als Objekte behandeln, mit denen sie ganz ihren Bedürfnissen entsprechend umspringen können, sondern auch in der Hinsicht, dass sie beharrlich andere für ihr eigenes Versagen verantwortlich machen. Solche Männer zeichnen sich durch einen hohen Grad an Gefühlskälte und einen Mangel an Mitgefühl aus. Solche Männer haben einen Hang zum Größenwahn, weshalb sie unter anderem fasziniert sind von allem, was mit Macht, Stärke und Erfolg zu tun hat. Dieser Größenwahn kann aber auch zu der Überzeugung führen, alle anderen überlisten zu können, nicht zuletzt die Polizei. Solche Männer haben gewöhnlich große Schwierigkeiten in ihren Beziehungen zu Frauen, während sie sich bei anderen Männern einschmeicheln, besonders bei denen, die sie als stark erleben. Solche Männer sind oft ziemlich intelligent, haben aber dennoch in der Schule versagt. Solche Männer kommen aus dysfunktionalen Familien, oft mit einer gestörten Beziehung zur Mutter oder mit einer einsamen Kindheit. Solche Männer fühlen sich aufgrund ihrer Fehlschläge und Misserfolge zunehmend isoliert und versuchen damit zurechtzukommen, indem sie Alkohol oder Drogen konsumieren.[28]

Das unpräzise Bild des Mörders, das die Psychologen auf Långholmen entwarfen, vermittelte Larsson und seinen Kollegen eine grobe Vorstellung davon, nach welcher Art Mann sie suchten. Mehr aber auch nicht.

Larsson hatte seine Leute auch gebeten, sämtliche schwedischen Fälle aus den letzten zehn Jahren zu überprüfen, bei denen jemand mit Hilfe von Chloroform oder Äther angegriffen worden war. Teils war das eine nur folgerichtige Maßnahme. Vielleicht war der Mann, der Kickan Granell ermordet hatte, ein Wiederholungstäter? Dann wäre es sehr wahrscheinlich, dass sein Name in den Akten auftauchte. Darüber hinaus konnte ein Abgleich der Fälle auch dazu beitragen, das recht diffuse Täterprofil der Psychologen zu schärfen. Aus ganz Schweden wurden Ermittlungsprotokolle angefordert, und nur wenige Tage nach dem Treffen auf Långholmen landete eine ausführliche Zusammenstellung aller bekannten Fälle auf Larssons Schreibtisch.

Es waren elf Stück.

1. 31. Mai 1956: Ein Fünfzehnjähriger wird festgenommen und gesteht, dass er einige Wochen zuvor eine Frau in der Nähe von Gröndal in Stockholm überfallen hat, die sich am Trekanten-See gesonnt hat, und zwar mit Hilfe eines in Äther getränkten Stücks Stoff, das er ihr auf das Gesicht drückte.

2. 16. Juli 1956: Eine Frau um die dreißig wird in ihrer Wohnung im Bränningevägen in Årsta von zwei durch ein Fenster eingestiegenen, unbekannten, circa zwanzigjährigen Männern mit einem Handtuch angegriffen, das in «Betäubungsflüssigkeit» getränkt ist. Der Angriff misslingt, und die beiden fliehen. Die Täter sind unbekannt.

3. 10. Juni 1959: Eine außerhalb von Älmhult wohnende Siebzehnjährige ist allein zu Hause, als sie von einem jungen Mann um die zwanzig angegriffen wird, der dabei ein Taschentuch benutzt, das

mit Äther oder Chloroform getränkt ist. Auch dieser Angriff misslingt. Täter unbekannt.

4. 25. Januar 1961: In Huddinge wird ein siebzehnjähriges Mädchen auf dem Heimweg von einem jungen Mann, circa zwanzig Jahre alt, verfolgt und überfallen. Der Mann benutzt zum einen ein «Äthertuch», zum anderen ein Spray. Auch dieser Überfall missglückt. Täter unbekannt.

5. Sommer 1962: Ein Paar um die zwanzig zeltet in Lomma in Schonen. Jemand wirft einen großen, mit Chloroform getränkten Wattebausch in ihr Zelt, stiehlt die Brieftasche des Mannes, schleift die Frau aus dem Zelt und misshandelt sie. Täter unbekannt.

6. 31. Dezember 1962: Ein junger Mann um die zwanzig aus Gävle bricht in die Wohnung seiner ehemaligen Freundin ein und versucht sie mit Hilfe von Äther zu betäuben.

7. Sommer 1963: Der Mann von Lomma schlägt wieder zu. Diesmal ist das Opfer eine zeltende Familie. Er schneidet ein Loch in das Zelttuch und zieht die zehnjährige Tochter des Paars heraus. Doch die Eltern wachen auf, und der Mann flieht. Täter unbekannt.

8. 7. November 1963: Eine fünfundsiebzigjährige Frau wird in ihrer Wohnung von drei Männern überfallen und mit Äther betäubt. Das Motiv ist Raub. Zwei der Täter werden festgenommen und gestehen, der dritte flieht außer Landes. Alle drei waren ausländischer Herkunft.

9. Herbst 1963: Ein Mann aus Schonen narkotisiert seine Frau mit Chloroform, in der Absicht, Sex mit

ihr zu haben. Beim ersten Mal läuft alles nach Plan,
doch beim zweiten Mal verwendet er zu viel dieses
schwer zu dosierenden Mittels, und die Frau stirbt.
Der Mann wird wegen fahrlässiger Tötung verurteilt.[29]

10. 25. April 1964: Ein Mann zerrt ein elfjähriges
    Mädchen in den Keller der Polizeidienststelle
    Strängnäs, wo er sie betäubt und sich an ihr vergeht.
    Er wird einige Wochen später festgenommen.

11. 4. Mai 1965: Der Überfall in Tallkrogen. Unbe-
    kannter Täter.

Daraus lassen sich folgende vorsichtige Schlüsse ziehen:

Der Täter hat in den meisten Fällen vor, einen sexuellen Übergriff zu begehen.
Der Täter ist in den meisten Fällen jung, manchmal
sogar sehr jung.
Der Täter ist «verschlagen», plant seine Taten und
scheut sich nicht, sie im Haus, häufig in der Wohnung
des Opfers, auszuführen.
Der Täter vermeidet in der Regel direkte Gewalt,
«wenn die Betäubung misslingt, flieht er vom Tatort».
Damit hatte die Polizei einige weitere Puzzlestücke in
der Hand. Als der Mörder schließlich gefasst wurde,
stellte sich heraus, dass die meisten der hier genannten
Annahmen zutrafen. Und die oben gestellten Fragen
wurden damit beantwortet.

Weder das Profiling der Psychologen noch die Auswertung
bekannter Fälle führte jedoch zu unmittelbaren Ermitt-

lungsfortschritten, sodass ein konkreter Name ins Spiel gekommen wäre – Täterprofile sind selten besonders präzise. Also kehrten die Polizisten zu der zähen und höchst undramatischen Überprüfung von Alibis und Hinweisen zurück, zum Durchackern bekannter Überfälle und Vergewaltigungen – sowohl aufgeklärter als auch ungelöster Fälle. Einige neue Hinweise zu Überfällen an Frauen mit Hilfe von Chloroform gingen ein, konnten aber nach Überprüfung und Vernehmung als Erfindung psychisch labiler Personen ad acta gelegt werden, oder auch als «Albträume», wie ein Polizist es in dem Versuch, taktvoll zu sein, ausdrückte.

Eine ganze Reihe an Hypothesen war bis jetzt schon aufgegeben worden.

Die Chloroformspur schien zu erkalten.

Die Überprüfung von Personen, die in der Gegend arbeiteten, hatte keine Resultate erbracht.

Auch die von bekannten Sexualstraftätern war ergebnislos geblieben.

Dasselbe galt für die Überprüfung von Kickan Granells Kontakten zu Männern in dem Krankenhaus, in dem sie gearbeitet hatte.

Als sich herausstellte, dass der französische Brieffreund Ostern 1964 in Hökarängen zu Besuch gewesen war, die Gegend und das Haus also kannte, hatte man ihn genauer unter die Lupe genommen. Aus Briefen, die in Kickans Zimmer gefunden worden waren, wusste man, dass sie diejenige gewesen war, die die Beziehung im Herbst 1964 beendet hatte, und dass das den jungen Mann sehr getroffen hatte. Der Franzose war in Paris von der dortigen Polizei vernommen worden, hatte danach aber von der Liste der Verdächtigen gestrichen werden können.

Dasselbe galt für den finnischen Gelegenheitsdieb, der laut Lillan Sundin dem Mann ähnelte, der sie belästigt hatte: Es gab keine Anhaltspunkte dafür, dass er jemals nach Schweden zurückgekehrt war, nachdem er seine Strafe abgesessen hatte und ausgewiesen worden war. Daher wurde auch er von der Liste gestrichen.

Auf der Suche nach bisher übersehenen Details vernahmen die Ermittler alte Zeugen noch einmal und fragten auch noch einmal in der Nachbarschaft herum. Man beschloss, auch ehemalige Klassenkameraden und entferntere Freunde der Familie zu überprüfen. Was war zum Beispiel mit dem Italiener, der im vergangenen Sommer eine kurze Krise in der Beziehung von Kickan und Jan ausgelöst hatte?

In dem Maße, wie Hypothesen sich als falsch herausstellten und die Ermittlungen ausgeweitet wurden, wuchs sowohl die Zahl der beteiligten Polizisten als auch die Frustration. Es wurde viel über die anfänglichen Irrtümer gemurrt, die dazu geführt hatten, dass der Tatort von den vielen Personen, die dort herumliefen, mehr oder weniger zerstört worden war und dass man dem Mörder darüber hinaus einen Vorsprung von mehr als zwei Tagen geschenkt hatte. Jemand wies darauf hin, dass «auch ein noch so großes Personalaufgebot keine zufriedenstellende Arbeit leisten kann, wenn das Material nicht intakt ist».

Die technische Untersuchung hatte in der Tat bislang erstaunlich wenig erbracht: weder Fingerabdrücke noch Fußabdrücke. Vor dem Haus hatte man einen Schuhabdruck gesichert, doch es war nicht sicher, ob er mit dem Fall in Zusammenhang stand. Außerdem handelte es sich um einen gewöhnlichen Schuh, von weitverbreitetem Fabrikat und üblicher Größe. Das Bett war mit Laken, Matratze und so weiter in die kriminaltechnische Abteilung auf Kungsholmen gebracht und dort im sogenannten Rekonstruktionsatelier aufgebaut worden.

Das Bett und vor allem das Laken waren dort minutiös untersucht worden. Von den zehn kurzen hellbraunen Haaren, die auf dem unteren Teil des Lakens gefunden worden waren, waren sechs Schamhaare, die höchstwahrscheinlich von Kickan selbst stammten, während die vier anderen Kopfhaare waren, die entweder von Kickan oder *möglicherweise* vom Täter stammten. Aber solange man keinen Verdächtigen für einen Abgleich hatte, waren diese Haare keine große Hilfe. In den Krümeln und dem Grasschnitt vom unteren Teil des Lakens hatte man Nadeln und eine Samenkapsel gefunden und an das Kriminaltechnische Institut geschickt, das sie wiederum an einen Sachverständigen im Naturhistorischen Reichsmuseum weitergeleitet hatte – vielleicht gehörten sie einer seltenen Art an, die nicht überall wuchs?

Die Analyse des getrockneten Spermaflecks war abgeschlossen. Vielleicht hatten die Kriminalpolizisten gehofft, dass der Mörder eine seltenere Blutgruppe hätte, wie A B oder B, aber es stellte sich heraus, dass er Blutgruppe A hatte, die häufigste Blutgruppe in Schweden[30] – und auch das waren Daten, die erst dann von Nutzen sein würden, wenn man einen Verdächtigen hatte, mit dem man sie abgleichen konnte.

Die Antwort aus dem Museum kam rasch: Die Nadeln stammten von der Gemeinen Fichte – waren also nichts

Besonderes. Die Samenkapsel stammte von der Echten Nelkenwurz, *geum urbanum*, einer gelb blühenden Pflanze, die im Süden und in der Mitte Schwedens häufig in offenem Gelände, in Parks und in der Nähe von Häusern vorkommt. Vielleicht konnte man damit weiterarbeiten?

Man wollte prüfen, wo in der Nähe Fichten wuchsen. Vielleicht hatte sogar jemand Fichten auf seinem eigenen Grundstück? Und vor allem: Wo wuchs Nelkenwurz?

Polizeipatrouillen wurde ausgeschickt, um nach Fichten und Nelkenwurz zu suchen. Diese Aufgabe war bei den Beamten nicht gerade populär, weshalb sie neugierige Kinder einspannten, die Lust zum Suchen hatten.

Im Polizeibericht werden diese Helfer übrigens «Blomkvister» genannt, nach dem von Astrid Lindgren erfundenen jungen Meisterdetektiv Kalle Blomkvist, einer fiktiven Figur, die zu jener Zeit mindestens genauso populär war wie ihre Pippi Langstrumpf.[31] Geschichten von Kindern, die der Polizei bei der Aufklärung von Verbrechen helfen, verkauften sich damals tatsächlich gut. Die berühmteste Autorin auf diesem Gebiet war natürlich die schon fast hysterisch produktive Enid Blyton, die mehr als sechshundert Bücher geschrieben hat, deren erfolgreichste die Reihe «Fünf Freunde» war, während der innerhalb Schwedens bekannteste Name, außer Astrid Lindgren, das Pseudonym Sivar Ahlrud mit seinen rothaarigen Detektivzwillingen war, und da gab es noch viele andere.

Auch hier sehen wir, wie Fiktion und Wirklichkeit einander bedingen. Kinder, die Hinweise lieferten oder in einiger Entfernung herumstromerten, während Polizisten Personen observierten oder Nachbarn befragten, waren

1965 ein zwar seltsames, aber häufiges Bild. Bei einigen Gelegenheiten wurden mitteilsame *Blomkvister* ins Präsidium gebracht, wo sie sich Fotos von bekannten Verbrechern und Verdächtigen ansehen sollten – ohne Resultat. Nicht selten tauchten sie auch in Zeitungsartikeln auf und wurden mit irgendwelchen Aussagen zitiert, so auch in diesem Fall, ganz offensichtlich in Situationen, in denen den Journalisten handfestere Informationen fehlten, weshalb sie gewillt waren, sich die Geschichten der Kinder anzuhören. (Ich bin selbst einmal in einer Schar aufgeregter Kinder dabei gewesen, die auf der Suche nach einer versteckten Beute aus einem in der Nähe verübten Einbruch herumzog. Wir fanden natürlich nichts.) Soweit ich weiß, haben Hinweise von *Blomkvistern* noch niemals zur Lösung eines Falles beigetragen.

Die Untersuchung von am Tatort gefundenen Gegenständen wurde fortgesetzt. Der Kriminaltechniker Wincent Lange hatte die Bettwäsche sowie einige andere Gegenstände aus dem Söndagsvägen abgesaugt und die Ausbeute unter seinem Labormikroskop begutachtet. Eine langweilige und zähe Tätigkeit, zunächst ohne greifbare Ergebnisse, weshalb Lange nach einer Weile ein Mikroskop in sein eigenes Büro gestellt und die Proben bei Gelegenheit in Pausen zwischen anderen Aufgaben untersucht hatte.

Nachdem er beinahe zwei Wochen lang auf zweihundertfach vergrößerten Staub gestarrt hatte, war er nahe daran aufzugeben, als er eines Tages, schon im Aufbruch zur Kantine des Präsidiums, einen Blick auf eine weitere Probe warf und ihm etwas Neues auffiel. Kleine platte Partikel, rund und von weißer Farbe. Er hatte keine Ahnung, um was es sich dabei handeln könnte, doch ein anderer Kriminaltechniker, der sich das Ganze ansah, fand nach einigen Tagen heraus, dass es Körner der Kartoffelstärke waren.

Lange betrachtete das Material aus dem Schlafzimmer, in dem der Mord geschehen war, genauer. Nach langer und mühsamer Zählarbeit per Mikroskop stand fest, dass sich eine ungewöhnlich große Menge an Stärkekörnern in dem Teppich befand, der vor dem Bett gelegen hatte. Außergewöhnlich viele auch im Staubsauger der Familie Granell, auf einigen von Kickans Kleidungsstücken und auf dem Sofa und dem Rya-Teppich aus dem Wohnzimmer. Was jedoch besonders ins Auge sprang, war das Laken: Darauf wurden rund dreihundertsiebzig Körner pro Milligramm Staub gezählt, was hundertmal so viel war wie auf der Strickjacke des Opfers und mehr als dreimal so viel wie auf dem Schlafzimmerteppich – dem am zweitstärksten verschmutzten Gegenstand.

Das Ergebnis war so verblüffend, dass Lange es zunächst für einen Messfehler hielt.

Vielleicht waren die Proben irgendwie während der Untersuchung kontaminiert worden? Lange wusste, dass das leichte Pulver, das man bei der Suche nach Fingerabdrücken verwendete, zu fünfzig Prozent aus Kartoffelstärke bestand. Zur anderen Hälfte bestand es aus Aktivkohle. Sah man sich die Stärkekörner im Fingerabdruckpulver an, waren sie zwar mit Kohle vermischt, während die, die man am Tatort gefunden hatte, auffallend weiß waren, aber vielleicht waren die Körner beim Staubsaugen von der Kohle getrennt worden? Man erkundigte sich bei einem Chemieingenieur, der bei einem Stärkeproduzenten in Lyckeby arbeitete. Er konnte die Theorie widerlegen: Es war so gut wie unmöglich, auf diese Weise die schwarz gefärbten Stärkekörner im Fingerabdruckpulver zu «waschen». Was man auf dem Laken gefunden hatte, war reine Kartoffelstärke.

Eine andere Möglichkeit war, dass die Kartoffelstärkekörner von den Laborkitteln der Kriminaltechniker stammten. Beim Waschen der Kittel benutzte man ein Stärkemittel, das Kartoffelmehl enthielt. Auch diese Theorie konnte der Chemieingenieur aus Lyckeby entkräften: Beim Waschen verkleistert die Stärke, wobei sie sich im Stoff so festsetzt, dass sie durch Kontakt nicht mehr übertragen werden kann. Das bestätigte sich in praktischen Versuchen. Auch dass die Kartoffelstärke aus dem Haushalt der Granells stammen könnte, konnte ausgeschlossen werden. Frau Granell stellte der Polizei ein Laken zur Verfügung, das zusammen mit dem Laken aus dem Mordfall gewaschen worden war. Auf diesem zweiten Laken fanden sich keine Spuren von Kartoffelstärke.

Große Mengen Kartoffelmehl auf dem Laken sowie in unterschiedlichen Mengen auf dem Kopfkissenbezug, auf dem Teppich vor dem Bett, auf einigen der Kleidungsstücke von Kickan (besonders auf ihrer Strickjacke, auch auf ihrem BH, aber merkwürdigerweise nicht auf ihrem Slip), Kartoffelmehl im Staubsaugerbeutel, auf dem Sofa und dem Rya-Teppich im unteren Stockwerk.[32]

Was ließ sich daraus schließen?

Mittlerweile hatte man die «Operation Nelkenwurz» in Hökarängen abgebrochen, ohne dass etwas Interessantes dabei herumgekommen wäre. Was niemanden überrascht hatte. Die Suche war dennoch nicht sinnlos gewesen. Man hatte nämlich durch einen glücklichen Zufall einen ganz anderen Fund gemacht: In einem Gebüsch neben einem Fußweg, nur siebzig Meter vom Söndagsvägen 88, fand man ein weißes Frotteehandtuch, zusammengefaltet und ziemlich lädiert. Frau Granell identifizierte es als eines der ihren. Daraufhin erinnerte sich jemand an den schmalen Schrank mit Handtüchern und Bettwäsche im oberen Stockwerk, dessen Tür angelehnt gewesen war, weil ein Lappen im unteren Teil der Tür klemmte. Auf einem der Regalbretter stand ein Stapel Handtücher ein klein wenig schief, als ob etwas oder jemand den ganzen Stapel angefasst hätte.

Was die Beamten stutzig machte, waren Reste hellschokoladenbrauner Farbe auf dem Handtuch. Ähnelte die Farbnuance nicht der des Flecks, den man auf dem Kissen in Kickans Bett gefunden hatte?

Das war mit dem bloßen Auge unmöglich zu entscheiden, da das Handtuch fast einen Monat lang draußen gelegen hatte und sehr schmutzig war. Und weder die Kriminaltechniker selbst noch das Kriminaltechnische Institut in Solna konnten feststellen, ob es sich dabei wirklich um dieselbe Farbe handelte. Nach einigem Suchen nahm man Kontakt zur Abteilung für Medizinische Physik am *Karolinska Institutet* auf. Dort glaubte man herausfinden zu können, ob es sich bei Kissen und Handtuch um dieselbe Farbe handelte. Die Methode, die dabei zur Anwendung kommen sollte, war die Röntgendiffraktion.

Lange ließ ein 10 × 3 Zentimeter großes, aus dem Handtuch herausgeschnittenes Stück Stoff und einen

2,5 × 0,3 Zentimeter breiten Streifen aus dem Kissenbezug dorthin schicken. Jetzt konnte man nur noch abwarten.

Die Leiche von Kickan Granell hatte die ganze Zeit über in der Rechtsmedizin in Solna gelegen, da sie immer noch als Beweismaterial galt. Zusammen mit dem Bett, dem Laken, dem Kopfkissenbezug und dem Handtuch. Eine solche Entpersonalisierung und Objektifizierung, die Verwandlung von einer Person zu einer Sache ist vielleicht unvermeidbar, aber dennoch immer wieder gleich traurig, nicht zuletzt, weil es zeigt, was der Tod macht und ist. Dennoch kann ein Körper nie in gleichem Maße zur Sache werden wie eben ein Bett, Laken, Kissenbezug oder Handtuch. Wincent Lange beschreibt in einem unveröffentlichten Text über diesen Fall, wie die Kriminaltechniker die Rechtsmedizin aufsuchen, um Kickans Leiche zu begutachten, und als sie sie dann erblicken, plötzlich still und behutsam werden:

> Warum ist man so behutsam, wenn man sich einem Toten nähert? Ich hatte meine Kollegen aus der Technik genauso ehrfürchtig auftreten sehen, wie ich es tat. Es ist, als glaubte man, dass der Tote plötzlich die Augen öffnen und einen anstarren könnte. Genauso ist es draußen am Tatort. Schlechte Witze und Gelächter in Anwesenheit des Toten? Nein, das passt nicht zusammen. Alle verspüren offenbar Ehrfurcht im Angesicht dessen, was irgendwann jeden von uns treffen wird. Unbewusst schleicht man auf leisen Sohlen heran. Man möchte nicht stören. Und beim Diktieren des Protokolls dämpft man seine Stimme.

Das Opfer ist das Objekt, die Voraussetzung des Narrativs, aber niemals dessen Mittelpunkt. Entpersonalisierung trifft alle Mordopfer. Auch in der Hinsicht, dass es die Worte und Beschreibungen anderer Personen sind, die das Bild des betreffenden Menschen zeichnen. Das gilt auch dann, wenn diese Worte wohlmeinend oder anerkennend sind – die eigene Stimme des Opfers geht verloren. Das liegt in der Natur der Sache.

Bei Kickan Granell spüre ich das deutlich. Mit Leuten zu sprechen, die sie kannten, und das ganze archivierte Material durchzulesen, auch das, was als uninteressant klassifiziert wurde und daher nie Eingang in den Vorermittlungsbericht gefunden hat, vermittelt ein, wie ich meine, glaubwürdiges Bild von ihr, wer sie war, was sie war. Jenseits von «lebhaft und fröhlich». Doch ihre eigenen Worte fehlen. Deshalb werde ich aufmerksam, als ich in einem der Archivkartons im Polizeiarchiv Kopien einiger Briefe finde, die sie an eine Freundin, genannt «Gugge», geschrieben hat, die zu der Zeit als Au Pair bei einem Anwalt in Hampstead im Norden Londons gearbeitet hat.[33]

GW Larsson hatte persönlich die Rechtsabteilung des Außenministeriums angeschrieben und um Hilfe dabei gebeten, den Kontakt mit der Freundin herzustellen. Er hatte einige einfache Fragen bezüglich des Falls, aber er wollte auch herausfinden, ob sie noch Briefe von Kickan aufbewahrte. Sie hatte tatsächlich noch Briefe von Ende 1964. Einen davon zitiere ich in voller Länge, nicht weil sein Inhalt so bemerkenswert wäre, sondern einfach, weil ich der Auffassung bin, dass man hier ausnahmsweise einmal die eigene Stimme der Achtzehnjährigen hören kann:

Hallo Gugge!

Vielen Dank für Deinen Brief, den ich jetzt endlich
einmal beantworte. Es ist auch wirklich Zeit, oder?
Ehrlich gesagt hatte ich ziemlich viel zu tun. An zwei
Abenden in der Woche gehe ich zu Kursen, einem in
Maschinenschreiben und einem in Stenographie.

An den anderen Abenden muss ich lernen und irgendwann auch einmal schlafen. Tagsüber arbeite ich als
Bürohilfe im Serafimerlasarett. (Macht Spaß.) Ich
brauche die praktische Erfahrung aus dem Krankenhaus, damit ich nächstes Jahr bei Bar-Lock angenommen werde. Hoffentlich bist Du nicht böse, dass
ich nicht eher geschrieben habe und dass Du einen
maschinengeschriebenen Brief bekommst, aber so
geht das wirklich schneller, und ich bekomme keinen
Schreibkrampf.

Wie geht /[34] es Dir da drüben in London? Wie Du
siehst, bin ich noch nicht perfekt auf der Schreibmaschine. Wenn Du wiederkommst, müssen wir
uns unbedingt treffen. An meinem Geburtstag bin
ich abends wahrscheinlich nicht zu Hause, aber Du
kannst ja anrufen, wenn Du wieder zu Hause im
guten alten Schweden bist. Silvester wollen Janne
und ich uns verloben. Da staunst Du, was? Wie sieht
es bei Dir mit der Liebe und der Gesundheit aus?
Aus Deinem Brief geht hervor, dass alles gut ist,
immer noch???

Letzte Woche hatten wir hier den ersten Schnee, aber
der lag nur ein paar Tage, und danach war alles wieder
wie immer, also nur Matsch.

Vor zwei Wochen habe ich im Fernsehen «Drop-In»

gesehen.[35] Dein Liebling Gunnar war auch dabei,
falls Du Dich an ihn erinnerst. Er spielt bei den «The
Mascots».[36] Aber wie er aussah! Kein bisschen hübsch
mehr. Aber gespielt haben sie richtig gut.

Ich habe oft abends gedacht, jetzt muss ich aber mal an
Gugge schreiben, aber dann war ich so müde, dass ich
es einfach nicht geschafft habe, mich hinzusetzen und
Dir zu schreiben.

Wusstest Du, dass ich letzten Sommer in Italien war,
natürlich mit meinen Eltern? In der ersten Woche
haben wir in einer riesigen Wohnung in einem kleinen
Bergort gewohnt, der Montecatini heißt und dreißig
Kilometer von Florenz entfernt ist. Mein Vater hatte
die Wohnung von einem guten Freund bei seiner
Arbeit bekommen. Ich kann gar nicht beschreiben, wie
hübsch die Wohnung war, aber ich zeige Dir Fotos,
wenn wir uns sehen. Die anderen Wochen waren wir
in Bellaria, zehn Kilometer von Rimini. Phantastisch!
Da habe ich einen soo süßen Jungen kennengelernt,
ich dachte zuerst, er wäre ein Schwede oder Deutscher,
aber er war Italiener, aber richtig nett. Er war wahnsin-
nig groß, mit blauen Augen und aschblonden Haaren.
Klar, dass ich mich in ihn verliebt habe. Obwohl er
eigentlich zu alt für mich war, aber egal, er war toll.
Aber wir schreiben uns nicht mehr, ist vielleicht besser
so. Es kann ja sowieso nichts werden mit uns.

Du kennst doch den französischen Jungen, der im
letzten Jahr hier war, Alain. Er war zur gleichen Zeit in
Bellaria wie ich, aber das wusste ich nicht, und Gott
sei Dank bin ich ihm nicht begegnet. Aber er schreibt
mir immer noch und hat mich gebeten, zu ihm zu

kommen und ihn zu heiraten. Aber weißt Du, das
will ich nicht. Letzte Woche hat er geschrieben, dass
er Weihnachten kommen wollte, aber da habe ich
geantwortet, dass ich mich an Silvester verlobe, und
nun hoffe ich, dass er jetzt verstanden hat, dass es
zwischen uns aus ist.

Wie lange bleibst Du hier? Fährst Du danach wieder
zurück nach England?

Ansonsten ist hier alles wie immer. Maggan Lund-
berg hat sich mit Myran verlobt, diesem rothaarigen
Jungen, Du weißt schon. Und Janne muss bald zum
Wehrdienst, aber er kommt wenigstens zum «Ing1»
nach Solna.

Jetzt mache ich Schluss für heute, und hoffentlich
bist Du nicht allzu böse auf mich. Meine Eltern lassen
Dich ganz lieb grüßen und hoffen, dass es Dir gutgeht
und es Dir gefällt und dass sie Dich bald wiedersehen.
Janne grüßt auch und lässt Dir sagen, dass Du Dich
vor den Jungs in Acht nehmen sollst.

Grüße und Küsse[37]

Kickan

PS: Vergiss nicht anzurufen, wenn Du hier bist.

Die Farbanalyse im *Karolinska Institutet* wurde von einem
als kompetent geltenden Dozenten namens Diego Carlström[38] durchgeführt, und er machte seine Sache gründlich. Er konnte bestätigen, dass die Farbe auf dem Handtuch dieselbe war wie die auf dem Kissen. Das Ergebnis
war eindeutig, weil es diese Mischung interessanterweise
nirgends fertig zu kaufen gab. Es handelte sich um eine
selbst aus Chromgelb, Englischrot und Bleiweiß[39] ange-

mischte Farbe. Das Ergebnis war eine hellbraune Farbnuance.

Als die Kriminaltechniker und Polizisten mit diesen
Resultaten konfrontiert wurden, waren sie zunächst überrascht. Aber eine Schlussfolgerung drängte sich auf, auch
wenn alle zunächst noch etwas skeptisch waren:

*Der Täter hatte die Farbmischung benutzt, um vor der
Tat sein Gesicht damit zu bemalen.* Irgendwann während
der Vergewaltigung war sein Gesicht dann mit dem Kissen in Berührung gekommen und hatte auf dem Bezug die
kleinen verwischten Flecken hinterlassen. Als er danach
das Haus verließ, wollte er die Farbe loswerden, darum
hatte er sich aus dem Schrank im oberen Flur ein Handtuch gegriffen – und dabei einen Lappen mitgerissen, der
im unteren Teil der Tür steckengeblieben war – und sich
damit das Gesicht abgewischt, während er fluchtartig den
Tatort verließ. Als er das meiste der Farbe entfernt hatte,
warf er das beschmierte Handtuch ins Gestrüpp.

*Der Mörder war geschminkt zum Söndagsvägen 88 ge-
kommen.* Warum?

Damit noch nicht genug, hatte man außerdem Hinweise
erhalten, die darauf hindeuteten, dass der Täter nicht zum
ersten Mal in dem Reihenhaus gewesen war. In einer der
späteren Vernehmungen erinnerte sich Kickans Freundin und Nachbarin Lillan Sundin an etwas Bemerkenswertes. Eines späten Abends, nach dem Sendeschluss im
Fernsehen (unter anderem war «Prärie» gelaufen, mit dem
neuen Star Clint Eastwood in einer der Hauptrollen, danach kam die schwedische Nachrichtensendung *Aktuellt*,
die über Studentenunruhen in Athen berichtet hatte und

dass erneut amerikanische Truppen auf dem Weg nach Südvietnam waren, dann eine Musiksendung mit Liedern von Brahms sowie ein Bericht vom ersten Tag des Leichtathletik-Länderkampfes zwischen Schweden und Westdeutschland), als alles still war, hatte sie noch über ihrer Handarbeit gesessen. Da hatte sie durch die Wand zu Nummer 88 Geräusche gehört. Schlurfende Geräusche, als ob sich jemand drüben bewegte. Lillan war sich ihrer Sache völlig sicher gewesen, war aber nicht nervös geworden, weil sie einfach annahm, dass jemand aus der Familie Granell zurückgekehrt war. Sie ging daher zum Telefon und rief drüben an. Niemand nahm ab. Und die Geräusche verstummten. Danach dachte sie nicht weiter darüber nach.

Sie erinnerte sich, dass es der Donnerstag in der Woche vom 19. bis 25. Juli gewesen war, mit anderen Worten der 22. Juli. Da war die ganze Familie Granell noch verreist, Herr und Frau Granell in Frankreich, Kickan in Spanien. Die Polizei hatte keine Hinweise auf etwas so Banales wie einen spontanen Einbruch – schließlich war man hier in Hökarängen. Daher blieb nur die Schlussfolgerung, dass der Täter frühzeitig vor dem Mord einen Weg gefunden hatte, sich Zutritt zum Söndagsvägen 88 zu verschaffen.[40] Das hieß:

Der Mörder hatte seine Tat vorbereitet, indem er sich vorher im Reihenhaus umsah.

Nein, dieser Mord war kein Impulsverbrechen. Hier sah man sich mit etwas konfrontiert, was immer wieder in der Unterhaltungsliteratur und in Fernsehkrimis beschrieben wird, in der Realität aber nur selten vorkommt: einem durchdachten und gründlich geplanten Mord, der eingehende Vorbereitungen erfordert hatte, und zwar durch:

- gute Kenntnis des Opfers
- Erkundungen vor der Tat
- Beschaffung von Tatmitteln (Chloroform)
- Beschaffung und Anmischung von Schminke

Daraus ergab sich aber ein neues Problem.

Die Polizei hatte bisher angenommen, dass der Täter von außerhalb stammte und in keiner Beziehung zu Kickan stand. Die mehrfachen Vernehmungen der Familie, der Verwandtschaft und enger Freunde hatten keinerlei Belege dafür geliefert, dass eine dieser Personen in den Mord verwickelt wäre. Und der Verlobte schied als Verdächtiger wie gesagt völlig aus.

Angesichts einer so gründlichen Vorbereitung des Mordes, von der man jetzt ausgehen musste, war es jedoch auffallend, dass der Täter das Verbrechen nur wenige Stunden nachdem Kickan von ihrer langen Auslandsreise nach Hause gekommen war ausgeführt hatte. Sprach das nicht dafür, dass der Mörder trotz allem im Kreis von Freunden und Bekannten zu suchen war? Denn wer sonst konnte wissen, wann sie aus Spanien zurückkommen wollte? Wer wusste, dass sie nach der einen Nacht auf Ekerö am Sonntagabend wieder im Reihenhaus schlafen würde? Und wer wusste, dass sie allein war?[41]

Am Mittwoch, dem 11. August, wurde Kickan Granell auf dem *Skogskyrkogården* beerdigt. (Der Friedhof liegt nur fünf Autominuten vom Söndagsvägen entfernt.) Der

Pastor, der sie konfirmiert hatte, hielt die Ansprache. Der vorangegangene Tag war wie so viele andere Tage dieses Sommers grau und regnerisch gewesen, doch jetzt lösten sich die Wolken langsam auf. Steigende Temperaturen waren vorhergesagt. Hin und wieder fiel ein Sonnenstrahl durch die hoch oben sitzenden Fenster der kleinen modernistischen Kapelle auf die schwarz gekleidete Gruppe von Menschen, die sich drinnen versammelt hatte, und auf den Sarg, der vorne an der schmalen Seite in einem Meer aus Blumen stand.

Die Stimmung war finster und gedrückt, aber beherrscht. Lillan Sundin weinte zunächst hemmungslos. Kickans Verlobter Jan Olov saß während der ganzen Zeremonie mit gesenktem Kopf neben seinem Bruder, schluckte immer wieder und fuhr sich mit einem Taschentuch über das Gesicht. Er schaute nicht ein einziges Mal auf. Die Beerdigung war weder in der Zeitung noch am schwarzen Brett der Kapelle angekündigt worden. Nur Angehörige waren anwesend. Lediglich eine Person gehörte nicht zum inneren Kreis der Trauernden: der bekannte Musiker Lasse Lönndahl, der sang. (Er war mit dem Bruder von Kickans Mutter befreundet und betrachtete es als einen Freundschaftsdienst.)

Fünf Polizisten in Zivil beobachteten diskret die Zeremonie. War der Mörder womöglich unter den Gästen? Ein Polizist hatte versteckt in einem Gebüsch neben einer Mauer gestanden und alle fotografiert, die die Kapelle betraten. Hinterher notierte ein Beamter penibel, wer die einzelnen Kränze und Blumen geschickt hatte.

Da war der Sarg mit Kickans Leiche schon auf dem Weg ins Krematorium.

GW Larsson erkannte allmählich, dass es eine Beziehung zwischen Kickan und ihrem Mörder geben *musste.* Sie hatten sie bisher nur noch nicht entdeckt. Larsson ging vor wie immer, folgte den «Ringen im Wasser», die – wie wenn man einen Stein hineinwirft – vom Opfer ausgingen. Er vernahm «Ring um Ring der mehr oder weniger verdächtigen Personen». In dieser Phase konnte man niemanden ausschließen. Larssons direkter Vorgesetzter, Otto Holm, sagte einem Journalisten, dass «praktisch jeder der Täter gewesen sein» könnte. Doch Larsson war ein systematischer und ausdauernder Mann, der wusste, dass manchmal ein einziger kleiner Hinweis, auf den man im Vorbeigehen gestoßen war, zu dem entscheidenden Durchbruch führen konnte. «Der Zufall greift oft in Mordermittlungen ein», pflegte er zu sagen.

Der Mangel an Fortschritten zehrte jedoch an den Nerven aller Beteiligten. GW Larsson sagte in einem Interview, das am 17. August im *Aftonbladet* veröffentlicht wurde: «Dieser Fall ist sehr kompliziert. Vielleicht einer der schwierigsten, mit denen wir bisher zu tun gehabt haben.» Die Zeitungsschlagzeile war alles andere als ermutigend: «Die Polizei über den Mord in Hökarängen: Wir haben keinerlei Spuren.»

Seltsamerweise nahm der Fall schon am folgenden Tag, Mittwoch, den 18. August 1965, eine neue Wendung.

III. KAPITEL

DIE ERGREIFUNG

Aus den Aufzeichnungen des Täters

Allgemeine Anforderungen an Frauen: primär helle und starke Haut. Sekundär die Hüften. Tertiär blondes Haar und Augenfarbe in allen Varianten von blauen zu grauen Augen, selten mit Grün. Braune Augen sind ekelhaft. Ebenso schwarze Haare. Weiße Haare sind wichtig. Dass die Haare dünn und sauber sind. Darüber hinaus glatt gebürstet, auch sehr langes Haar, gerne in Flechten und anderswie aufgesteckt oder auch Naturlocken [...] Ein schlanker Körper ist wunderbar, aber ein kräftiger Körper ist das Ideal. Dicke wiederum ähneln Schweinen. Man spürt gewissermaßen das Wesen des Schweins [...] Ein weniger kräftiger Körper wie der einer Sportlerin ist vorzuziehen. Die Beinmuskeln sollen in guter Verfassung und gerade sein. Die Füße sind besonders wichtig. Der Hals sollte kräftig, aber nicht dick sein und behaart, sog. Stiernacken, und Haare auf Armen, Beinen und Ober-lippe können also positiv oder erregend sein. Auf den Brüsten wirken sie abstoßend. Die Rippen müssen stets unsichtbar bleiben, auch bei tiefen Beugen. Das Profil ist wichtiger als das Gesicht

Wie verhält es sich nun mit den schönen Mädchen? Sollte man ihnen die schlimmsten Schmerzen zufügen, wäre man ein schmutziger Kommunist. Soll man sie aus rassenpolitischen Gründen überleben lassen und ihnen damit die Chance geben, einen hinterher mit Schmutz zu bewerfen? Eine wahrhaft schwierige Frage

Zum ersten Mal in meinem Leben: Überleg dir, ob ein Mädchenmord eine Möglichkeit wäre [...] weil sie alle vom gleichen Schlag sind

Sechs Tage lang mache ich sie für die Bearbeitung empfänglich. Bett / Bewusstlosigkeit / Sicherung des Objekts. Leg sie auf einfachste Art ins Bett. Gib ihr Drogen für Bewusstlosigkeit, zieh sie aus, binde sie fest, starte die äußere Sicherheitsautomatik sowie die Objektsicherheitsautomatik. Schock: körperliche Schwäche und Erbrechen hervorrufen 3 Minuten, dann Ausscheidung 4 Minuten. Urinabgang gleichzeitig mit Erbrechen. Magen auspumpen und gleichzeitig eventuelle Darmspülung. Nächste Alternative Aderlass 12 Minuten lang / Erbrechen und dann Orgasmus

Die Schamlippen abschneiden, dito die Zunge, die Schamhaare ausreißen, Injektionen mit lähmender Wirkung, das Gesicht zerschneiden, mit Salz und Brechmittel Kollaps hervorrufen, die eigene Zunge wird aufgegessen, ebenso die Schamlippen und Schamhaare, mit einem Schlag in den Magen wecken, dies in Kombination mit Druck auf die Ohren und Schlägen in die Nieren. Bürste in den Arsch einführen, Jod hineintropfen. Die Zähne aufsägen, bohren oder abschleifen

Pervers ist es also, Urin zu trinken und Exkremente zu essen, was versucht wurde, aber nie geglückt ist. Blut trinken und Leichen schänden und das Herz herausreißen, die Gedärme herausreißen und ausbreiten oder sie essen oder sie aus der frischen Leiche schneiden und sie aufessen etc.

Punkt 1. Ungelöschten Kalk auf den Körper geben und diesen vor einen Spiegel legen. Punkt 2. Dadurch Auflösung des Körpers vor dem Spiegel. Bei Erfolg mit dem Fotoprojekt kann ein halbes Jahr eingespart werden

---

G egen Ende August geschah etwas, das sowohl das Land als auch die Medien zeitweilig alle rätselhaften Mordfälle, den Wettlauf im Weltraum, die oberste Fußball-Liga *Fotbollsallsvenskan*, die Diskussion über die sexuelle Befreiung in all ihren Erscheinungsformen sowie die sogenannte Vietnamkrise vergessen ließ: Im Zentrum Stockholms kam es zu schweren Krawallen.

Wenn die Menschen auf den Sommer 1965 zurückblickten, erinnerten sie sich nicht nur an den Mangel an Sonne, sondern auch daran, dass damals ein neues Jugendphänomen endgültig in Schweden angekommen war: die *Mods*. Sie stellten eine unerhörte Provokation dar, sowohl in ihrem Auftreten als auch in ihren Einstellungen. Frauen und Männer trugen dieselbe Kleidung, am liebsten amerikanische Armeejacken und ausgefranste Jeans, sowie – und das war der eigentliche Skandal – die gleichen ordentlichen, halblangen sogenannten Pilzköpfe. Dass sie sich *täglich* die Haare wuschen, wurde als fast schon krankhaft angesehen. Außerdem trugen sie demonstratives Nichtstun zur Schau und standen der Mühsal und Plackerei der Generation ihrer Eltern nicht nur desinteressiert, sondern kritisch herausfordernd gegenüber. Es mag paradox erscheinen, dass inmitten des friedlichen und unaufhörlich wachsenden Überflusses eine derartige Revolte ausbrach, doch in mancher Hinsicht war es auch logisch: Harte, fleißige Arbeit, Strebsamkeit und Pflichterfüllung, einige der Voraussetzungen des Wohlstands, waren für diejenigen unbegreiflich, die nicht das Gegenteil des Wohlstands am eigenen Leib erfahren hatten und die außerdem – genau wie alle anderen – davon ausgingen, dass die Zukunft, quasi von selbst, immer besser und besser würde.

Im Laufe des Sommers hatten sich die *Mods* auf der Treppe des Konzerthauses am Hötorget-Platz in Stockholms Zentrum versammelt: «In bequemer halbliegender Stellung genießt man die Sonne, das Nichtstun, die Unterhaltung mit Freunden, das Gefühl, radikal zu sein und – das vielleicht vor allem – andere zu reizen.» Dorthin strömten auch viele Schüler, die von den «richtigen», ein wenig älteren *Mods* als billige Nachahmer betrachtet wurden. Für ein echtes Aufbegehren war das Ganze ziemlich zahm und selbstbezogen, aber das Phänomen erregte doch so viel Aufsehen, dass *Mods* aus allen Teilen Schwedens anreisten, ja sogar aus den Nachbarländern. Ihre Kleidung, ihre Haare, die Posen, das Grölen, das schamlose Geknutsche, die Bierdosen, der Müll – schwer zu sagen, was am meisten provozierte. Aufgebrachte Leserbriefschreiber hatten alle Hände voll zu tun. (In meiner kleinen Heimatstadt gab es zwar kaum *Mods*, dennoch verabscheuten die meisten Erwachsenen, die ich kannte, das Phänomen vehement – ob das vor oder nach den Krawallen war, weiß ich nicht mehr.)

Seit dem Frühsommer war es in der Stadt immer wieder zu kleineren Zusammenstößen gekommen, nicht zuletzt zwischen den *Mods* und einem anderen Phänomen der Jugendkultur, den *Sunar* mit ihren zurückgegelten Elvisfrisuren, Seidenhemden, spitzen Schuhen und amerikanischen Straßenkreuzern mit Heckflossen. Der Konflikt

hatte auch eine nicht unwichtige Klassen-Komponente:
Die *Mods* stammten oft aus gebildeten Elternhäusern,
während die *Sunar* in der Regel aus der Arbeiterklasse
kamen. (Doch um genau zu sein, gehörten die *Sunar* mit
ihren großen amerikanischen Wagen eigentlich zu den
Raggare.[42])

An diesem Samstag im August waren ungewöhnlich
viele Menschen im Zentrum Stockholms unterwegs, wie
so häufig, wenn der Sommer dem Ende zugeht und die
Schule wieder beginnt. Wie üblich wurde auch viel gesof-
fen. Auf der Kungsgatan begann irgendeine Auseinander-
setzung, in die auch *Mods* verwickelt waren, und breitete
sich in Richtung Hötorget aus. Polizeistreifen und Hun-
deführer wurden gerufen, jedoch mit Geschrei, Gegröle
und fliegenden Flaschen empfangen. Ein tatendurstigerer
Mod warf einen Zylinder mit Knallgas von der Treppe des
Konzerthauses, der funkensprühend auf einen Polizeiwagen zurollte – deren zwölf vor Ort waren. Die Beamten,
die an diesem Abend die kürzlich erst abgelegten Säbel
wieder hervorgeholt hatten, zogen sie blank und gingen
auf die schnell wachsende Menge los, die zum Schluss
rund sechshundert Personen umfasste, von denen viele,
aber nicht alle *Mods* waren. Wie um die Konfusion noch
zu steigern, brachen hier und da auf dem Platz vereinzelte
Schlägereien zwischen den Langhaarigen und den *Sunar*
aus. Die Menschenmenge zog sich zurück, es flogen noch
mehr Flaschen, die Menge rückte wieder vor, die Polizei
machte einen neuen Ausfall, und so ging das Spiel bis in
die Nacht. «Mehr Flaschen! Schmeißt sie auf die Bullen!
Nieder mit dem Polizeistaat!»

Unter der Woche schien die Ruhe wiederhergestellt zu

sein, aber am folgenden Wochenende entbrannten neue Krawalle, die noch umfangreicher und gewalttätiger waren als bisher. Sie endeten erst nach fünf Tagen, nachdem man sowohl Hunde als auch berittene Kräfte sowie Militärpolizisten der Marine zu Hilfe gerufen hatte.

Die Straßen rund um Hötorget boten einen traurigen Anblick: Glassplitter, herumgeworfene Pflastersteine und Überreste anderer improvisierter Projektile (einschließlich Bierdosen, Telefonhörer aus demolierten Telefonzellen und Blumentöpfe), eingeworfene und geplünderte Schaufenster, umgekippte oder zerstörte Autos – einschließlich zweier Polizeiwagen –, improvisierte Barrikaden aus Stühlen und Tischen. Es roch nach dem Qualm der Feuerwerkskörper, die man vor allem auf die Polizeihunde abgefeuert hatte. Dass viele von denen, die während dieser chaotischen Abende durch die Straßen der Stockholmer Innenstadt hetzten, keine *Mods* waren, sondern *Sunar* und Rocker auf der Suche nach Streit und in vielen Fällen auch Schüler und andere Neugierige aus den Vororten[43], konnten die wenigsten erkennen – nicht zuletzt der Polizei fiel es in der Aufregung schwer, die unterschiedlichen Gruppen auseinanderzuhalten, weshalb sie mit derselben verbissenen Emphase unterschiedslos auf alle gleichermaßen eindrosch.

Im öffentlichen Bewusstsein vermischten sich die Krawalle vom Hötorget bald schon mit der kleinen Demonstration gegen die Eskalation des Vietnamkriegs durch die USA, die mit nur rund zehn Teilnehmern Mitte Juni am gleichen Ort stattgefunden hatte. Diese Demonstration hätte vermutlich kein Aufsehen erregt, wenn die Polizei sie nicht ebenso brutal wie unbeholfen aufgelöst hätte.

Bald waren neue Schaufenster eingesetzt und die Glassplitter aufgefegt, doch zurück blieb eine neue, ungewohn-
te Besorgnis sowie die Erkenntnis, dass inmitten von Idylle und Wohlstand eine unerwartete und unvorhersehbare
Wut lauerte.[44]

Der Spätsommer 1965 geriet zu einer Prüfung für das
schwedische Selbstbild. Zu den Krawallen in Stockholm
traten noch mehrere andere Ereignisse hinzu, die die
Menschen ebenfalls aufwühlten. Der Mord an Kickan Granell gehörte dazu: junge, unschuldige Frau in ihrem Bett
ermordet von infernalisch raffiniertem Sexmörder, der
jederzeit wieder zuschlagen konnte. Die Geschichte war
unwiderstehlich.

Ein weiteres Verbrechen, das ebenfalls viel Aufsehen
erregte – und zeitweise sogar den Mord in Hökarängen
von den Schlagzeilenplakaten und Titelseiten verdrängte –, war der sogenannte Froschmann-Raub in Göteborg
vom 29. Juli: Drei Ungarn, die nach der sowjetischen In-
vasion ihres Landes 1956 als Flüchtlinge nach Schweden
gekommen waren, arrangierten einen James-Bond-in-
spirierten Raubüberfall auf eine Bank. Einer von ihnen
trug Frauenkleider und künstliche Brüste, und alle hatten
unter ihren Kleidern Taucheranzüge an. Die ganze Operation wurde mit mehr Enthusiasmus als Kompetenz
abgewickelt – einem der Täter gelang das Kunststück, sich
selbst nicht nur eine, sondern gleich zwei Schussverlet-
zungen zuzufügen –, wobei die Täter allerdings besonders
gewalttätig vorgingen und wahllos in die Gegend schossen. Es war pures Glück, dass sie dabei nur einen einzigen
der Anwesenden, einen Kunden der Bank, verletzten. Ob-

wohl alle drei Täter ziemlich rasch festgenommen wurden, schockierten das technische Raffinement und die Brutalität der Tat.

Ein weiteres Ereignis, das ebenfalls mit dem kühlen Spätsommer 1965 in Verbindung gebracht wurde, war der sogenannte Dahlsjöfall, der einzige unaufgeklärte Fall in Schweden in moderner Zeit, bei dem mehrere Personen auf einmal verschwanden. Am 29. Juli, am selben Tag, an dem der «Froschmann»-Überfall in Göteborg stattfindet, verlassen drei junge Männer – Jan Olof Dahlsjö, Gay Roger Karlsson und Kjell-Åke Johansson – eine Gaststätte im Göteborger Arbeiterstadtteil Haga, die für ihre billige *Pyttipanna* mit Ei bekannt ist. Die drei steigen in einen dunkelblauen Volvo PV aus dem Jahr 1957 und fahren aus der Stadt hinaus, um, wie sie zuvor anderen erzählt haben, am knapp fünfzig Kilometer südlich von Göteborg gelegenen Strand in Åsa zu baden und zu zelten. Dort kommen sie jedoch nie an: Sowohl die drei jungen Männer als auch das Auto verschwinden spurlos.[45]

Diese Ereignisse, von den Krawallen auf dem Hötorget bis zum «Dahlsjöfall», waren für sich genommen keine nationalen Katastrophen und müssen als fast schon symbolische Phänomene betrachtet werden, die erst dadurch Aufsehen erregten, dass die Medien sie so behandelten, als seien sie aufsehenerregend. Die Gleichzeitigkeit und der mediale Wirbel hatten eine Art Schockwirkung zur Folge, die einem latenten Unsicherheitsgefühl gegenüber der Gegenwart und einer Sorge vor der Zukunft Vorschub leistete, die jetzt zutage traten und teilweise neue Phänomene waren.

Weitere, große wie kleine Ereignisse, mehr oder weniger stark über die Medien verbreitet, trugen das ihre zu dieser wachsenden Unruhe bei. Zum Beispiel die Tatsache, dass Vandalismus und Verwahrlosung in der Stockholmer U-Bahn so stark zugenommen hatten: Im vorangegangenen Jahr hatten Polizei und Sicherheitspersonal über neunzigtausend «Interventionen»[46] in unterschiedlichen U-Bahn-Stationen gezählt – den schlimmsten Ruf hatte Skanstull –, und 1965 waren es allein im ersten Halbjahr sechzigtausend gewesen. Oder jenes Ereignis spätabends während eines der Krawalltage, dem man nur kleinere Zeitungsmeldungen widmete und das rasch wieder vergessen war: Ein Zwanzigjähriger war auf den *Katarinahissen* hinaufgeklettert, den Freiluft-Fahrstuhl, der vom Ufer zu den höhergelegenen Stadtteilen Stockholms hinaufführt, und drohte, sich das Leben zu nehmen. Und während unten Feuerwehrleute mit Sprungtüchern bereitstanden und oben Polizisten den jungen Mann zur Umkehr zu bewegen versuchten, hatte die versammelte Menge skandiert: «Spring! Spring! Spring!» – was er schließlich auch getan hatte. Viele Menschen begannen sich und andere zu fragen: «Was passiert eigentlich gerade in diesem Land?»

Schweden hatte seine Unschuld verloren. Zum wievielten Mal, sei dahingestellt.

Die Krawalle brachten so einige Behinderungen der Mordermittlungen mit sich, da auch die Kriminalpolizei Personal stellen musste, um die Situation rund um Hötorget unter Kontrolle zu bringen, aber zumindest GW Larsson und seine engsten Mitarbeiter konnten sich dem entziehen. Sie nutzten stattdessen die Zeit, um eine der bislang vielversprechendsten Spuren – als D.57 bezeichnet – weiterzuverfolgen.

Ein zweiundzwanzigjähriger Taxifahrer namens Christer Erixon hatte sich gemeldet und von einer Fahrt in der Mordnacht berichtet. Gegen halb eins hatte er mit seinem Wagen am Taxistand Slussen gegenüber dem *Katarinahissen* gestanden, als ein Mann neben ihm eingestiegen war, der keine Adresse genannt, sondern nur gesagt hatte, er wolle «nach Süden». Also fuhren sie über Katarinavägen, Glasbruksgatan, Skånegatan, Ringvägen zur neuen Skanstullsbrücke. Dann wollte der Kunde, dass das Taxi auf dem Nynäsvägen weiterfahren sollte.

Dem Fahrer fiel auf, dass sein Passagier angespannt wirkte, so sehr, dass es ihm schon ein wenig unangenehm war und er ihn deshalb unauffällig beobachtete. Das Gespräch sprang von einem Thema zum anderen. Erixon bemerkte, dass sein Kunde eine kleine braune Papiertüte dabeihatte, deren Inhalt offenbar zerbrechlich war, da der Mann die Tüte mit großer Vorsicht behandelte.

Als sie Hökarängen erreichten, dirigierte ihn der Passagier zum Söndagsvägen. Sie folgten der kurvenreichen Straße von den Mehrfamilienhäusern zu den Reihenhäusern von Skönstaholm, über eine Hügelkuppe und an einem *ICA*-Laden vorbei, und als sie vielleicht noch zwanzig oder dreißig Meter vom Söndagsvägen 88 entfernt waren, wies der Mann auf eine Parkbucht und sagte, dort wolle er aussteigen. Er zahlte und schlug die Autotür zu. Der Fahrer wendete auf einem fünfzig Meter entfernt gelegenen Platz. Als er danach wieder an den Reihenhäusern vorbeifuhr und die Scheinwerfer des Taxis auf die Stelle trafen, an der der Mann ausgestiegen war, war der verschwunden. Der Taxifahrer war sich völlig sicher, dass dies am Sonntag, den 26. Juli, geschehen war. Das war nämlich der einzige

Tag in dem bewussten Zeitraum, an dem er am Wochenende gearbeitet hatte.

Das war natürlich eine sehr interessante Beobachtung.

Die Polizei erhielt darüber hinaus eine gute Beschreibung des Mannes: circa dreißig Jahre alt und 1,80 Meter
groß, Kurzhaarschnitt mit modernem Seitenscheitel, normaler Körperbau. (Es könnte sich demnach um denselben
Mann handeln, der den Chloroformüberfall in Tallkrogen
begangen hatte, und die Beschreibung passte darüber hinaus auch ziemlich gut auf den Mann, der Lillan, die Freundin des Mordopfers, einige Tage vor der Tat belästigt hatte.) Er trug ein dunkles Sakko, weißes Hemd und Schlips
sowie beige Hosen und sprach mit Stockholmer Akzent.
Und, genau, der Taxifahrer erinnerte sich an ein weiteres
Detail: Sein Passagier hatte buschige Augenbrauen gehabt,
die über der Nasenwurzel zusammengewachsen waren.

Dem üblichen Prozedere folgend zeigten die Ermittler
dem Taxifahrer zunächst aktuelle Aufnahmen aus der Verbrecherkartei. Sieben Kartons mit Fotos von Männern, die
zwischen 1934 und 1940 geboren waren, wurden vor
ihn hingestellt. Schon bald rief er: «Der war es!» Das Foto
zeigte denn auch einen Mann mit buschigen, zusammengewachsenen Augenbrauen. Die Freude war jedoch nur
von kurzer Dauer. Als der betreffende Mann überprüft
wurde, stellte sich heraus, dass er ein wasserdichtes Alibi
hatte: In der Mordnacht hatte er auf Långholmen, damals
noch die Gefängnisinsel von Stockholm, hinter Gittern
gesessen.

Weitere Vernehmungen des Taxifahrers schlossen sich
an. Der war sich seiner Sache dennoch absolut sicher: Der

Mann, den er gefahren hatte, «war praktisch ein Doppel-
gänger des Mannes vom Foto». Der Fahrer erstellte daraufhin gemeinsam mit dem Polizeizeichner eine lavierte
Tuschezeichnung als Porträt. Das Phantombild wurde
zunächst in den Reihen der Polizei, vor allem der Schutzpolizei, verbreitet. Außerdem rekonstruierte ein Ermittler
die Fahrt von Slussen nach Hökarängen gemeinsam mit
dem Taxifahrer. Als sie die ganze Strecke absolviert hatten,
einschließlich der abschließenden Wende nahe dem Tennisplatz für eine Zigarettenpause, hatte der Fahrer spontan
erklärt, dass «der Mann entweder in eins der Reihenhäuser
gegangen oder im Gelände westlich davon verschwunden»
sei – also direkt hinter den Häusern.

In der Hoffnung, jemanden zu finden, der auf die Täter-
beschreibung reagierte und vielleicht sogar wusste, wer
der Mann war, veranlasste man Anwohnerbefragungen
im unteren Teil Hökarängens. GW Larsson griff sogar zu
einer außergewöhnlichen Maßnahme, die zeigt, wie ungeduldig, ja verzweifelt er versuchte, zu einem Durchbruch zu gelangen: Er wandte sich über die Medien direkt
an den unbekannten Mann und bat ihn, sich zu melden.
Zeitungen, Radio und Fernsehen sollten den Aufruf so
lange wiederholen, bis sich der Betreffende zu erkennen
gab.

Larsson bemühte sich, seine Bitte zurückhaltend zu
formulieren, offenbar um den Mann – oder ihm nahestehende Personen – nicht zu erschrecken. Der Mann mit
den zusammengewachsenen Augenbrauen wurde als «ein
Hauptzeuge» bezeichnet, nicht als Verdächtiger. «Auch
wenn er selbst nicht glaubt, dass er etwas Neues zu den

Ermittlungen beitragen kann, kann er dennoch zweifellos bestimmte sehr wichtige Beobachtungen gemacht haben, die für uns sehr wertvoll sind», sagte Larsson. «Wir hoffen, dass die Beschreibung der Person und der Fahrtstrecke dazu führen, dass der Mann sich wiedererkennt und Kontakt mit uns aufnimmt.» Als sich niemand meldete und die eingegangenen Hinweise sich als weitestgehend substanzlos herausstellten, wiederholte Larsson zwei Tage später seine Bitte, wobei er hinzufügte: «Wenn dieser Mann persönliche Gründe hat, sich von der Polizei fernzuhalten, sollte er sie zu überwinden suchen. Wir sagen ihm Diskretion zu.»

Es verrät einiges über das Bestreben der verantwortlichen Ermittler, phantasievoll vorzugehen, dass sie noch in derselben Woche die Sondervorstellung eines Films besuchten, der noch gar nicht Premiere gehabt hatte. Er handelte von einem einsamen, gestörten Jüngling, der unter Kontaktschwierigkeiten und Impotenz leidet, sich auf eine junge, schöne Frau fixiert und sich ihrer schließlich bemächtigt – mit Hilfe von Chloroform.

Der Film basierte auf einem im vorangegangenen Jahr auf Schwedisch erschienenen Roman, der gerade in aller Munde war: John Fowles' «Der Sammler». Es ist nicht ausgeschlossen, dass GW Larsson, wegen seines breiten kulturellen Interesses, das Buch bereits gelesen hatte, das besser geschrieben und deutlich intelligenter konstruiert war als das meiste, was im Jahr 1965 an Spannungsliteratur auf dem Markt war. (Krimis las er nur ungern. Ganz im Gegensatz zu seinem Chef Otto Holm, der von Haus aus nicht Polizist, sondern Jurist war und der mit der Energie des begeisterten Amateurs eine riesige private Sammlung an Kriminalromanen aufgebaut hatte.) Die Hauptperson des Buchs von John Fowles ist Frederick Clegg, ein sonderbarer, verschlossener Mann in den Zwanzigern, ein typischer Verlierer, dessen Hobby das Sammeln von Schmetterlingen ist. Clegg verliebt sich von fern in eine junge Kunststudentin namens Miranda, die er schließlich mit Hilfe von Chloroform kidnappt und in einem Keller gefangen hält. Er hat nicht die Absicht, sich sexuell an ihr zu vergreifen, sondern nährt die bizarre Hoffnung, dass sie, wenn er sie nur lange genug gefangen hält, Liebesgefühle für ihn entwickelt und sie beide ein Paar werden. Zwischen der Gefangenen und ihrem Bewacher entwickelt sich ein verwirrendes, immer weiter eskalierendes Machtspiel, in dem die intelligente Miranda auf verschiedene Arten Clegg zu überlisten versucht, um ihre Freiheit wiederzuerlangen. Doch ihre Fluchtversuche misslingen und zum Schluss erkrankt sie und stirbt, zur großen Trauer ihres Gefängniswärters.

Dem in Deutschland unter dem Titel «Der Fänger» vertriebenen Spielfilm fehlen die subtilen erzählerischen Kunstgriffe des Buchs – in der literarischen Vorlage werden die Ereignisse mal aus der Sicht von Clegg, mal aus der von Miranda geschildert. Dennoch ist der Film des aus Deutschland gebürtigen William Wyler, einem der mit Preisen überhäuften Star-Regisseure Hollywoods, für sich genommen ein interessantes Werk.[47] Den Mordermittlern wurde eine geschickt und straff erzählte Geschichte geboten, die nie vorhersehbar wirkt, sondern die Unruhe und das Unbehagen bei den Zuschauern langsam steigert.

Ob dieser Film den erfahrenen Fahndern sehr viel wei

terhalf, darf allerdings bezweifelt werden. Sie wussten bereits, dass sie es wahrscheinlich mit einem «Sonderling» zu tun hatten, wie der Psychologe auf Långholmen gesagt hatte, mit «einem wahrscheinlich Geisteskranken mit großen Kontaktproblemen und abnormen sexuellen Zwangsvorstellungen» – was unzweifelhaft nach einer Variante des traurigen und rücksichtslosen Clegg aus dem Film klingt. Doch kam aufgrund des Films die Idee auf, dass der Täter sich womöglich vom Buch hatte inspirieren lassen. Als der Mörder gefasst wurde, versuchten die Ermittler dann auch tatsächlich herauszufinden, ob er den Roman gelesen hatte. Fakten und Fiktion kommunizieren.

Das Ende des Films muss jedoch eine gewisse Wirkung ausgeübt haben. Beim Anblick von Mirandas Leichnam ist Clegg zunächst anscheinend vor Trauer wie gelähmt, erholt sich aber rasch und schiebt in einem *Voiceover* das Geschehene mit den Worten von sich, es sei «ihre Schuld» gewesen. *Sein* einziger Fehler sei es gewesen, in der Wahl von Miranda «zu hoch gegriffen» zu haben. In der Schlussszene sieht man, wie Clegg sich bereitmacht, sein nächstes Opfer zu überfallen. Als die Lichter im Kinosaal wieder angingen, hatte dieses Finale sicherlich Eindruck hinterlassen. Schließlich schlachtete die Presse schon längst die Angst davor aus, dass der Mörder von Hökarängen noch einmal zuschlagen könnte. Die Ermittler teilten diese Befürchtung.

Glücklicherweise wurden diese Bilder bald schon von anderen überlagert. Während am Samstag, den 21. August, in Stockholms Zentrum die Krawalle tobten, erhielt GW Larsson einen Anruf. Jemand hatte den Mann mit den zusammengewachsenen Augenbrauen wiedererkannt.

Åke Karlsson war schon seit beinahe zehn Jahren Streifen-
polizist draußen in Farsta. Auf den täglichen Rundgängen
hatten er und sein Kollege allen, denen sie begegneten,
dieselbe Frage gestellt: «Kennen Sie einen Mann mit zusammengewachsenen Augenbrauen?» Schließlich hatten
sie den Namen eines Siebenundzwanzigjährigen in Erfahrung gebracht, der der Beschreibung entsprach und der
– und jetzt wurde es richtig interessant – zudem noch in
Hökarängen *wohnte*, und zwar im Fredagsvägen, nur rund
zweihundert Meter vom Söndagsvägen 88 entfernt. Zu
derselben Person war außerdem ein anonymer Hinweis
eingegangen.

Das war hochinteressant. Durch den Rückschlag mit
dem Chloroformkäufer in der Apotheke Scheele vorsichtig geworden, wollte GW Larsson jedoch nicht gleich vor-
preschen. Er veranlasste eine schnelle, aber diskrete Vor-
ab-Überprüfung des Siebenundzwanzigjährigen. Der war
angeblich vor mehreren Jahren an einer Vergewaltigung
beteiligt gewesen. In der Verbrecherkartei war nur eine
alte Anzeige wegen eines Übergriffs verzeichnet, und den
Eintragungen zufolge war dieser Vorwurf entkräftet worden. Eine Frau aus dem Söndagsvägen hatte jedoch angegeben, er habe sich vor ihr entblößt, und eine andere hatte
behauptet, dass er vor gut zwei Jahren ein minderjähriges
Mädchen belästigt habe.

Der Mann war mittlerweile verheiratet und hatte Kinder. Er hatte früher in einem Kaufhaus gearbeitet, war
aber gefeuert worden und war eine Zeitlang «heruntergekommen» und auf Sozialhilfe angewiesen gewesen. Die
Überprüfung ergab, dass zwar nicht er selbst, aber jemand
aus seiner Verwandtschaft, der in einem chemisch-tech-

nischen Unternehmen angestellt war, an Chloroform herankommen konnte. Eine der befragten Personen besaß ein Foto des Siebenundzwanzigjährigen, woraufhin der Taxifahrer ins Polizeipräsidium auf Kungsholmen bestellt wurde, um es sich anzusehen. «Das passt», sagte er, dies sei der Mann, den er in der Mordnacht nach Hökarängen gefahren habe.

G W Larsson beschloss, eine Falle zu stellen. Er ließ eine fingierte Anwohnerbefragung im Fredagsvägen durchführen. Während dieser «scheinbar unschuldigen Übung» wollte man «wie zufällig den 27-Jährigen antreffen» und ihm eine Reihe Routinefragen stellen, unter anderem dazu, «wo er in der Mordnacht gewesen war».

Am Dienstagvormittag, den 24. August, fand die Aktion statt. Sie endete unerwartet. Die Polizisten klingelten. Es war niemand zu Hause.

Jemand informierte die Beamten, dass der Siebenundzwanzigjährige einen neuen Job als Serviceman bei einer Autofirma hatte. G W Larsson beschloss daraufhin, sich weiteres verwirrendes Vorgeplänkel zu sparen und ihn an seinem Arbeitsplatz festzunehmen. Das geschah diskret noch am selben Tag gleich nach der Mittagspause. Der Mann zeigte sich sehr erstaunt über die gegen ihn erhobenen Vorwürfe, die er entschieden abstritt.

Kurz nach drei Uhr am Nachmittag fand eine Gegenüberstellung des Siebenundzwanzigjährigen mit dem Taxifahrer statt, doch ohne dass Ersterer das merkte: Der Fahrer wurde in einen Warteraum gesetzt und der Festgenommene wie zufällig an ihm vorbeigeführt und auf den Stuhl rechts von ihm gesetzt, sodass er ihn sich ausgiebig ansehen konnte. Als der Siebenundzwanzigjährige wieder abgeführt worden war, sagte der Taxifahrer zu GW Larsson, dieser Mann habe zwar einen kürzeren Haarschnitt, er sei sich aber trotzdem «absolut sicher», dass er derjenige war, den er in der Mordnacht von Slussen nach Hökarängen gefahren hatte.

Während der Siebenundzwanzigjährige vernommen wurde, durchsuchte man seine Wohnung in Hökarängen. Die Polizei beschlagnahmte unter anderem ein Paar Schuhe mit geriffelten Sohlen, die nach Größe und Fabrikat den Fußabdruck hinterlassen haben konnten, den man vor dem Reihenhaus in Hökarängen gefunden hatte, sowie eine Trinkflasche mit einer übelriechenden Flüssigkeit. Gleichzeitig brachte man auch seine Blutgruppe in Erfahrung: A. Die gleiche wie der Mörder.

So weit passte alles zusammen.

Abends kontaktierte GW Larsson den zuständigen Staatsanwalt, Lars Ringberg, und trug ihm die bisherigen Erkenntnisse vor. Um 20.05 Uhr am Dienstagabend erging Haftbefehl gegen den siebenundzwanzigjährigen Mann. Die vorläufige Anklage lautete auf «Vergewaltigung in Verbindung mit grob fahrlässiger Tötung».

Bei der Hausdurchsuchung war nichts wirklich Belastendes gefunden worden, aber sowohl GW Larsson als auch der Staatsanwalt waren davon überzeugt, dass bald weitere Beweise auftauchen würden. Im Polizeipräsidium machte sich Erleichterung breit. Ein am Dienstagabend aufgenommenes Foto zeigt drei zufriedene Ermittler in Larssons kahlem und einfach eingerichtetem Büro, in dem während der letzten annähernd zwei Monate die täglichen

Lagebesprechungen stattgefunden hatten. Man sieht GW Larsson selbst, im Anzug mit weißem Hemd und schmalem, dunklem Schlips, die Lesebrille hatte er abgenommen, mit dem Schatten eines Lächelns auf seinem abgemagerten Gesicht, leicht zurückgelehnt an seinem breiten Schreibtisch, der mit ordentlich aufgetürmten Papierstapeln vollgepackt ist. Außerdem zwei andere Personen, die ebenfalls eine entscheidende Rolle in den Ermittlungen spielten: Larssons Chef Otto Holm hinter dem Tisch und neben ihm Sigurd Furugård, der Mann, der seit Beginn die meisten Vernehmungen durchgeführt hat, in Anzug und mit Fliege. Am Fenster steht ein großes schwarzes Bakelittelefon und in einem Kübel ein einsamer Fikus.

Zeitungen und Fernsehen triumphierten: Endlich hatte man den gefährlichen Sexmörder gefasst!

Die ersten in einer Reihe langer und strapaziöser Vernehmungen des Siebenundzwanzigjährigen erbrachten weitere wichtige Erkenntnisse. Der Mann gab an, er sei während des Mordwochenendes verreist gewesen und habe Verwandte in Mittelschweden besucht. Das stellte sich als unwahr heraus. Seine Frau beharrte nämlich fast schon verzweifelt darauf, ihr Mann habe sich in der Mordnacht in Stockholm befunden und sei mit ihr zusammen gewesen. Unbeirrt. Er blieb jedoch dabei, dass er an dem bewussten Abend keine Taxifahrt unternommen habe, obwohl Furugård ihn damit zu ködern versuchte, dass er *vielleicht* nach Hause fahren dürfe, wenn er wenigstens das zugebe.

Der Siebenundzwanzigjährige stritt alles entschieden ab.

Schon bald begann die Beweiskette gegen ihn zu bröckeln. In der Flasche, die man in seiner Wohnung gefunden hatte, befand sich kein Chloroform, sondern Ethylenchlorid. Er benutzte die Flüssigkeit zum Verleimen von Plexiglas, was sich bei einer Überprüfung als korrekt herausstellte. Die beschlagnahmten Schuhe passten zwar von Art und Größe her zu dem gefundenen Abdruck, aber es ließ sich nicht sagen, ob er von ebendiesen Schuhen stammte. An den bei der Hausdurchsuchung gefundenen Kleidungsstücken fanden sich keinerlei Spuren vom Tatort. Auch gab es in Kickans Umfeld niemanden, der ihn kannte oder von ihm gehört hatte, also existierten keine Hinweise auf eine Verbindung zwischen den beiden. Der junge Mann war wegen der Vorwürfe gegen ihn verstört und durch die langen Vernehmungen und die Tatsache, dass er trotz seiner Klaustrophobie[48] eingeschlossen war, belastet. Dennoch schaffte er es schließlich selbst, sein scheinbar falsches Alibi zu korrigieren: Er hatte sich im Wochenende geirrt. Der Verwandtenbesuch hatte eine Woche eher stattgefunden, was auch nachgeprüft werden konnte.

Als er schließlich Ordnung in seine Erinnerungsbilder gebracht hatte, zeigte sich, dass seine Schilderung und die seiner Frau durchaus übereinstimmten: Am Tag vor dem Mord hatten sie ihren Geburtstag gefeiert, und den ganzen Sonntag hatten sie in ihrer Wohnung verbracht, die sie nur einmal verlassen hatten, gemeinsam, um ihre Kinder anzurufen, die in einem Ferienheim waren, worauf sie früh zu Bett gegangen waren, vielleicht schon gegen halb neun.

Außerdem: Hätte er wirklich die Tat begangen, wäre seine Handlungsweise mehr als unlogisch, wie sein Verteidiger diskret anmerkte. Er wohnte in der Nähe des Tatorts, weshalb sollte er sich da zuerst in die Innenstadt und nach Slussen begeben und riskieren, in der Menschenmenge wiedererkannt zu werden, nur um dann den langen Weg zurück nach Hökarängen zu fahren? Statt sich einfach die zweihundert Meter in der Dunkelheit von seiner Wohnung zum Söndagsvägen 88 zu schleichen?[49]

Sowohl dem Staatsanwalt als auch GW Larsson war nach drei Tagen klar, dass sie außer der Aussage des Taxifahrers eigentlich nichts in der Hand hatten. Am Freitag, dem 27. August, wurde darum eine weitere, einstündige Gegenüberstellung zwischen dem Siebenundzwanzigjährigen und dem Fahrer arrangiert. Letzterer blieb dabei, dass er den Siebenundzwanzigjährigen gefahren hatte, der das ebenso entschieden bestritt, den Fahrer allerdings trotzdem wiedererkannte. Vielleicht waren sie sich schon bei anderer Gelegenheit begegnet? Oder lag hier eine Verwechslung vor?

Um Viertel nach fünf am Freitagnachmittag durfte der Siebenundzwanzigjährige gehen und wurde in ein Taxi gesetzt, das in dem dichten Wochenendverkehr in Richtung Hökarängen verschwand. Er stand nicht mehr unter Verdacht. Jedenfalls nicht offiziell. GW Larsson wiederholte, was er in solchen Situationen zu sagen pflegte: dass es in einer Mordermittlung genauso wichtig sei, einen Unschuldigen zu entlasten wie einen Schuldigen zu verurteilen.

Es war jetzt Ende August und angesichts von zwei Festnahmen, die sich als Irrtümer herausgestellt hatten, und in Ermangelung von Spuren, die man als heiß oder auch nur erfolgversprechend bezeichnen könnte, waren die Beamten ziemlich niedergeschlagen.

In Situationen wie dieser wurden große Sonderkommissionen, die in großer Hast und mit ebenso viel Ernsthaftigkeit zusammengetrommelt worden waren, meist aufgelöst, und zwar möglichst diskret, indem man die Leute einen nach dem anderen zu neuen Fällen schickte, die ebenfalls der Aufklärung harrten, bis zum Schluss nur noch ein einsamer Ermittler in einem Büro voller Aktenordner übrigblieb.

Vielleicht würde dieser Mordfall niemals gelöst?

Mittlerweile war genau ein Monat vergangen, seitdem Kickan Granell tot aufgefunden worden war. Und etwas mehr als zwei Wochen seit ihrer Beerdigung. Einzelne schöne, warme Tage verliehen dem Wetter immer noch sommerliche Züge, doch es lag schon ein Hauch von Herbst in der Luft. Die meisten Anwohner im Söndagsvägen waren wieder in ihren Alltag zurückgekehrt.

Rein äußerlich war fast alles wie immer zu dieser Zeit. Der Urlaub war seit langem vorbei, und die Schulen hatten wieder begonnen; Väter in Schlips, Jackett und Hut tranken den letzten Schluck Kaffee im Stehen, küssten – die Aktentasche unter den Arm geklemmt – ihre Frauen und verschwanden dann zur Arbeit; Kinder stiefelten wie gewöhnlich mit ihren Taschen los, mit noch leichten Schritten, die neuen Schulbücher in ordentlich gefalteten, noch nicht abgestoßenen Pappumschlägen; Mütter in Schürzen räumten den Tisch ab, während sie die vielen einsamen Haushaltsarbeiten des Tages planten, vielleicht rauchten sie eine Zigarette, vielleicht lauschten sie zerstreut Maud

Reuterswärd, die im Radio über regionale Rezepte sprach. Doch die Stimmung war immer noch gedrückt, und auch wenn die Menschen am liebsten an anderes dachten, das Geschehene abschütteln wollten – denn das Leben muss ja weitergehen, nicht wahr? –, wurden sie immer wieder daran erinnert, zumindest wenn sie an Nummer 88 vorbeikamen und ihr Blick, vielleicht widerwillig, vielleicht neugierig, vielleicht unausweichlich, zu dem leeren Fenster im oberen Stockwerk wanderte.

Für die nächsten Angehörigen war Vergessen ein Ding der Unmöglichkeit. Ihre Wunden hatten noch nicht einmal begonnen zu heilen, und es war fraglich, ob sie das jemals tun würden.

Sowohl Kickan als auch Janne hatten die Oberstufe in Tallkrogen absolviert, in einer Schule aus schmutziggelben Ziegeln, mehrere Stockwerke hoch und mit großzügig bemessenem Schulhof, von der Sorte, die in den 50er Jahren überall in Schweden errichtet wurde und mit der auch ich aufgewachsen bin: ein wenig trist und standardisiert und vor allem grundsolide. Dort lernten sie sich kennen. Beide waren damals fünfzehn. Er wurde zuerst auf sie aufmerksam und begann scheu, behutsam um sie zu werben, so behutsam, dass es zuerst sicher nur schwer als Werbung zu erkennen war. Das lag nicht nur an seiner Empfindsamkeit, einem Charakterzug, der eine Person sich beim kleinsten Anzeichen von Desinteresse des anderen – deutlich, angedeutet oder nur eingebildet – sofort zurückziehen lässt; es beruhte sicher auch auf seinem Mangel an Erfahrung.

Von einer so schüchternen Person erforderte es Mut, um sich ausgerechnet Kickan zu nähern. Sie war genauso kontaktfreudig, wie er zurückhaltend war, ein Mensch, der seinen Raum zu beanspruchen wusste und häufig im Mittelpunkt stand, fröhlich, offen und ein wenig geräuschvoll. Die Schulpausen verbrachte sie gern mit den Jungs. Daher kam wohl auch ihre Beliebtheit bei ihnen, nicht weil sie die Hübscheste oder immer für einen Flirt zu haben gewesen wäre – obwohl sie flirten konnte und es offenbar auch genoss –, sondern weil sie lebhaft, kess und lustig war und man leicht mit ihr in Kontakt kam. Und wahrscheinlich war es genau das, was es ihm ermöglichte, sich ihr vorsichtig zu nähern.

Gleichzeitig besaß sie ein erhebliches Maß an Integrität, was für einen so jungen Menschen ungewöhnlich ist. Denn auch wenn sie leicht zugänglich war, tauschte sie nicht gern private Geheimnisse und billige Vertraulichkeiten aus, und sie zeigte es deutlich, wenn sich jemand einer Grenze näherte, die nicht überschritten werden durfte. Jemand, der sie gekannt hatte, berichtete, wie sie in solchen Situationen plötzlich eine abweisende Miene aufsetzen konnte, was schon ausreichte, damit die Jungen sich zurückzogen. Albern war sie nie.

Vielleicht begegneten sich die beiden in einem gemeinsamen Gefühl von Integrität? Vielleicht weil sie, ganz klassisch, in der in vielem gegensätzlichen Persönlichkeit des anderen etwas fanden, das sie selbst ergänzte?

Im ganzen ersten Jahr war das alles kaum mehr gewesen als eine Schwärmerei von der Art, wie sie bevorzugt in der Oberstufe wächst, mit vielen Telefonaten, aber wahrscheinlich nicht viel mehr, doch in dem Maß, wie sie älter wurden, war ihre Liebe gereift und gewachsen. Seit ungefähr zwei Jahren hatten sie sich täglich gesehen. An den Wochenenden gingen sie oft zum Tanzen, vor allem zu den Sonntagsmatineen im «Nalen» – Kickan tanzte gern und gut –, und unter der Woche fuhren sie häufig mit der U-Bahn in die City und gingen ins Kino. Kickans Filmgeschmack war vielseitig, aber nicht wahllos: Sie verabscheute zum Beispiel die über die Maßen populären «Åsa-Nisse»-Filme. Einmal war sie von einem Jungen aus ihrem Bekanntenkreis zu «Åsa-Nisse auf Mallorca» eingeladen worden. Er hatte Freikarten, und sie wollte ihn offenbar nicht vor den Kopf stoßen. *Svensk Filmdatabas* beschreibt die Handlung folgendermaßen: «Zu Hause in Knohult haben Åsa-Nisse und Klabbarparn eine Seeräuberkarte entdeckt, auf der ein alter Schatz irgendwo auf Mallorca eingezeichnet ist. Sie luchsen Sjökvisten die Karte ab. Der hatte sie in einer Seekiste gefunden, die er kurz zuvor bei einer Auktion ersteigert hatte. Als Åsa-Nisse dann eine Wette gewinnt, indem er zwei Konservendosen mit einem Schuss trifft, beschließen die beiden Kumpane, nach Mallorca zu fahren, um den Schatz zu finden. Im Vorübergehen schafft es Åsa-Nisse, beim Versuch, ein Regal anzubringen, die ganze Küche in Trümmer zu legen, ein Riesen-Brot zu backen, mit dem er das ganze Dorf versorgt, den Stier Nero loszulassen und einen Heuhaufen in Brand zu setzen.» Et cetera. Kickans Meinung über diesen Film: «Das Letzte.»

Da beide zu Hause nur wenige Freiheiten hatten, ist hier keineswegs die Rede von hemmungslosen Vergnügungen, sondern meist von Alltäglichem wie, dass sie bei ihm zu Hause zu Abend aß (seine Mutter mochte die Freundin ihres Sohnes sehr gern – «munter und fröhlich» sei sie –, auch wenn sie der Meinung war, die beiden seien noch zu jung, um sich zu binden). Danach ging er dann mit zu ihr nach Hökarängen, ein Spaziergang von vielleicht zwanzig Minuten. Im Söndagsvägen 88 sahen sie sich zusammen mit Kickans Eltern irgendeine Fernsehsendung an – «Fråga Lund», die Vorentscheidung zum Eurovision Song Contest, «Perry Mason», «Die Familie Feuerstein», «Hylands hörna», «Aktuellt», «Bonanza», «Siw Malmkvist Show», «Nils Poppe Show», «The Dick van Dyke Show» –, und manchmal bot ihre Mutter Kaffee und Gebäck an, worauf er wieder nach Hause trabte. Aufregender war es meist nicht.

Sie verbrachten immer mehr Zeit zusammen. Er, der früher Handball gespielt hatte, hörte damit auf und zog sich von seinen alten Freunden zurück; was die wiederum, wie es oft in diesem Alter geschieht, mit einer Verärgerung zur Kenntnis nahmen, die sich vor allem gegen Kickan richtete, die einige der Freunde für viel zu dominant hielten. Sie wiederum sprach oft und mit jedem über ihren Freund.[50]

Dass sie in der neuen Klasse auf dem Gymnasium in der Stadt anscheinend nie richtig heimisch wurde – lag das an ihr oder an der Klasse oder daran, dass sie schon damals die meiste Zeit mit Janne verbrachte? Unmöglich zu sagen. Jedenfalls traf sie sich weiterhin mit einigen ihrer alten Freunde aus Tallkrogen, während die Bekanntschaften, die sie in der Stadt machte, oberflächlich waren und blieben und sie sie nur während der Schulzeit und in Freistunden in der kleinen Konditorei *Axo* in der Sankt Eriksgatan 46[51] pflegte, wohin auch er ging.

Sie wuchsen zusammen, auch sexuell. Ihr Begehren war stark und gegenseitig. Dass Kickan seit dem Frühling die

Anti-Baby-Pille nahm, anscheinend gegen ihre Menstruationsbeschwerden, hatte ihnen geholfen. Manchmal fiel es ihnen schwer, die Finger voneinander zu lassen. Das war nicht immer einfach, da sie in beiden Elternhäusern unter Aufsicht standen und nur draußen wirklich für sich sein konnten.

Wenn einer von beiden Zweifel über ihre Beziehung verspürte, dann sie. Als sie im vergangenen Sommer von der Italienreise mit ihrer Familie zurückgekehrt war, hatte sie gesagt, sie wolle frei sein, und Schluss gemacht. Darauf hatte er sich, seiner Natur gemäß, still zurückgezogen, ohne Krach und ohne Druck auf Kickan auszuüben. Falls er eifersüchtig war, zeigte er es nicht. Nach nur einer Woche hatte sie es sich wieder anders überlegt und den ersten Schritt zu einer Versöhnung gemacht. Und bald war alles so gewesen wie immer, nur noch inniger, und Silvester hatten sie sich verlobt. Im letzten halben Jahr waren sie einander näher gewesen als jemals vorher.

Sie war seine erste Liebe.

Es sagt einiges über GW Larsson und auch seine Vorgesetzten, dass sie die Flinte immer noch nicht ins Korn warfen. Und das, obwohl man weder vielversprechende Anhaltspunkte noch Verdächtige hatte. Das große Personalaufgebot wurde also nicht verringert, und nachdem die letzten Beamten von ihrer Abkommandierung zu den Krawallen zurückgekehrt waren, waren die Kräfte wieder vollzählig. Es ist nicht auszuschließen, dass es für die Polizei jetzt auch um ihren guten Ruf ging. Nach dem Fiasko mit dem «Mann mit den zusammengewachsenen Augenbrauen» waren die Verantwortlichen mehrfach öffentlich kritisiert worden, unter anderem in Leitartikeln von *Dagens Nyheter*, was schmerzhaft für die Ermittler und für schwedische Verhältnisse ausgesprochen ungewöhnlich war.[52]

Doch was war jetzt zu tun?

Die Frustration in der Ermittlungsgruppe äußerte sich darin, dass man eine Woche später zu Mitteln griff, die normalerweise nur in Krimis oder anderen fiktiven Werken funktionieren. Beamte in einem diskreten Zivilfahrzeug fahndeten in Hökarängen nach Spannern, doch die wollten sich partout nicht zeigen, obwohl die Polizisten mehrmals ihren Standort wechselten. An einem anderen Abend schickte man eine weibliche Kollegin – die man sich in herausfordernder Aufmachung vorzustellen hat – dorthin, um auf allen durch den Stadtteil verlaufenden Fuß- und Radwegen herumzuspazieren und so «Frauenbelästiger anzulocken». Ein bewaffneter männlicher Beamter behielt sie dabei aus der Ferne im Auge, bereit, sofort einzugreifen, falls sie belästigt wurde. Auch diese Aktion zeichnete sich durch einen spektakulären Mangel an Erfolg aus. Nichts geschah. Um ein Uhr nachts wurde das Unternehmen abgebrochen.

Eines der Probleme, mit denen sich die Ermittler Ende August konfrontiert sahen, war paradoxerweise gerade die Flut an Hinweisen. Der Mord an Kickan Granell hatte enorme Aufmerksamkeit erregt. Die Ursachen dafür lagen, wie bereits angedeutet, einerseits in der Tat an sich, andererseits aber bei den Medien.

Es war beängstigend, dass jemand inmitten dieser sommerlichen Idylle in seinem eigenen Haus überfallen und ermordet werden konnte, von einer heimtückischen und gesichtslosen Person, die keine Spuren hinterlassen hatte. Hier verhielt sich der Täter ausnahmsweise einmal so, wie es die Menschen aus den Krimis kannten und von einem Mörder erwarteten: Es war eine durchdachte, perfide und geplante Tat mit mysteriösen Elementen und sensationellen Wendungen.

Ein weiterer Faktor war die Angst vor einer Wiederholung, die von den Medien noch geschürt wurde, besonders von den Abendzeitungen, die wussten, dass sich nur eines besser verkauft als ein Sexualmord (beinahe alles, was mit Sex zu tun hatte, war wie gesagt während jener Jahre hochinteressant), und das ist ein Sexualmord, dessen Täter *ein zweites Mal* zuschlagen könnte. Von zentraler Bedeutung war auch, dass sich das Verbrechen mitten im alljährlichen Sommerloch ereignet hatte, als es nicht nur genug Platz für fette Schlagzeilen gab, sondern geradezu eine Nachfrage danach.

Die Ereignisse in Hökarängen machten sozusagen Schule: Von nun an wurden «Mädchenmorde» dieser Art viele Sommer lang zu einem festen Bestandteil im Repertoire der Boulevardzeitungen. Man bediente sich immer derselben Gegensatzpaare: Idylle und Tragödie, Unschuld und Bösartigkeit, Sommer und Dunkelheit. Dafür kam beileibe nicht jeder Frauenmord in Frage, sondern die Opfer sollten möglichst junge, gut aussehende Frauen sein, und darüber hinaus sollte die Tat möglichst eine sexuelle Komponente haben. Wichtig war auch, dass man das Verbrechen dank des Versteckspiels mit dem Täter zu einer Fortsetzungsgeschichte auswalzen konnte, die den Lesern Schauer der Verzückung und Empörung über den Rücken jagte. Ich sehe noch die Paraden der Opferfotos in der Abendzeitung vor mir, die mein Vater nach dem Abendessen las, während meine Mutter den Tisch abräumte: junge Frauen, in meiner Erinnerung auffallend häufig in Studentenmützen, der offene Blick in die Kamera von doppelter Tragik, denn hier war nicht nur ein Leben, sondern eine Zukunft verloren gegangen – und welcher Verlust könnte in dem Gefühl von Unendlichkeit, das den damaligen Rekordjahren eigen war, wohl schrecklicher sein als dieser?

Das ungewöhnlich starke Engagement des Fernsehens hatte dem Fall noch zusätzliche Resonanz verschafft.

Zu diesem Zeitpunkt waren seit dem Beginn der Ausstrahlungen knapp zehn Jahre vergangen, und die meisten Haushalte besaßen jetzt einen Fernseher. Das wirkte sich auch auf die Wohnungseinrichtung aus: Die Wohnzimmer wurden radikal verändert, mit dem Fernsehgerät als neuem Mittelpunkt. Wie eine Art Kompromiss mit der neuen Zeit schien der Apparat immer noch so zu tun, als sei er ein gewöhnliches Möbelstück, dazu bestimmt, mit seiner Umgebung zu verschmelzen; oftmals mit Schiebetüren aus Holz. Allerdings auch ein Möbelstück, das schnell das große Statusmöbel der 50er Jahre, den Plattenspieler mit integriertem Radio, verdrängte. Im Granell'schen Haushalt ließ sich dieser Prozess an der Einrichtung ablesen. Ihr «Radiogrammophon» war schnell in einen Alkoven verbannt worden, während gleichzeitig der Fernseher den dominierenden Platz im Wohnzimmer eingenommen hatte. Das Fernsehen veränderte die Lebensgewohnheiten: Essenszeiten, Schlafenszeiten, Waschzeiten, sozialer

Umgang, alles ordnete sich dem Programmangebot des einzigen Kanals des schwedischen Fernsehens unter.

Die anfängliche Skepsis gegenüber dem neuen Medium, die sich unter anderem in der Einführung eines fernseh-freien Abends pro Woche im Jahr 1960 niedergeschlagen hatte (der im Übrigen nach eineinhalb Jahren wieder abge-schafft wurde), war jetzt weitgehend verschwunden. Sie hatte einer Resignation Platz gemacht, in der besorgte Dis-kutanten zwar weiterhin über vom Fernsehen ausgehende Gefahren für die Gesundheit, das Vereinsleben, den Sport, das Kino etc. schwadronierten, jedoch ohne Hoffnung auf radikale Lösungen. Es schien, als ob einfach jeder «Fråga Lund», den Vorentscheid zum «Eurovision Song Contest», «Perry Mason», «Familie Feuerstein», «Hylands hörna», «Aktuellt», «Bonanza» und so weiter sehen wollte. Der Einfluss des neuen Mediums war so groß, dass sich, wenn richtig populäre Sendungen wie «Hylands hörna» liefen – meine Familie und ich saßen immer schon auf unserem grünen Sofa bereit, wenn es so weit war –, das angeblich landesweit sowohl auf den Strom- als auch den Wasser-verbrauch auswirkte.[53]

Was außerdem die allgemeine Aufmerksamkeit noch steigerte, war die Tatsache, dass die Fernsehnachrichten ihre Form noch nicht gefunden hatten, sondern noch durch eine oftmals halsbrecherische Mischung geprägt wa-ren, wobei sich in dem Format Beiträge von weitgehend lo-kalem Interesse neben internationalen Nachrichten dräng-ten (oder sie sogar verdrängten). Das Fernsehen konnte daher über einen einzelnen Kriminalfall, wie den Mord an Kickan Granell, so ausführlich berichten, wie es schon wenige Jahre später nicht mehr denkbar gewesen wäre.

Nicht alle Hinweise waren direkt bei der Polizei eingegangen, manches erreichte auch Journalisten und nicht zuletzt eben das Fernsehen durch Telefonanrufe.

Einiges davon war der blanke Unfug, der durch seinen Phantasiereichtum verriet, dass der Hinweisgeber sich in den gängigen Krimi-Intrigen auskannte, wie zum Beispiel der, dass das Mordopfer einem Ring von Drogenhändlern angehöre, der Amphetamin aus Spanien schmuggele, und vom Chef des Rings ermordet worden sei, oder – so behauptete eine mitteilsame Hellseherin in einem privaten Brief an G W Larsson – dass der Mord Folge einer finsteren Konspiration zwischen dem Verlobten und einem Nachbarn sei, die die Tat gemeinsam verübt hätten. Aus Göteborg traf ein Hinweisbrief ein, der in Runenschrift verfasst war. Solcher und ähnlicher Schwachsinn wurde beiseitegelegt und gar nicht erst erfasst.[54]

Doch selbst nachdem der größte Unsinn aussortiert war, blieben immer noch jede Menge Hinweise übrig, auf böse Onkel, Spanner, Exhibitionisten, Stalker, Selbstmörder, Drogensüchtige, Lösungsmittel-Schnüffler, Diebe, Geisteskranke, Totschläger, Saufbolde, Alkoholiker, Räuber, Autodiebe, Hausfriedensbrecher, Chloroformkäufer, Ausbrecher, Mopedfahrer, Fahrradfahrer, Ausländer, Schläger, Sodomiten, Fahrraddiebe, Betrüger, Sittlichkeitsverbrecher, Panzerknacker, Vergewaltiger – viele Vergewaltiger – und Hundebesitzer. Oder auf Männer, die als «auffällig», «unbekannt» oder «seltsam» bezeichnet wurden, als «nicht geheuer» oder «unheimlich» oder «unfreundlich» oder «mysteriös» – Letzteres war eindeutig das am häufigsten genannte Adjektiv. Oder auf Männer, die in irgendeiner

Weise der Beschreibung des Mannes entsprachen, der vor dem Mord Kickans Nachbarin Lillan Sundin belästigt hatte – und das waren nicht wenige.

Viele Hinweisgeber waren anonym, wie zum Beispiel jene Frau, die angerufen und gesagt hatte: «Suchen Sie in dem Mordfall nach einem Polen namens Teddy.» Ein Mann mit Namen Teddy tauchte niemals irgendwo auf. Anderes war ziemlich weit hergeholt, wie ein Hinweis auf zwei Personen, die nur deswegen verdächtig sein sollten, weil sie Verbrechen begangen und dabei ein Telefonkabel zerstört hatten. Einiges stand mit dem Fall in höchst unsicherer Verbindung, wie die Beobachtung eines hellblauen VW auf dem Riksväg 86 bei Sundsvall, der von einer Person gefahren wurde, die eventuell deutsch war. Nicht wenig war inaktuell oder nebensächlich oder beides, wie der Hinweis jener Dame, die berichtete, dass sie vor sechzehn Jahren vor ihrem Haus einen Spanner gesehen hatte, und hinzufügte, dass es sich dabei auch um einen Epileptiker gehandelt haben könne.

Die erfahrenen Ermittler wussten natürlich, dass sich irgendwo in diesem Durcheinander aus Großem und Kleinem, Merkwürdigem und Verrücktem, Alltäglichem und Besonderem mit großer Wahrscheinlichkeit ein Name oder eine Beobachtung verbarg, die sie zum Mörder führen könnte, doch sie wurden von der schieren Menge an Informationen beinahe erschlagen. Dabei erwies sich nicht allein der «große Detektiv Öffentlichkeit» in diesem Fall als besonders aktiv. Als man Schritt für Schritt die Ermittlungen auf neue Personengruppen ausweitete, stieg auch die Zahl der Kontrollierten und Überprüften fast schon exponentiell.

Wie sollte man sich in dieser Fülle an Namen, Anhalts-
punkten und Tatsachen zurechtfinden?

GW Larsson sprach sehnsüchtig von einem Computer.
Die Idee war gar nicht so weit hergeholt. Die Geräte wurden immer leistungsfähiger, waren aber immer noch groß,
schwer und nicht zuletzt schweineteuer. Die meisten waren von IBM gebaute, blinkende Maschinen mit im Stakka-
to surrenden Bändern, die ganze Räume füllten, wo ihnen
Spezialisten in klinisch weißen Kitteln zu Diensten waren.
Gleichzeitig machte auch die Programmierung Fortschritte: 1964 wurde *Basic* erfunden, und im gleichen Jahr entstand *Dendral*, das vielleicht erste richtige KI-Programm.
Computer standen bereits in vielen Forschungslabors und
in den fortschrittlicheren Industrien, waren aber noch
weit davon entfernt, den Alltag der Menschen zu bestimmen. Mit einigen wenigen Ausnahmen: In den USA war
jetzt die Buchung von Flugtickets bei American Airlines
vollständig computerisiert, was einen ehemals mühsamen
und zeitraubenden Prozess beschleunigte und gleichzeitig
vereinfachte. Und in Stockholm wurde in jenem Jahr beschlossen, die astronomische Summe von zwanzig Millionen Kronen in den Ankauf eines Computers zu inves-
tieren, mit dessen Hilfe die Ampeln der Stadt koordiniert
werden sollten.

Der Computer als Idee hatte jedoch bereits im allgemeinen Bewusstsein Fuß gefasst. Wie auch nicht,
schließlich handelte es sich dabei um eine weitere dieser
phantastischen «modernen» Erfindungen, die die Welt
reicher, die Zukunft besser und alle glücklicher machen
sollten. Die wahren Enthusiasten weissagten, dass zu-

künftig alle Haushalte ihren eigenen Computer haben würden, aber daran glaubte kaum jemand.[55] Optimistische Gestaltungen des möglichen Potenzials der Rechner finden sich in der Populärkultur des Jahres 1965 reichlich, zum Beispiel Jean-Luc Godards «Alphaville», oder warum nicht Nils-Olof Franzéns «Die gefährlichen Brüder Max» aus der «Agaton-Sax»-Reihe, in dem der Detektiv sich seinen eigenen Computer gebaut hat, den «Denkenden August», der ihm bei der Aufklärung der Fälle hilft, manchmal schon, ehe das Verbrechen geschehen ist – ein Buch, das ich im Übrigen in jenem Jahr zu Weihnachten bekam.

Auch wenn die zuständigen Stellen in Stockholm tatsächlich bereits über den Ankauf eines Polizeicomputers berieten, war allen klar, dass es dauern würde, bis es wirklich so weit wäre. Man entschied sich deshalb für ein manuelles Registersystem eines Typs, der bis dahin vor allem in Behörden verwendet worden war.

Alle Hinweise wurden sortiert, kategorisiert und auf Karteikarten übertragen, wobei beispielsweise ein Name sowohl eine eigene Karte bekommen als auch unter verschiedenen Oberbegriffen auftauchen konnte wie «Freundinnen» oder «Ausländer» oder «mögliche Täter» und so weiter. Andere Hinweise, zum Beispiel zu mysteriösen Autos – und davon gab es richtig viele –, erhielten eigene Registerkarten. Die wurden dann in eine Rollkartei einsortiert, in der jemand, der wissen wollte, was man zum Beispiel zu roten Mopeds hatte, die mit «Motorräder und Mopeds» überschriebene Karte heraussuchen und dort nachlesen konnte, was es zu dem Thema gab, um dann mit

Hilfe verschiedener Querverweise eventuell interessante Hinweise in der stetig wachsenden Menge an nummerierten Aktenordnern aufzufinden.

Die Polizisten, die das alles in ihre Schreibmaschinen hackten, mussten einiges an Zeit opfern, um dieses System einzurichten, doch als sie es später der Presse vorstellten, taten sie es mit Stolz.

Mit diesem primitiven Datenregister starteten die Ermittlungen gegen Ende August neu durch.

Die Hinweise wurden gesiebt, gesichtet und überprüft. Noch konnte man kein Täterprofil ausschließen: Es könnte ein Fremder gewesen sein, zum Beispiel einer jener polizeibekannten Vergewaltiger, die in langen Listen verzeichnet waren. Die Hauptthese lautete jedoch, dass trotz allem irgendeine Verbindung zwischen Kickan und ihrem Mörder bestehen musste. Die Tatsache, dass der Mörder seine sorgfältig vorbereitete Tat nur wenige Stunden nach Kickans Heimkehr von ihrer langen Auslandsreise begangen hatte, deutete doch stark darauf hin, dass er unter ihren Freunden und Bekannten zu suchen war.

Dieser Gruppe schenkte man nun besondere Aufmerksamkeit. Einige Ermittler wurden dazu abgestellt, diesen «Ringen im Wasser» von innen nach außen zu folgen, indem sie Schicht für Schicht von Kickans Bekannten durchgingen. Es war eine mühevolle Arbeit, nicht nur jede einzelne männliche Person in ihrem Bekanntenkreis zu identifizieren und überprüfen, sondern nahezu alle, mit denen sie in den letzten Jahren Kontakt gehabt hatte. Wichtige Quellen für die Namen waren ihre Familie, Freundinnen und ehemalige Klassenkameraden sowie

Kickans Briefe, Fotos, Notizbücher und Taschenkalender. Jemand hatte die Idee, auch die Telefonbücher der Familie Seite für Seite nach deren Notizen und Unterstreichungen durchzusehen. Was auch geschah.

Zu den Polizisten, denen diese mühevolle Aufgabe übertragen wurde, gehörte auch Aina Kneckt-Bergman, die einzige Frau in der Gruppe und eine der älteren Beamten: Sie war fast fünfundfünfzig Jahre alt und hatte nur noch zwei Jahre bis zur Pensionierung. Ursprünglich war sie Krankenschwester gewesen, geboren in Närke, doch auch sie hatte im Krieg zur Polizei gewechselt, zunächst als «Polizeischwester»[56], wie die weiblichen Polizisten bis Mitte der 50er Jahre genannt wurden, dann als Kriminalassistentin. Kneckt-Bergman war mittlerweile eine erfahrene Schutzpolizistin, der Ende der 50er Jahre die Leitung von Stockholms erstem Team aus durchweg weiblichen Beamten übertragen worden war. Ihre Ernennung wurde sehr aufmerksam registriert – und sorgte gleichzeitig für Beschwerden, auch für Hohn und Spott nicht zuletzt aus den Reihen der männlichen Kollegen. Das bezog sich häufig darauf, dass die Frauen als Fußstreifen[57] ausgerechnet in Stockholms vermutlich schwierigstem Revier eingesetzt wurden, dem Klaraviertel in der Innenstadt, wo häufig Besäufnisse und Schlägereien vorkamen. Vielleicht in der Hoffnung, dass sie versagen würden?

Sowohl Kneckt-Bergman selbst als auch ihr Team übertrafen aber alle Erwartungen, und danach kam sie als erste Frau zum prestigeträchtigen Dezernat für Gewaltdelikte. Auch als Kriminalpolizistin war sie inzwischen alles andere als unerfahren. Eine der ersten Ermittlungen, an denen sie beteiligt war, betraf den berüchtigten Mord an der fünfjährigen Kerstin Blom[58] im heißen Sommer 1955, bei dessen Aufklärung 1964 sie eine wichtige Rolle spielte. Sie hatte bei den Ermittlungen in den beiden Mädchenmorden, über die ich oben berichtet habe und bei denen es so schmählich misslungen war, den Mörder rechtzeitig zu fassen, mit G W Larsson zusammengearbeitet. Ihr war die Aufgabe zugefallen, die Großmutter väterlicherseits des Mörders zu vernehmen. Larsson schätzte Aina Kneckt-Bergman. Sie hatte ein freundliches Wesen, war voller Ideen, sorgfältig und systematisch. Häufig übertrug man ihr die schwierigeren Vernehmungen von Frauen.

Briefe, Notizbücher und Kalender (von denen einige bis 1960 zurückreichten) wurden sehr gründlich durchforstet, und das Ergebnis waren lange, ordentlich getippte Namenslisten, manchmal nur mit Vor- oder Kosenamen, die Kneckt-Bergman und einige Kollegen mit großer Mühe hatten identifizieren können. Wer war Gugge? Wer war Myran? Wer waren Fillan, Stickan, Luft, Stellan, Jorden, Shüberger, Hästen? Wer war dieser Uffe, der Kickan so viele Komplimente gemacht hatte? Wer war der junge Mann, mit dem sie Anfang des Sommers in einer Konditorei in Högdalen gesehen worden war? Und dann war da noch jener «Pelle», den sie sowohl im «Nalen» als auch im «Bal Palais»[59] auf der Kungsgatan getroffen hatte und der Kickans eigenen Aufzeichnungen zufolge ein guter Tänzer war, aber «grottenhässlich». Er hatte sie danach immer wieder angerufen, zuletzt im Januar, um ein Treffen gebeten und jedes Mal einen Korb bekommen. Sogar Kickans alte Schulbücher hatte man sich vorgeknöpft, und in einem davon, einem Lehrbuch in organischer Chemie, war man wieder auf den Namen «Pelle» gestoßen, mit Herzchen umrandet. Wer war Pelle?

Viele von Kickans Bekannten und ehemaligen Klassenkameraden konnte man direkt ausschließen, andere nach routinemäßigen Überprüfungen unter anderem im Wehrpflichtigenregister, aus dem die Blutgruppe des Betreffenden hervorging. Man sah in der Regel auch im Strafregister nach, ob sich die betreffende Person einer Gesetzwidrigkeit schuldig gemacht hatte. Dies aus der Beobachtung heraus, dass Verbrecher in den seltensten Fällen mit einem Mord debütieren, sondern ihre kriminelle Karriere mit weniger spektakulären Taten beginnen. Gleichzeitig taten sich neue Möglichkeiten auf. Wer war bei der Skifahrt nach Storlien 1962 dabei gewesen? Und was war mit dem Webkurs der Volkshochschule in Bollnäs, an dem Kickan im letzten Sommer teilgenommen hatte? Die Namenslisten wurden immer länger. Schließlich hatte man sechstausend Namen gesammelt – eine Materialmenge, die alle bisherigen Ermittlungen in Schweden in den Schatten stellte.

Während einige Ermittler so immer weiter an der Peripherie gelegene Bereiche von Kickans Bekanntenkreis überprüften, dirigierte Larsson andere Kollegen in dessen Zentrum. Teils in ganz praktischem Sinne: Er ließ sie bereits erfolgte Vernehmungen durchlesen oder neue Vernehmungen mit früheren Zeugen abhalten oder Alibis zum zweiten und dritten Mal überprüfen. Alles, um die klassische Frage zu beantworten: «Haben wir etwas übersehen?» Teils in geographischem Sinne: Vielleicht war die Tatsache, dass der Mörder in Hökarängen wohnte, das Bindeglied? Das würde erklären, warum er sowohl die

Gegend als auch das Haus zu kennen schien und warum
es nicht gelungen war, eine einzige überzeugende Aussage
von jemandem zu erhalten, der den Täter auf dem Weg
zum oder vom Tatort gesehen hatte. Vielleicht weil der
es bis nach Hause nicht weit hatte? Außerdem wusste die
Polizei ja mittlerweile, dass der Mann sein Gesicht vor der
Tat geschminkt hatte. Bedeutete das nicht, dass sein Weg
bis zum Söndagsvägen 88 verhältnismäßig kurz gewesen
sein musste? Denn es war eine seltsame Vorstellung, dass
jemand mit braun geschminktem Gesicht mit dem Bus aus
dem Zentrum kommen sollte.

Alle Männer, die in Hökarängen wohnten, wurden in
Listen erfasst. Dann ging man Namen und Häuser der
Reihe nach durch. Auch Menschen, die inzwischen weg-
gezogen waren, wurden überprüft und weitere Anwohnerbefragungen durchgeführt. Inzwischen ging ein ungewöhnlich kühler Sommer in einen überaus regnerischen
Herbst über.

Alle Schüler aus Kickans Abgangsklasse 1962 in Tallkrogen wurden vernommen, in der Regel telefonisch. Die Kriminalbeamten verwendeten dabei eine vorbereitete Frage-
liste, die nach Kickans männlichen Freunden, eventuellen
Verdächtigungen oder anderen für die Polizei interessanten Informationen fragte, wer «Pelle» war und so weiter.

Diese Überprüfung älterer Informationen und Verfol-
gung älterer Spuren galt immer auch dem «Mann mit den
zusammengewachsenen Augenbrauen».

Nicht alle Beamten waren von der Unschuld des siebenundzwanzigjährigen Mannes, den sie wieder freigelassen
hatten, überzeugt. Er war ja so eindeutig, gewissermaßen

zweifelsfrei wiedererkannt worden. Sie behielten ihn daher auch weiterhin im Auge, höchst diskret, da er offiziell nicht mehr verdächtigt wurde. Man wollte der Presse keinen Anlass zu weiterer Kritik geben oder – noch schlimmer – noch einmal eine Beschwerde beim Justizombudsmann kassieren. Sicherheitshalber kontrollierte man auch den Taxifahrer, der ihn wiedererkannt hatte, um sich zu vergewissern, dass man es nicht mit einem Verrückten zu tun hatte, sowie dessen Arbeitgeber.[60]

Die Lebensverhältnisse des Taxifahrers wurden durchleuchtet, ohne dass dabei etwas Schlimmeres zum Vorschein gekommen wäre, als dass er hin und wieder «etwas phantasievoll» sei. Er wurde daher zu weiteren Vernehmungen geladen, bei denen man ihn nach allen Einzelheiten zu der Fahrt in der Mordnacht befragte. Dann sahen sich die Beamten die aufgezeichneten Gespräche der Taxizentrale sowie die Taxameterdaten aus seinem Wagen, Nummer 211, an. Alles schien zu stimmen.

Allerdings fanden sich keine Belege für Fahrten zwischen 23.15 und 2.00 Uhr, dem Zeitraum, in dem er angeblich die Fahrt nach Hökarängen gehabt hatte. Der Fahrer erinnerte sich jedoch deutlich daran, dass er, bevor er den seltsamen Kunden bei Slussen mitnahm, einen betrunkenen Mann von der Birger Jarlsgatan nach Kungsängen gefahren hatte. Dort standen mehrere Wohnbaracken, die von der großen und heterogenen Gruppe von Arbeitern bewohnt wurden, die vom Land nach Stockholm gekommen waren, um in einem der vielen Bauprojekte des Millionenprogramms zu arbeiten. Solche Barackensiedlungen – die manchmal als «Junggesellenbaracken» bezeichnet wurden und eine Folge der Wohnungsnot waren – lagen oft in der Nähe größerer Industriebetriebe. In einigen dieser in aller Eile errichteten Barackensiedlungen herrschte, ganz stilecht, eine Atmosphäre wie im Wilden Westen, besonders an den Wochenenden, mit Besäufnissen, Rangeleien und Kleinkriminalität.

Der Polizei in Bålsta war es nicht gelungen, den betrunkenen Taxikunden aufzuspüren. Nun fuhr ein Ermittler mit der Beschreibung des Taxifahrers nach Kungsängen und fragte sich durch. Er hatte Glück. Er stieß auf einen Baggerfahrer namens Karl Gunnar Lindgren, der freimütig erzählte, dass er der Taxikunde gewesen sei. Und zwar nachdem er von der Polizei in Klara wegen Trunkenheit aufgegriffen worden war. Was das Polizeiregister rasch bestätigen konnte. Die Unterlagen der Polizei und der Baggerfahrer waren sich in einer Frage einig: Diese Ereignisse hatten sich am Freitag, den 23. Juli, abgespielt, nicht am Sonntag, den 25., dem Abend des Mordes.

Der Taxifahrer hatte sich im Tag geirrt.

Die ganze Suche nach dem Mann mit den zusammengewachsenen Augenbrauen war einfach die Folge eines Irrtums.

Bei der Überprüfung älterer Hinweise stieß man schließlich auf einen mit der Bezeichnung D348. Sie betraf einen Mann, der im Söndagsvägen wohnte, genauer gesagt in der Nummer 54, einem Reihenhaus gleichen Typs wie Nummer 88, das an dem kleinen Platz mit dem *ICA*-Laden lag, nur fünfundsiebzig Meter vom Tatort entfernt.

Sein Name war Friedrich Wagner.

Wahrscheinlich hatte D348 nicht gleich zu Beginn der Ermittlungen die höchste Priorität erhalten, da die betreffende Person auf keiner Liste über Personen mit festem Wohnsitz in Hökarängen auftauchte. Er war nämlich nur Untermieter bei Elvira Blekenberg, die dort allein mit ihrem zwölfjährigen Sohn wohnte und die in einer Gaststätte arbeitete, wo sie für die kalten Speisen zuständig war. Nachdem ihr Mann sie zu Sommeranfang verlassen hatte, reichte das Geld nicht mehr, obwohl sie doppelt so viel arbeitete, weshalb sie sich gezwungen gesehen hatte, ein Zimmer in ihrem kleinen Reihenhaus zu vermieten. Als der Mord geschah, war Frau Blekenberg gerade mit ihrem Sohn auf dem Land und konnte daher den Polizisten, die tags darauf bei ihr anklopften, nichts erzählen. Sie wollten mit ihrem Untermieter sprechen, der jedoch nicht zu Hause war. Die Beamten ließen Frau Blekenberg eine Telefonnummer da, und sie versprach, ihm auszurichten, dass er anrufen solle, sobald er wieder auftauchte.

Bis dahin vergingen sieben Tage, bis zum Vormittag des 5. August.

Wagner rief selbst an. Er hatte einen leichten Akzent, sprach aber gut Schwedisch. Es stellte sich heraus, dass er Österreicher war, vierundzwanzig Jahre alt und vor gut zwei Jahren mit gültiger Arbeits- und Aufenthaltserlaubnis nach Schweden gekommen war – die erhielt man zu jener Zeit problemlos – und im Restaurant «Gröne Jägaren» in der Götgatan in Södermalm als Tellerwäscher arbeitete.

Es war ein Routine-Telefonat. Auch Wagner hatte am Tag des Mordes nichts gesehen oder gehört. An dem bewussten Sonntag war seine Schicht gegen drei Uhr nachmittags beendet gewesen, und er hatte den Rest des Tages zu Hause mit Lesen und Fernsehen verbracht. Allein. Wegen der Schichtarbeit ging er in seiner Freizeit nicht aus, und das Haus Söndagsvägen 88 hatte er nie gesehen – es lag von seiner Wohnung aus gesehen in der falschen Richtung. Seitdem er in Hökarängen wohnte, war ihm auch nie etwas Bemerkenswertes aufgefallen. Wagner konnte bestätigen, dass es sich um eine ruhige Gegend handelte.

Der Polizist, der das Gespräch entgegennahm, machte sich Notizen. Nichts, was Wagner erzählte, schien ihm in irgendeiner Form bemerkenswert. Doch ertappte der Beamte ihn bei einer kleinen Lüge. Wagners Vermieterin hatte gesagt, dass er bei der Post arbeite. Als der Beamte sich danach erkundigte, war es Wagner offensichtlich peinlich, und er gab an, dass er seinen Lebensunterhalt in Schweden durch Tätigkeiten in unterschiedlichen Restaurants bestritt, aber da ihm aufgefallen war, dass ausländische Restaurantangestellte bei den Stockholmer Vermietern einen schlechten Ruf hatten, hatte er ihr gegenüber in diesem Punkt geschwindelt. Der Beamte hielt fest, diese Erklärung wirke einleuchtend.

Abgesehen davon, dass Wagner sich so viel Zeit gelassen hatte, bis er sich meldete, konnte er nichts Auffälliges feststellen. Der Beamte schrieb eine routinemäßige Notiz und legte sie ab.

Es mussten neue Spuren her, denn die bisherigen waren eine nach der anderen erkaltet. Die Vernehmungen ehemaliger Klassenkameraden zogen sich hin, bislang ohne Ergebnisse. Auf den Listen, auf denen eine Person nach der anderen abgehakt wurde, wiederholte sich immer wieder derselbe Vermerk: «Nichts von Belang». Das einzig Gute war, dass einige der Personen, die in Kickans Briefen und

Kalendern nur unter ihren Spitznamen auftauchten, identifiziert werden konnten.

Man hatte die Angestellten der Müllabfuhr überprüft. Man hatte die Hausmeister überprüft. Die Gärtner. Die Arbeiter in der Heizungszentrale. Die Leute, die die Wasseruhren ablasen. Man hatte die Hauptschlüssel kontrolliert. Man hatte die Nachbarn überprüft, einen von ihnen etwas genauer, weil er Kickan hin und wieder in seinem Auto in die Stadt mitgenommen hatte und während des Mordwochenendes allein zu Hause gewesen war und seine Frau, als sie später nach Hause kam, ein paar unordentlich eingeweichte Laken in der Wäsche gefunden (warum?) und sich daraufhin selbst dabei ertappt hatte, dass sie dachte: Hat er es getan? Man hatte den Friseur in dem Salon überprüft, zu dem Kickan eine Zeitlang gegangen war. Sogar die Nachbarin Lillan Sundin hatte man überprüft, heimlich, nicht weil sie verdächtigt wurde, sondern weil sich wiederum in *ihrem* Bekanntenkreis etwas Interessantes hätte finden können. Nichts von Belang.

Auch die Unterstreichungen und Anmerkungen in den zwei Telefonbüchern der Familie Granell hatte man minutiös durchgesehen, auf der Suche nach einem geheimen Kontakt, doch hatten sich alle als alltäglich erwiesen, und auch diejenigen, die zunächst etwas auffällig gewirkt hatten, ließen sich erklären: Das eine der beiden Telefonbücher stammte ursprünglich von dem Herrenausstatter in der City, bei dem Kickans Vater arbeitete – und wo Kickan selbst in der Schlipsabteilung einen Sommerjob gehabt hatte. Nichts von Belang. Der mysteriöse «Pelle» (der so gut tanzte und grottenhässlich war und dessen Namen man, von Herzchen umkränzt, in einem von Kickans

Schulbüchern gefunden hatte) war schließlich identifiziert worden, wobei sich herausstellte, dass es sich um *zwei unterschiedliche* Personen handelte. Beide Pelles wurden überprüft, und einer von ihnen – in den Ermittlungsakten als «Pelle 2» bezeichnet – wurde sogar kurzzeitig beschattet. Nichts von Belang.

An einem Mittwoch Mitte September fuhren die Kriminalassistenten Erik Blomberg und Arne Irwell nach Hökarängen. Sie waren ein ungewöhnliches, aber gut eingespieltes Paar. Blomberg war der Ältere der zwei, fast fünfzig, und genau wie Aina Kneckt-Bergman war er im Krieg zur Polizei gekommen – «im Krieg» sagten alle, obwohl Schweden neutral gewesen war, und jeder wusste, dass der Zweite Weltkrieg gemeint war. Er war ruhig, korrekt, nachdenklich, ein tüchtiger Vernehmer, der Analytischere von beiden, ziemlich klein und mit Brille. Der beinahe zehn Jahre jüngere Irwell war eher der klassische Polizistentyp: von kräftiger Statur, ehemaliger Boxer, impulsiv, ein Mann mit physischer Autorität, blauen Augen und kaltem Blick, doch mit eher ungewöhnlichen Interessen – in seiner Freizeit malte er Bilder. Die zwei waren unterwegs zu Elvira Blekenberg im Söndagsvägen 54, um ihr einige Routinefragen zu stellen zu dem Hinweis mit der Nummer D348, ihrem Untermieter Friedrich Wagner.

Frau Blekenberg war zu Hause und konnte lediglich bestätigen, was die Beamten bereits aus den Berichten wussten: Wagner wohnte seit Anfang Juni bei ihr. Zur Person ihres Untermieters gab es nichts Bemerkenswertes zu sagen. In ihren Augen war er ein fast idealer Mieter: ruhig, höflich, ordentlich und sehr hilfsbereit – es kam vor, dass er ihr beim Aufräumen, Rasenmähen oder Abtrocknen half. Über seine Herkunft wusste sie kaum etwas, außer dass er in Österreich studiert hatte. Sie hatte ihn nie zusammen mit einer Frau gesehen, obwohl er eine Freundin erwähnt hatte. An dem Tag, an dem der Mord geschah, war sie, wie sie schon angegeben hatte, verreist gewesen, doch Wagner hatte Kickan Granell niemals erwähnt und auch kein Interesse an den Ereignissen gezeigt. Und nein, Chloroform hatte sie nie im Haus gehabt oder auch nur gesehen. So weit schien alles in Ordnung zu sein.

Zwei Äußerungen ließen Blomberg und Irwell jedoch aufhorchen.

Zum einen widersprach sie Wagners Behauptung aus der telefonischen Vernehmung vom 5. August. Es verhielt sich keineswegs so, dass er nach der Arbeit nie ausging. «Er sagt, dass er in die Stadt fährt oder ins Kino geht. Er kommt zu unterschiedlichen Zeiten nach Hause, manchmal um 21, 22 oder 23 Uhr.» Außerdem konnte er kommen und gehen, ohne dass Frau Blekenberg es jedes Mal mitbekam.

Zum zweiten wirkte ihr Untermieter auf sie ein wenig sonderlich. Blekenberg beschrieb ihn als verschlossen, nervös und besonders schüchtern. Auch hatte sie an Wagner seit dem Mord kleinere Veränderungen bemerkt: Er hatte abgenommen und sich einen Schnurrbart wachsen lassen, seine Frisur verändert und war gebräunt. Außerdem hatte er sich die sonderbare Angewohnheit zugelegt, häufig Sonnenbrille zu tragen. So etwas tat man höchstens beim Autofahren oder am Strand, weshalb es verdächtig sein könnte – eine Art Maskierung? Die Beamten fragten sie, ob sie wisse, warum er Sonnenbrille trage, und sie antwortete, wohl ironisch: «Um gut auszusehen.»[61] Sie hatte außerdem den Eindruck, dass er mehr Alkohol trank als früher.

Nichts von dem, was Frau Blekenberg über Wagner erzählt hatte, war direkt belastend, aber es reichte aus, damit die Polizisten genauer hinschauten. War er vielleicht der Sonderling, nach dem sie dem Psychologen zufolge Ausschau halten sollten?

Alle Vorschriften missachtend schlichen sie sich in Wagners Zimmer im oberen Stockwerk und sahen sich dort um. Der Raum war einfach, aber ansprechend möbliert: ein Bett, ein Sessel, ein Schreibtisch und einige Felle auf dem Fußboden. Es herrschte pedantische Ordnung.

Auf einem Regal standen einige Flaschen und Dosen, die sie öffneten und daran rochen. Sie schienen Kosmetika zu enthalten. Sie sahen rasch das Bücherregal durch. Darin standen hauptsächlich Grammatiken, Sprachlehrbücher, einige Schriften zum Thema Foto und Film, ein Werk über Hypnose sowie ein Buch mit dem Titel «Narkose und Betäubung». Es enthielt ein Kapitel über Chloroform.

Es war offensichtlich, dass Wagner genauer überprüft werden musste.

Am nächsten Tag hatte einer der beiden Beamten eine Idee. Sie fuhren nach Hökarängen und liehen sich von einer sichtlich verwunderten Frau Blekenberg den Haustürschlüssel aus. Dann gingen sie zum Söndagsvägen 88 und klopften an. Kickans Vater Arne öffnete.

Solange die Spurensicherung im Haus war, waren er und Kickans Mutter vorübergehend in Rosersberg untergebracht gewesen. (Die Techniker hatten sich so lange im

Haus aufgehalten, dass sie beschlossen hatten, eine eigene Telefonleitung zu legen, um direkten Kontakt zum Polizeipräsidium und GW Larsson halten zu können.) Jetzt waren die beiden aber wieder in ihr Reihenhaus zurückgekehrt.

Man muss nur einmal versuchen sich vorzustellen, wie sich die Eltern gefühlt haben müssen. Ich habe den Unterlagen entnommen, dass Kickans Mutter Gunnel nach dem Mord einen psychischen Zusammenbruch erlitt. Und dass die Ehe schließlich in die Brüche ging, wie es bei Paaren, die von einer solchen Katastrophe betroffen sind, nicht selten ist.

Doch es ist fast unmöglich, sich auszumalen, wie man in ein Haus zurückkehrt, das einst ein Heim war, aber jetzt nur noch ein leerer Raum ist, der Ort, an dem das eigene Kind ermordet wurde. War das Reihenhaus im Söndagsvägen 88 wieder bewohnbar? Hatte man es gereinigt? War das Bett, in dem man Kickans Leiche gefunden hatte, aus dem Polizeipräsidium zurückgebracht worden? Hatte jemand daran gedacht, die Topfpflanzen, die Kickans Mutter nach draußen gestellt hatte, ehe sie nach Frankreich fuhren, wieder hereinzuholen? Waren sie eingegangen? Interessierte das irgendjemanden? Hatten die Polizisten Spuren hinterlassen? War der einst von Bohnerwachs glänzende Boden jetzt verdreckt? Hatte das schwarze Spezialpulver, das die Techniker bei ihrer mehrere Tage dauernden Suche nach Fingerabdrücken benutzten, Flecken hinterlassen? Was hatten ihre Eltern mit Kickans Zimmer und mit ihren Sachen gemacht? Hielten sie die Tür für immer geschlossen, ließen alles so, wie es war, oder räumten sie es aus?

Niemand, den ich frage, weiß das. Ich stelle mir vor, dass sie das Zimmer ausräumten, wenn nicht aus anderen

Gründen, dann um etwas zu tun zu haben. Wie man die Wohnung eines verstorbenen Elternteils auflöst, weiß ich aus eigener Erfahrung, aber das Zimmer eines Kindes? Meine Gedanken wandern zurück zu den Fotografien aus Kickans Zimmer. Irgendwann musste jemand die Schulbücher von ihrem Platz genommen und in eine Kiste gepackt haben, zusammen mit dem Plüschaffen, dem Troll aus Porzellan, dem Sparschwein, dem kleinen Globus aus Blech und so weiter. Ganz zu schweigen von den Kleidern mit ihren Düften, Öffnungen zu Tunneln in die Vergangenheit. Oder half ihnen jemand, für den die Dinge nicht mit Erinnerungen belastet und damit schwerelos waren? Ich hoffe es.

Blomberg und Irwell fragten Arne Granell, ob sie ausprobieren dürften, ob der Schlüssel zum Söndagsvägen 54, den sie von Frau Blekenberg ausgeliehen hatten, eventuell auch in das Schloss der Granells passte. Er stimmte zu. Die beiden Beamten probierten den Schlüssel an der Haustür und an der Giebeltür zum Keller. Er passte in keins der beiden Schlösser.

Könnte Wagner trotzdem der Mann sein, den sie suchten? Blomberg und Irwell beschlossen, ihn zu beschatten. Dabei erhielten sie die Unterstützung eines weiteren Beamten in Zivil. Als Standort wählten sie die kleine Garage oberhalb des *ICA*-Ladens am Marktplatz. Von dort aus konnten sie sowohl den Haupteingang vom Söndagsvägen 54 als auch die Kellertür am Giebel im Auge behalten. Und nach Einbruch der Dunkelheit sahen sie direkt in den Flur im oberen Stockwerk und die Tür zu Wagners Zimmer. Zitat aus einer Notiz der Beamten:

Um 10.20 Uhr verließ Wagner die Wohnung und ging
durch den Söndagsvägen und den Fredagsvägen zur
U-Bahn-Station Hökarängen. Er fuhr daraufhin zum
Hötorget und nahm den Aufgang zum Sveavägen. Er
folgte dem Sveavägen zu Fuß in nördlicher Richtung.
Er bog links in die Adolf Fredriks gata ein und folgte ihr
in westlicher Richtung. Zu diesem Zeitpunkt waren so
viele Passanten unterwegs, dass ich den Abstand auf
circa 15 Meter verringern konnte. An der Holländarga-
tan bog er nach links ab, und als ich die Ecke erreicht
hatte, war W. verschwunden. Es war jetzt 11.00 Uhr.
Ich wartete dort bis 12.30 Uhr, ohne jedoch Wagner
noch einmal zu sehen. Danach kehrte ich zu der Garage
im Söndagsvägen zurück.

Der nüchterne Stil in diesem und anderen Berichten macht
auch deutlich, dass während der vier Tage, die Wagner beschattet wurde, nichts von Belang geschah. Außer einer
Sache. Am Freitag nach der Arbeit war Wagner in einen
Spielwarenladen in der St. Eriksgatan 71 gegangen. Dort
hatte er eine dieser neuen und vielbeachteten Barbiepup-
pen gekauft, die gerade zum Spielzeug des Jahres erklärt
worden war. Was konnte er damit vorhaben?

Am Montagnachmittag fuhr Irwell allein zum Restaurant
«Gröne Jägaren» und sprach mit Karl Gustav Olsson, ei-
nem der Köche. Dabei erfuhr er, dass Wagner vor kurzem
gekündigt hatte. Olsson beschrieb seinen ehemaligen
Arbeitskollegen als «sonderbaren und verschlossenen
Menschen». Wagner hatte unter anderem eine falsche
Adresse in Farsta angegeben und war einmal von Olsson

dabei ertappt worden, wie er in einem der Lagerräume des Restaurants das Schießen mit einer Pistole geübt hatte. Und der Mord in Hökarängen? Ja, soweit Olsson sich erinnerte, hatten sie irgendwann im August, als sie in einer Pause die Zeitung lasen, über die Ereignisse gesprochen. Wagner hatte erzählt, dass der Mord ganz in der Nähe seiner Wohnung geschehen sei, und als sie dann darüber mutmaßten, wer der Täter gewesen sein könnte, hatte Wagner gesagt: «Tja, das war ich», wobei er «seine Hände hob und sie abwechselnd zur Faust ballte und wieder öffnete». Olsson «war unangenehm berührt» und beendete das Gespräch.

Am folgenden Tag fasste man zusammen, was bislang über Wagner bekannt war. Eindeutige Beweise, dass er etwas mit dem Mord zu tun hatte, hatte man nicht gefunden, und mehrere seiner ehemaligen Kollegen hatten ihm, anders als der Restaurantkoch Olsson, ein gutes Zeugnis ausgestellt: gepflegt, gut angepasst, ordentlich, vielleicht ein wenig still, aber dennoch beliebt. War das wirklich der gesuchte Sonderling? Olssons Zeugenaussage, die Arne Irwell aus dem Restaurant mitgebracht hatte, konnte man jedoch nicht einfach ignorieren. Jedenfalls nicht, ohne sie überprüft zu haben. Die Ermittlungsleitung beschloss, Wagner zur Vernehmung zu holen.

Am Mittwochmorgen, den 22. September, wartete eine Gruppe Polizisten darauf, dass Wagner das Haus verließ, um zu seiner neuen Arbeitsstelle beim Postgiroamt in der Mäster Samuelsgatan zu fahren. (Dank der Beschattung waren seine Arbeitszeiten bekannt.) Als er aus der Haustür trat, hatte er einen Regenschirm in der Hand. Es war wieder einmal bewölkt, und der graue Himmel versprach weiteren Regen.

Die Beamten traten auf Wagner zu und baten ihn, ihnen zum Präsidium zu folgen. Er leistete keinen Widerstand. Im selben Moment, als das Auto mit ihm sich nach Kungsholmen in Bewegung setzte, fuhr der V W-Bus der Spurensicherung vor. Mehrere Kriminaltechniker mit Wincent Lange an der Spitze stiegen aus und betraten das Reihenhaus im Söndagsvägen 54. Sie hatten unter anderem Spezialstaubsauger mit sorgsam desinfizierten Rohren und Filtern dabei. Als sie die gewinkelte Treppe hinaufstiegen, fiel ihnen auf, dass der Grundriss dieses Reihenhauses eine exakte Kopie des Hauses im Söndagsvägen 88 war und dass Wagner das Zimmer mietete, das im Granell'schen Haushalt Kickan gehört hatte.

Einer der Beamten sah in dem kleinen Flur vor seinem Zimmer aus dem Fenster: von dort aus konnte man einen großen Teil des Platzes vor dem *ICA*-Laden überblicken und auch den Briefkasten sehen, den Kickan am Abend des Mordes benutzt hatte.

Systematisch arbeiteten sich die Techniker durch das ordentliche Zimmer, auf der Suche nach einem Hinweis, dass Wagner in den Mord verwickelt war. *Irgendeinem* Hinweis. Bei dieser ersten Durchsuchung fanden sie:

- Ein Buch mit dem Titel «Narkose und Betäubung» – das den erwähnten Abschnitt über Chloroform enthielt
- Eine Apothekenflasche mit einer geruchlosen Flüssigkeit
- Ein Stethoskop

- Einen Dolch mit Scheide und daran befestigten
  Nylonschnüren
- Drei Pistolen: zwei kleine und eine größere
- Einen zehn Zentimeter hohen Stapel mit Zeitungs-
  ausschnitten, alle über den Mord an Kickan
- Einige Briefe
- Diverse Notizen in den Tischschubladen und im
  Papierkorb
- Zwei Schlüssel zu Bankschließfächern

Während einer der Kriminaltechniker im Präsidium anrief und diese ersten Ergebnisse durchgab, begann ein anderer mit dem mitgebrachten Staubsauger zu saugen. Unter dem Bett entdeckten sie eine kleine Reisetasche, die bis oben-hin voller Bilder von Frauen war, die aus Zeitungen und Magazinen ausgeschnitten waren. Nur im Ausnahmefall handelte es sich dabei um pornographische oder auch nur anstößige Aufnahmen, sondern es waren gewöhnliche Porträtbilder oder Reklamefotos mit Frauen in alltäglichen Situationen – eine rührte Pfannkuchenteig, eine andere machte das Bett. Eins hatten die Frauen jedoch gemein-sam: Sie waren alle blond.

Zur gleichen Zeit wurde Wagner in das große Präsidium auf Kungsholmen und zu der Etage in dem neuen Ge-bäudeteil geführt, in dem die Räumlichkeiten der Krimi-nalpolizei lagen. Seinen Regenschirm hielt er immer noch in der Hand. Dann wurden ihm die Fingerabdrücke abge-nommen. Irwells Kollege Erik Blomberg würde ihn ver-nehmen, und ein weiterer Beamter sollte als Zeuge dabei sein. Die eigentlichen Schwergewichte unter den Vernehmern, in erster Linie G W Larsson selbst, warteten noch ab, ob sich tatsächlich etwas Interessantes ergab. Blomberg hatte jetzt Gelegenheit, Wagner gründlich zu betrachten: ein dünner, dunkelhaariger und gutgekleideter junger Mann, der jünger wirkte als fünfundzwanzig, mit schmalem Gesicht, Ponyfrisur, kleinem, schütterem Schnurrbart und blasser Haut, höflich, aufmerksam, aber angespannt und beherrscht. Als er den Beamten vorgestellt wurde, verbeugte er sich zackig. (Einer der beiden hätte später schwören können, dass Wagner dabei auch die Hacken zusammenschlug wie ein preußischer Offizier.) Seine Körpersprache war steif, und er bewegte sich ruckartig. Das Protokoll vermerkt:

Es ist Mittwoch, der 22. September 1965, 09.25 Uhr. Vor mir sitzt der österreichische Staatsangehörige, der Postangestellte Friedrich Wagner, geboren am 9.11.1940 in Wien. Wir befinden uns in den Räumen der Kriminalpolizei. Wagner ist davon in Kenntnis gesetzt worden, dass er zu dem Mord an Fräulein Kickan Granell vernommen werden soll. Wagner gibt an, die schwedische Sprache gut zu verstehen und zu sprechen. Er hat nichts dagegen einzuwenden, dass die Vernehmung auf Schwedisch abgehalten wird.

Dann fingen sie an.

DIE UNTERSUCHUNG

Aus den Aufzeichnungen des Täters

Als sie von Pfeffer zur Selbstverteidigung sprach, war es mit Sicherheit nicht ihre Absicht, von Selbstverteidigung zu sprechen, sondern sie wollte damit nur zu verstehen geben, dass sie nicht vorhatte, jemals Körperkontakt mit mir zu haben. Diese Sache mit ihr hat mich derartig aufgeregt, dass ich seit Mitte Januar keinerlei Anzeichen einer Depression mehr verspüre, trotz völliger Isolierung von Freunden und Bekannten. Die damalige und fast zwei Monate andauernde Depressionsphase liegt vier Monate – einem Dritteljahr entsprechend – zurück, und meine Lebenseinstellung wird fortwährend besser

Doch wie tief hat sie mich verletzt, als sie sagte, ich sei ein oberflächlicher Mensch, und möglicherweise würde ich irgendwann dafür bestraft, dass ich genauso hässliche Worte zu meinen Eltern gesagt habe. Ach, hätte ich nur mein Seelenleben nicht derart entblößt. Es war der größte Fehler meines Lebens, einer Frau Vertrauen zu schenken, und seitdem fühle ich mich schon beim bloßen Anblick einer ähnlichen Frau teilweise impotent. Das ist ihre Schuld

Um überhaupt eine Frau bekommen zu können und dadurch meinen größten Traum zu erfüllen und die Chance
auf eine sinnvolle Gestaltung meines Lebens zu haben,
muss ich mich in meinem Fall einer kriminellen Handlung
bedienen

Alle Scheiße ist braun und alle Menschen sind Scheiße
und alle Scheiße ist gleich und unveränderlich und
muss beseitigt werden. […] Der Lebenskampf hat dich
deiner Jugend beraubt und deinen Körper in etwas
extrem Hässliches verwandelt – ermorde ihn. Ermorde
sie, wo immer du sie siehst. Den größenwahnsinnigen
Rektor und den Professor, der sich für die personifizierte
Gerechtigkeit hielt, den Schulinspektor, der erst abließ,
als du ihn um Hilfe anflehtest, und der dich darauf von
allen Schulen ausschloss. Die Hunderte von falschen
Freunden, die den Kontakt zu dir nur aus materieller
Gewinnsucht oder aus homosexuellem Interesse suchten.
Die vielen Millionen, die sich aus purer Antipathie gegen
dich verschworen und deinen Erfolg in jeder erdenklichen
Art verhindert haben. Die Schweine, die dich nach
Schweden gelockt und dir dann in der Not jede Hilfe
verweigert haben. Alle Arten sozialistischer Schweine.
Die frechen Kapitalistenschweine, die sich auf ihre Seite
geschlagen und dich bespuckt und beglotzt haben und
deren Geiz kein Ende nimmt. Die dummen Kinder, die
schon als Kleinkinder Nazis sind und darin das Symbol
des Leibhaftigen sehen, und schließlich all diejenigen, die
du erst noch kennenlernst und die mit Sicherheit einer
der oben genannten Gruppen angehören. All die sollst du
töten. Du hast fünfundzwanzig Jahre deines Lebens nach

der Liebe gesucht. Jeder hat dich ohne Grund und gegen deine besten Vorsätze von sich gestoßen. Sie sollst du als die Vertreterin der öffentlichen Meinung verstehen. Jetzt gibt es für den Rest deines Lebens nur noch eine große Aufgabe, die natürliche Gerechtigkeit wiederherzustellen. Vielleicht tötest du eine, vielleicht hundert, womöglich hunderttausend Personen

V ernehmung ist eine hohe Kunst. Methoden gibt es
viele. Eine davon, die unter ausländischen Polizisten
zu jener Zeit populär war und noch heute mancherorts
angewandt wird, ist die sogenannte Reid-Methode.[62] Und
das, obwohl sie sich auf veraltete und mehrfach widerlegte
pseudowissenschaftliche Annahmen stützt – wie zum
Beispiel, dass man sehen könne, wenn ein Mensch lügt,
weil er dabei den Blick nach oben links richtet oder weil er
dabei Anzeichen einer hochgradigen Stressbelastung zeigt.
Eine modernere und deutlich besser funktionierende Vernehmungstechnik nennt sich «Peace»[63] und wird heute in
verschiedenen Ländern praktiziert, beispielsweise in Dänemark. Sie basiert unter anderem auf der Annahme, dass
die Anzahl und die Komplexität der Lügen eines Täters
im Laufe einer Vernehmung zunehmen. Ein nach dieser
Methode vorgehender Vernehmer fügt im Laufe der Befragung wie eine Journalistin – oder, warum nicht, ein Historiker – geduldig Aussage an Aussage und stellt immer
wieder Kontrollfragen mit dem Ziel, früher oder später
den Verdächtigen bei einem verhängnisvollen Wider-
spruch zu ertappen, woraufhin das ganze Lügengebäude
eingerissen werden kann.

Schon im Zweiten Weltkrieg setzte sich die Erkenntnis
durch, dass Drohungen oder Gewalt nur in den seltensten
Fällen zu einem Vernehmungserfolg führen. Sherwood
F. Moran, ein älterer Major der amerikanischen Marine

mit Erfahrungen als christlicher Missionar in Japan, war berühmt dafür, dass er japanische Kriegsgefangene mit weitaus größerem Erfolg verhörte als seine Kollegen, die routinemäßig polterten und brüllten, schlugen und demütigten.[64] Gerade Japaner waren bekanntermaßen schwer zu vernehmen, da sie in der Regel extrem fanatisiert waren. Morans Einstellung war, dass ein drohendes Auftreten den Widerstand bei dem Beschuldigten nur erhöhe. Vielmehr gelte es, eine vertrauensvolle Beziehung mit dem Beschuldigten aufzubauen, zuzuhören, rücksichtsvoll zu sein und allmählich «Herz und Hirn» dieser Person zu infiltrieren. Auf Außenstehende konnte das wirken, als ob er entspannte Konversation betrieb, aber Eingeweihte konnten erkennen, wie erstaunlich effektiv seine Methode war. Moran war der Ansicht, dass selbst die hartgesottensten Gefangenen eine Geschichte hätten, die sie erzählen wollten, und dass es die Aufgabe des Vernehmers sein müsse, eine Atmosphäre zu schaffen, in der der Verhörte zu reden beginnt. Und zwar ohne jemals das Ziel des Verhörs aus den Augen zu verlieren: wichtige Informationen zu gewinnen. Wie Moran 1943 in einem Memorandum über Vernehmungstechnik schrieb, das noch immer in Gebrauch ist: «Tiefe menschliche Sympathie kann mit geschäftsmäßigem, systematischem und rücksichtslos zielstrebigem Verhalten Hand in Hand gehen.»

Neuere Studien bestätigen Morans Thesen: Lärm, Dramatik und Aggressivität errichten lediglich eine Mauer zwischen dem Vernehmer und dem Vernommenen.[65] Die beste Art, jemanden zum Sprechen zu bringen, besteht paradoxerweise darin, ihm zu versichern, dass er nicht reden müsse. Nach der Geschichte zu suchen, die jeder hat.

Gebrüll, Drohungen und Tricks funktionieren nicht, ein echter Wunsch zu verstehen jedoch oftmals durchaus.

GW Larsson wird immer wieder als ein gewiefter Vernehmer beschrieben mit einem fast schon sagenhaften Geschick darin, Menschen Geständnisse zu entlocken. Über eine theoretische Grundlage für diese Fähigkeit verfügte er allerdings nicht. Er wäre sicher betroffen gewesen, sogar verärgert, wenn ihm jemand gesagt hätte, dass er *ein System* praktizierte. Seine Erfolge erwuchsen aus einer Kombination von langjähriger Erfahrung und – noch wichtiger – seinem Temperament. Er war von Natur aus ruhig und kontrolliert und setzte seine Ehre darein, niemals die Beherrschung zu verlieren. Sein oben schon erwähntes Interesse an Menschen führte zu dem ehrlichen Wunsch zu verstehen, weshalb er dem ersten, moralischen Impuls nach einer Festnahme widerstehen konnte, aus der Vernehmung den Auftakt zur Bestrafung zu machen.

Es fiel ihm geradezu schwer, einen Verdächtigen rundheraus abzulehnen. «So habe ich mein ganzes Leben lang versucht, das Hässliche gegen das Schöne abzuwägen, das Gute gegen das Böse», schreibt er in seinen Memoiren, «und ich habe es mir zur Philosophie gemacht, dass es nicht immer Kälte und Härte sind, die einen Menschen dazu treiben, ein Verbrechen zu begehen. Es kann auch etwas ganz Schreckliches sein: große Verzweiflung, ein Zwang. Deshalb habe ich oft Mitgefühl mit dem Mörder und versuche, seine Situation zu verstehen.»

GW Larsson war bei den meisten, jedoch nicht bei allen Vernehmungen anwesend. Auch hier war vor allem komplizierte Teamarbeit gefragt. Alle Vernehmungen waren jedoch von Larssons Geist getragen. Das war auch nötig. Wie sich herausstellte, waren die Sitzungen mit Wagner zahlreich, schwierig – und dauerten lang.

Die Vernehmungen begannen in ruhigem und sachlichem Ton. Wagner wurde nach seinen Lebensverhältnissen gefragt. Er schilderte detailliert, wie er Österreich im Herbst 1963 verlassen hatte, um sein Glück im Ausland zu suchen, weil er in der letzten Klasse vom Gymnasium verwiesen worden war, worauf ihm alle Wege zu einer höheren Ausbildung verschlossen waren. Seine Wahl war auf Schweden gefallen – Wagners Interesse an dem Land war durch seine Mitgliedschaft in einer Volkstanzgruppe geweckt worden, «deren Zweck es unter anderem war, Kenntnisse über schwedische Volkstänze in Österreich zu verbreiten». Er erzählte, dass er nach seiner Einreise verschiedene Arbeitsstellen gehabt hatte, vor allem in diversen Restaurants im Stockholmer Zentrum, und an mehreren Adressen in der Stadt als Untermieter gewohnt hatte. Er gab weiterhin an, sich in Schweden sehr wohl zu fühlen, ein Studium an einer hiesigen Universität aufnehmen und die schwedische Staatsbürgerschaft beantragen zu wollen.

Wagners Sprechweise spiegelte seine steifen, ruckartigen Bewegungen wider. Seine Worte kamen manchmal stoßweise, manchmal aber als lange, elegante Kaskaden heraus.

Ohne die Ergebnisse der Hausdurchsuchung zu erwähnen, begannen die Beamten, einige einfache Kontrollfragen zu stellen. Bezüglich seines Waffenbesitzes erzählte Wagner freimütig, dass er zu Hause drei Handfeuerwaffen habe, die jedoch ungefährlich seien: Die eine war eine

Luftpistole, eine andere schoss nur mit Platzpatronen, und die dritte war kaputt. (Das stellte sich als korrekt heraus.) Er bestätigte, dass er sich für Physik, Chemie und «Psychopharmica» [sic] interessiere, und gab an, seine Kenntnisse im Selbststudium erworben zu haben. Er erwähnte, dass er in seinem Zimmer ein Buch über Narkose und Betäubung habe, in dem auch Chloroform behandelt werde. Die direkte Frage, ob er jemals Chloroform an jemandem oder an sich selbst angewandt habe, verneinte Wagner entschieden, «dazu ist es viel zu gefährlich», und fügte hinzu: «und eine Dosis von drei Millilitern reicht aus, um einen Menschen zu töten».

Zu seinem Aufenthalt am Abend des 17. Juli machte er vage Angaben, die allerdings auch nicht schwammiger waren als die von jemand anderem, der gefragt wird, was er an einem bestimmten Sonntag vor fast eineinhalb Monaten gemacht habe. Er war überzeugt, dass er nach seiner Rückkehr von der Arbeit wie gewöhnlich den Abend zu Hause vor dem Fernseher verbracht hatte, und er war sich ziemlich sicher, dass er das Haus nicht mehr verlassen hatte. Es gab jedoch niemanden, der ihm ein Alibi hätte geben können. Er hatte sich allein im Reihenhaus aufgehalten. Im Söndagsvägen 88 war er noch nie gewesen. Nicht einmal aus Neugier. Obwohl das Haus nur einen Steinwurf entfernt lag. Er interessierte sich nicht für die dortigen Ereignisse.

Die Fragen wurden gezielter. Warum, wollte Erik Blomberg wissen, hatte Wagner so lange mit seinem Anruf bei der Polizei gewartet, obwohl die Beamten bei der ersten Befragung in der Nachbarschaft hatten ausrichten lassen, er möge sich so bald wie möglich melden? Das läge an einem Missverständnis, erklärte Wagner. Er hätte gedacht, dass der Zettel mit der Mitteilung nicht für ihn war, sondern für Frau Blekenberg. Warum hatte er bei dem ersten Gespräch mit der Polizei behauptet, dass er abends nie ausginge, während seine Vermieterin das Gegenteil ausgesagt hatte? «Er antwortet, dass er früher nicht ausging, weil er allein zu Hause war. Aber seitdem seine Vermieterin und ihr Sohn aus dem Urlaub zurück seien, gehe er abends aus.» Meistens ins Kino. Warum hatte er einem seiner Arbeitskollegen im «Gröne Jägaren» gesagt, «Kickans Mörder? Das war ich»? Das war einfach ein «ganz schlechter Witz», erklärte Wagner. Wenn er sich nun nicht dafür interessierte, was am 27. Juli in der Straße passiert war, in der auch er selbst wohnte, weshalb hatte man in seinem Zimmer einen dezimeterhohen Stapel mit Zeitungsausschnitten gefunden, die sich alle um den Mord drehten?

Hier schien Wagner zum ersten Mal ein wenig aus dem Konzept zu kommen.

Mehrfach antwortete er, dass er die Zeitungsausschnitte ohne Hintergedanken aufbewahre und dass man nicht daraus schließen solle, dass er sich für den Mord interessiere. Man hatte außerdem Bilder von Frauen gefunden, aus unterschiedlichen Zeitungen ausgeschnitten, wandte Blomberg ein, war auch das nicht als Ausdruck von Interesse zu deuten? Doch, das schon, antwortete Wagner.

Blomberg versuchte es mit neuen, nicht besonders schwer zu durchschauenden Fragen. Wagner sollte von seinem Sexualleben erzählen. Nein, er hatte in seinem ganzen Leben noch keinen Geschlechtsverkehr gehabt. Er onanierte, durchschnittlich zweimal in der Woche. Nein, er hatte keine Phantasien über Sex mit einer schlafenden oder narkotisierten Frau.

Wie würde er aber reagieren, wenn er, beispielsweise, spazieren ginge und plötzlich durch ein Fenster eine Frau sähe, die sich gerade auszog? «Er betrachtet es als unehrenhaft, sie in dieser Situation zu beobachten, wenn sie nichts davon weiß.» Würde er vor einem Beischlaf «Vorkehrungen treffen, um einer Schwangerschaft vorzubeugen»? Nein, das «war gegen seine Prinzipien und auch gegen seinen katholischen Glauben». Er konnte sich überhaupt nicht vorstellen, mit einer Frau zu schlafen, ohne mit ihr verheiratet zu sein. In keinem Fall? Doch, wenn sie «fest versprochen hätte, ihn zu heiraten». Und «am liebsten würde er vor dem Beischlaf ein eingehendes und stimulierendes Gespräch führen. Möglichst über philosophische Fragen.» Wie passte das aber damit zusammen, dass sich unter seinen Sachen sowohl Kondome als auch Gleitmittel befanden? Er entgegnete, dass er «in Österreich davon gehört hatte, dass es in Schweden Frauen gebe, die gern bei [sic] Sex zur Verfügung stünden». Er hatte daher beabsichtigt, sich «mit Hilfe von Präventivmitteln, Gleitmitteln und Geschlechtsverkehr eine billige Unterkunft zu verschaffen».

Sowohl hier als auch bei anderen Gelegenheiten spielt Wagner ganz offensichtlich auf etwas an, das oft als die «schwedische Sünde» bezeichnet wird. Das Stereotyp war zu diesem Zeitpunkt schon mehr als zehn Jahre alt und entsprang mehr der ausländischen Sicht auf die Schweden als deren Selbstbild. Dahinter verbargen sich zwei unterschiedliche Phänomene: zum einen die Einführung eines obligatorischen Sexualkundeunterrichts in schwedischen

Schulen (die 1955 ohne größere Dramatik und mit großer politischer Einigkeit über die Bühne gegangen war), zum anderen mehrere international sehr erfolgreiche Filme, in denen Sexszenen vorkamen. Nach heutigen Maßstäben waren es ziemlich keusche Szenen, in denen man aber nicht nur nackte Haut, sogar nackte Busen, sah, sondern auch junge Frauen, die tatsächlich Sex haben wollten, ohne auch nur das kleinste bisschen verheiratet zu sein. «Sie tanzte nur einen Sommer» von 1951 und «Die Zeit mit Monika» von 1953 waren zwei dieser Titel.

Schriftsteller und Journalisten strömten darauf in Scharen nach Schweden, nicht zuletzt, um sich zu entrüsten. Die ausländische Presse brachte Spaltenkilometer über die «sexuell befreiten» Schweden, gerne mit einem moralisierenden oder geradezu reaktionären Unterton. Die Empörung über die Freizügigkeit verschmolz nämlich fast immer mit Kritik an dem rationalen schwedischen Wohlfahrtsstaat, dessen unleugbare Erfolge einigen konservativen Ideologen keine Ruhe ließen. Sie erhielten jedoch Schützenhilfe von unerwarteter Seite: dem Statistischen Jahrbuch und dessen Zahlenmaterial zum Thema Selbstmord. Dass die Selbstmordrate in Schweden zwar hoch war, aber ungefähr gleich hoch wie in einer Reihe ähnlicher Länder, wie Deutschland, Österreich, der Schweiz und Dänemark, übersah man allerdings großzügig, genauso wie die Tatsache, dass die niedrigen Selbstmordraten in katholischen Ländern eine Illusion waren, dem Umstand geschuldet, dass dort Selbstmord nicht nur eine Schande und eine Todsünde, sondern über lange Zeit auch eine strafbare Handlung war – also oft nicht gemeldet wurde.[66]

Das Resultat war eine Karikatur von Schweden, die man folgendermaßen zusammenfassen könnte: ein Land – um Graham Greene zu zitieren – mit hübscher Architektur, gutem Essen, künstlerisch gestalteten Möbeln, Textilien und Geschirr; man sorgt sich nicht um die Zukunft, es gibt weder Bettler noch Prostituierte, man hat ein gutes Leben, in dem jedoch sexuelle Freizügigkeit, moralischer Zerfall, freie Gesundheitsversorgung und anderer Staatssozialismus die Menschen seelenlos, leer, konform gemacht hatten, zu einer Art auf Hochglanz polierter, aber im Grunde unglücklicher Automaten, deren einziger Ausweg aus dem Elend darin bestand, sich das Leben zu nehmen.

Solche nicht gerade subtile oder auch nur irgendwie fundierte Kritik am schwedischen Wohlfahrtsstaat war jedoch in erster Linie Angelegenheit der Konservativen. Der Teil des Klischees mit der größten Wirkung war – kaum überraschend – ebenjene sexuelle Freizügigkeit, die für viele Menschen *ungemein attraktiv* war. Während jener Jahre scheint es auch einen vermehrten Zuzug von Ausländern gegeben zu haben, besonders von jungen Leuten, ganz besonders von jungen Männern, die neugierig auf das tiefgekühlte Utopia des Nordens waren und nicht zuletzt auf die vermeintlich so leicht verfügbaren und blonden Frauen. Einer davon war Wagner.

In den 1960er Jahren geschah einiges, was dazu führte, dass Schweden und die Schweden in gewissem Grad die jahrzehntealten Vorurteile des Auslands bestätigten. Was ich als Teil der Erklärung dafür betrachte, warum der Mord an Kickan Granell ein zeitweise geradezu lüsternes Interesse weckte.

Zu dieser Zeit war seit einigen Jahren eine lebhafte und

umfassende Sexualdebatte im Gang, der man sich schwerlich entziehen konnte, da sie in allen Massenmedien stattfand: in Zeitungen, Büchern, Radio und natürlich auch im Fernsehen. Vermutlich ist niemals vorher oder nachher so viel über Sex gesprochen worden wie zu jener Zeit, und 1965 war zweifellos *Peak Sex*, der Scheitelpunkt.

Diese Ereignisse werden meist als «sexuelle Revolution» bezeichnet (oder als «Unanständigkeitsrevolution», wie *Dagens Nyheter* im gleichen Jahr schrieb). Sie enthielt zweifellos revolutionäre Elemente, wie die Anti-Baby-Pille oder die Bejahung unterschiedlicher Erscheinungsformen von Sexualität – nicht nur der heterosexuellen und in den Schranken der Ehe praktizierten –, die Bewegung für straffreie Abtreibung, die Modernisierung des Sexualkundeunterrichts und die Entkriminalisierung der Pornographie. Doch wie so viele Revolutionen wurde auch diese schließlich von anderen Kräften usurpiert: Männliche Diskussionsteilnehmer verdrängten schon bald diejenigen Frauen, die die ganze Debatte ursprünglich angestoßen hatten[67], die Verknüpfung zwischen Befreiung und Sexualität geriet in Vergessenheit, und übrig blieb vor allem die Frage nach der allgemeinen Verfügbarmachung der Sexualität, in erster Linie natürlich für Männer. Am Ende stellte sich heraus, dass nicht die ernsthaften Schriftsteller sich die Pornographie zu eigen machten, sondern kommerzielle Autoren, Berufspornographen.

Die Verkaufszahlen qualitativ hochwertiger Pornographie (vom Typ «Liebe I, II, III»[68] etc.), die den Optimisten und Idealisten zufolge den billigen Schund verdrängen sollte, waren zunächst sehr hoch, fielen aber allmählich auf ein recht bescheidenes Niveau, während die für Schundliteratur explodierten. Pornozeitschriften herkömmlicher Machart (die es schon lange gegeben hatte und die in der Regel und mit wechselndem Erfolg versucht hatten, etwas anderes zu sein, wie zum Beispiel Aufklärungsschriften über die Vorzüge des Nudismus oder Handbücher für künstlerisch Interessierte) wurden von einer ständig wachsenden Flora von mehr oder weniger offen pornographischen Werken abgelöst. Am besten verkauften sich «Piff», «Raff», «Paff», «Pin-Up», «Paris-Hollywood», «Qvick», «Top Hat», «Strip Tease» und «Cocktail». Ich erinnere mich vor allem an Letztere, die in dem nach Haarwasser duftenden Friseursalon, in dem mir als Kind die Haare geschnitten wurden, neben Zeitschriften über Technik, Autos und so weiter auslag. Sie enthielt allerdings keine Hardcore-Bilder, sondern Fotos von überwiegend barbusigen und sich offenbar unwohl fühlenden jungen Frauen mit hellem Lippenstift, die an jungen Birken lehnten, und Ähnliches.[69] «Piff» war im Übrigen Wagners persönliche Lieblingszeitschrift: Er kaufte getreulich jede neue Nummer.

Allein im *Pressbyrån* waren die Verkäufe wie auch die Anzahl der Titel der pornographischen Zeitschriften von 1964 bis 1965 um 50 Prozent gestiegen – in dem Jahr verkaufte die Kette knapp über drei Millionen Pornozeitschriften –, und die Prognose für das kommende Jahr sagte wiederum fast doppelt so hohe Verkaufszahlen voraus.[70] Die Pornographie trat also nicht nur in Form von Hochglanzmagazinen auf. Von den zehn meistverkauften Büchern für Erwachsene 1965 waren sechs offen pornographisch, während zwei weitere sich ausschließlich um Sex drehten.[71]

Es überrascht nicht, dass Wagner sich als treuer Leser

von Pornozeitschriften entpuppte und offenbar sämtliche onanistischen Stereotype übernommen hatte. Auch diesbezüglich schien er in einem Bereich zwischen der wirklichen und einer Phantasiewelt zu leben. Erik Blomberg zeigte Wagner einen Brief, den man in seinem Zimmer gefunden hatte, von einer gewissen Monica Lindberg, einer jungen Frau, die er über eine Kontaktanzeige getroffen und mit der er im vorangegangenen Jahr eine kurze Beziehung gehabt hatte. Auf diesen Brief, in dem sie ihm mitteilte, dass es zwischen ihnen unwiderruflich aus sei und dass sie keinen Kontakt mehr zu ihm wolle, hatte er mit Bleistift (auf Deutsch) geschrieben: «negative Antwort weitere Informationen einholen. Ermordung von Österreicher erforderlich.»

Hier verstrickte sich Wagner in eine bizarre Geschichte darüber, dass er in der damaligen Situation «nicht mehr viel hatte, für das es sich zu leben lohnte», nicht nur, weil er diese Liebe verloren hatte, sondern auch wegen fehlender Zukunftsaussichten aufgrund seiner Fehlschläge in Wien. Er hätte jedoch nicht die Absicht gehabt, seine ehemalige «Verlobte» zu töten, nein, sondern er hätte damals erwogen, nach Österreich zurückzukehren und sich an einer Person zu rächen, die sein Leben zerstört hatte.

«Auf konkrete Nachfrage bestreitet Wagner, selbst der Täter zu sein oder den Täter zu kennen.» Als die Beamten ihn darauf hinwiesen, dass sie seine Fingerabdrücke genommen hatten, antwortete er selbstsicher: «Sie können meine Fingerabdrücke auf keinen Fall in Granells Haus finden, weil ich dort nie gewesen bin.» An diesem Punkt kam Blomberg nicht weiter. Wagner bestritt, nachdrücklich und wiederholt, in irgendeiner Weise etwas mit dem Mord zu tun zu haben.

Gegen Spätnachmittag war klar, dass der junge Mann mit dem schmalen Schnurrbart auf der anderen Seite des Tisches unleugbar ein wenig sonderbar, jedoch auch intelligent war, sogar hochintelligent, und gewieft. Als ich das Protokoll zum ersten Mal las, fiel mir sofort auf, wie schnell er Erklärungen parat hatte. Es gab eine ganze Reihe an Auffälligkeiten, die selbstverständlich überprüft werden mussten. Gleichzeitig war klar, dass man zum gegenwärtigen Zeitpunkt nichts in der Hand hatte, was ihn wirklich mit dem Mord in Verbindung brachte. G W Larsson und die anderen Mitglieder der Ermittlungsgruppe waren jedoch entschlossen, die Sache weiterzuverfolgen. Staatsanwalt Österberg willigte ein, Wagner in Untersuchungshaft zu nehmen, allerdings nicht wegen Mordes, sondern wegen eines «Anfangsverdachts der Vergewaltigung» – das ist der niedrigste Verdachtsgrad. Und auch das mehr wegen der Ergebnisse der Hausdurchsuchung als wegen der Resultate aus der ersten Vernehmung.

Zu diesem Zeitpunkt war es 16.30 Uhr am 22. September.

Wagner wurde ins Untersuchungsgefängnis gebracht und durchsucht. In einer seiner Taschen fand man ein Stilett.

In den folgenden Tagen wurden die Vernehmungen fortgesetzt. Die Ermittler befragten ihn eingehend zu seinem Leben in Österreich und den Ereignissen nach seiner Auswanderung. Er schilderte bereitwillig, wie er in Schweden eine Gelegenheitsarbeit nach der anderen angenommen hatte, von einer Wohnung in die andere gezogen war. Im Mai hatte er einige Wochen im Grimstawald geschlafen – er legte jedoch Wert auf die Feststellung, dass er sich in dem Restaurant, in dem er damals arbeitete, täglich gewaschen hatte. Er hatte immer wenig Geld zur Verfügung gehabt, bis er jetzt eine Anstellung bei der Post erhalten hatte. Das Monatsgehalt betrug 1304 Kronen, wovon 250 Kronen für Miete und U-Bahn-Fahrten abgingen. So konnte er jetzt zum ersten Mal, seit er in Schweden war, Geld auf die hohe Kante legen.

Seine Herkunft beschrieb er als ziemlich normal. In Wien geboren und als Einzelkind aufgewachsen, der Vater ein kleiner Angestellter, die Mutter Hausfrau, die Ehepartner scheinen sich nahegestanden zu haben und glücklich miteinander gewesen zu sein. Zwar waren die Wohnverhältnisse beengt und die finanzielle Situation der Familie angespannt. Österreich war, genau wie Deutschland, lange Zeit durch die alliierten Siegermächte besetzt, und Wien hatte – genau wie Berlin – im Krieg sehr unter den wiederholten Bombenangriffen und den schweren Endkämpfen im Frühjahr 1945 gelitten. Und genau wie so viele andere europäische Kinder, die in dieser Zeit aufwuchsen, hatte er seinen Vater anfangs nur sehr selten gesehen: Der hatte in der deutschen Wehrmacht gedient und war außerdem in Kriegsgefangenschaft geraten, aus der er erst 1946 zurückgekehrt war. Das war aber dadurch aufgewogen worden, dass Wagner und seine Mutter sich sehr nahegestanden hatten.

Doch je weiter die Vernehmungen fortschritten und je mehr Details herauskamen, desto mehr verdüsterte sich das Bild. Vielleicht hatte man es hier doch nicht mit einer durchschnittlichen Kindheit zu tun.

Die Mutter war lange sein Ein und Alles. Sie war streng religiös und überbehütend: Der Junge durfte nicht mit anderen Menschen sprechen, nicht einmal mit den Nachbarn. Erst im Alter von fünfzehn Jahren hatte er seine ersten Freunde – und auch das gegen den Widerstand der Mutter, deren Verhalten er offenbar in diesem Alter eher als Ausdruck von Kontrollbedürfnis denn von Liebe erlebte. Er sagte, dass die Eltern einander mehr Gefühle gezeigt hätten als ihm. Der Vater war überzeugter Nazi gewesen.

Als seine einsame Kindheit in die Pubertät überging, lebte er weiterhin unter einem strengen Regime, in dem Vergnügungen verboten, Taschengeld nicht vorhanden, Mädchen nicht erlaubt waren und die Erwähnung von allem, was mit Sexualität zu tun hatte, tabu war. Der Drang, jemand anderen mit Gewalt von den Sünden dieser Welt fernzuhalten, erzielt meist nur den gegenteiligen Effekt. Das andere Geschlecht war für Wagner etwas, das er nur aus der Ferne beobachtete, und er wagte es niemals, Kontakt aufzunehmen. Er blieb der scheue, passive Zuschauer.

Auf dem Gymnasium lief es für ihn anfangs gut. Er war intelligent und gelehrig, seine Lieblingsfächer waren Physik und Chemie. Er schmiedete grandiose Pläne für eine Zukunft als Naturwissenschaftler. Er wurde Vegetarier. Doch dann begann er die Schule zugunsten von Nachtleben, Alkohol und Musik zu vernachlässigen – er war auch musikalisch begabt, spielte Klarinette und Saxophon und versuchte sich mit der Leitung einer kleinen Band. Als er in der Schule mit einer geladenen Pistole erwischt wurde, geriet er ernsthaft in Schwierigkeiten.

Schon bei der Hausdurchsuchung mutmaßten die Polizisten, dass Wagner ein Waffennarr sei: Davon zeugten die drei – unbrauchbaren oder ungefährlichen – Pistolen sowie der Dolch mit Nylonschnüren, mit denen man ihn unter der Kleidung verborgen am Körper tragen konnte. Außerdem ging Wagner nie ohne Stilett in die Stadt. In einigen der phantasievollen Geschichten, die er erzählte, um den Leuten zu imponieren, kamen mysteriöse Aufträge und Ähnliches vor. Nicht nur Sex, Pop, lange Haare und Kleidung mit Op-Art-Muster waren 1965 groß in Mode, sondern auch Geheimagenten. In dem Jahr hatte die James-Bond-Manie Schweden voll im Griff, der Film «Goldfinger» hatte im Januar Premiere gehabt, und «Feuerball» sollte im Dezember starten, und das waren lange nicht die einzigen Agentenfilme.[72] Es war offensichtlich, dass diese Bilder bei Wagner Eindruck hinterlassen hatten und dass er es liebte, Agent zu spielen.

Er machte gegenüber den Polizeibeamten aus seinem Interesse für Waffen keinen Hehl. Nach dem Krieg waren in Wien jede Menge Waffen im Umlauf gewesen, und er erzählte, dass er dort in einem Wald am Stadtrand mit einer Maschinenpistole geschossen hätte. Diese Begeisterung für Schusswaffen hätte die Vernehmer aufhorchen lassen sollen. (Ein klassischer Fall: Manchen Männern, die sich selbst als schwach, unzulänglich und gescheitert erleben, bietet der Waffenfetischismus die Möglichkeit, sich stark und potent zu fühlen – und gefährlich.) Jedenfalls führte die geladene Pistole dazu, dass Wagner der Schule verwiesen wurde. Was einer persönlichen Katastrophe gleichkam. Ohne Gymnasialabschluss keine Universitätsstudien, ohne Universitätsstudien keine Karriere als gefeierter Forscher, ohne Karriere als gefeierter Forscher keine Zukunft. Zumindest nicht die Zukunft, die ihm seiner eigenen Meinung nach zustand.

Dass der Schulverweis darauf zurückzuführen war, dass er die Schule vernachlässigt und eine lebensgefährliche Waffe bei sich gehabt hatte, weigerte sich Wagner zu akzeptieren. Es war nicht seine eigene Schuld, nein, sondern der Rektor hatte es auf ihn abgesehen. Er beschrieb den Rektor als Sozialisten, Juden, Anti-Nazi, Despoten und so weiter, als einen Menschen, der Wagners durch seinen Vater nazistisch geprägte Ansichten nicht ertrug und ihn darüber hinaus vor der versammelten Klasse als «homophil» bezeichnet hatte. Daher diese seltsame und immer wirrer werdende Geschichte von einer Rückkehr nach Österreich und der Rache an seinem Peiniger. Oder an den Peinigern. *Darum* ging es, Wagner zufolge, bei den Worten «Ermordung von Österreicher erforderlich» auf dem Briefumschlag. Ausschließlich darum.

Bislang hatten die Vernehmungen lediglich bestätigt, dass Wagner unbestreitbar ein ziemlicher Sonderling war, aber nichts in seinen Schilderungen hatte die Verdächtigungen gegen ihn erhärtet, jedenfalls nicht in juristischem Sinne.

Das war allerdings, bevor die Beamten Zeit gehabt hatten, den Inhalt von Wagners Bankschließfach genauer in Augenschein zu nehmen.

Zeitgleich mit den Vernehmungen wurden die Analysen im Staatlichen Kriminaltechnischen Labor durchgeführt. Man hatte große Hoffnungen, irgendwelche relevanten Spuren zu finden. *Eine* positive Antwort erreichte die Ermittler schon rasch: Ja, Wagner hatte dieselbe Blutgruppe wie der Täter – A –, und er war, wie jener, ein sogenannter Sekretor. Das Problem war nur, dass er diese Kombination mit einer knappen Mehrheit der schwedischen Bevölkerung teilte. Daher konnte man ihn allein damit noch nicht mit dem Tatort in Verbindung bringen, aber es bedeutete zumindest, dass man ihn nicht aus den Reihen der potenziellen Täter ausschließen musste.

Man setzte große Erwartungen in die vier fremden Haare, die man im Bett des Opfers gefunden hatte. Die mikroskopische Untersuchung erbrachte jedoch, dass sie nicht Wagner gehörten. Das war ein Rückschlag. Dann war da noch die bräunliche Farbe, die der Täter benutzt hatte, um sich zu schminken, und die man sowohl auf dem Kopfkissen als auch auf dem Handtuch gefunden hatte, mit dem er sich nach der Tat das Gesicht abgewischt hatte. Dabei handelte es sich, so hatten es die Techniker ja beschrieben, um eine selbstzubereitete Mischung aus Chromgelb, Englischrot und Titanweiß. Eine derartige Farbmischung hatte man bei der Durchsuchung von Wagners Zimmer nirgendwo gefunden, und trotz eingehender Suche gelang es auch nicht, Spuren der Farben oder ihrer chemischen Bestandteile auf seinen Kleidern oder anderswo sicherzustellen.[73] Auch das war ein Rückschlag. Die geruchlose Flüssigkeit in der Flasche stellte sich als Salzsäure heraus, nicht als Chloroform. Und die Analyse eines Löffels mit einem merkwürdigen braunen Belag, den man bei Wagner gefunden hatte, ergab ebenfalls nichts.

Blieb nur noch eins.

Das Kartoffelmehl.

Und hier wurde man wider Erwarten fündig.

Das am Tatort – im Teppich vor dem Bett, im Staubsauger, auf einigen von Kickans Kleidungsstücken, auf dem Sofa und im Rya-Teppich im Wohnzimmer im Erdgeschoss und vor allem auf dem Laken – gefundene Kartoffelmehl hatte den Kriminaltechnikern Rätsel aufgegeben. Sie waren ja zunächst von einem Messfehler oder einer Verunreinigung ausgegangen, bis diese Möglichkeiten ausgeschlossen werden konnten, doch die Tatsache blieb. Niemand konnte sich einen Reim darauf machen, was sich hier abgespielt hatte. Woher kam all das Kartoffelmehl?

Als die Techniker sich die Ausbeute aus ihren in Blekenbergs Reihenhaus benutzten Staubsaugerbeuteln ansahen, zeigte sich, dass sich «beachtliche Mengen» an Kartoffelmehl unter anderem in Wagners Bett, auf einem Fell auf dem Fußboden sowie vor allem auf dem Sessel in seinem Zimmer und auf dem Klavierhocker im Erdgeschoss befunden hatten.[74]

Die Erklärung lieferte die Untersuchung von Wagners Arbeitskleidung, die er im «Gröne Jägaren» zurückgelassen hatte, als er beim Postgiro anfing: Das Restaurant verwendete Kartoffelmehl, und es zeigte sich, dass vor allem Wagners Hosen quasi damit imprägniert waren. Auf dem Bettlaken hatte man pro Milligramm Staub rund dreihundertsiebzig Stärkekörner gezählt, was schon eine auffallend große Menge war, doch auf Wagners Arbeitshosen wies man fast sechsmal so viel Kartoffelmehl nach. Einem zu Rate gezogenen Sachverständigen zufolge wiesen diese Stärkekörner zwar keinerlei besondere Eigenschaften auf, sondern sahen alle gleich aus, unabhängig davon, wo sie hergestellt worden waren, weshalb dieser Fund Wagner nicht mit dem Tatort in Verbindung brachte. Doch war das Kartoffelmehl unleugbar ein starkes Indiz.

Und dann waren da noch die Aufzeichnungen.

Als Wagner das erste Mal nach den beiden Schlüsseln zu Bankschließfächern gefragt wurde, die man in seinem Zimmer gefunden hatte, tat er das als nebensächlich ab. Er hatte sein Bankschließfach lange nicht mehr benutzt, und soweit er sich erinnerte, enthielt es kaum etwas von Interesse. «Ein Tonband und wahrscheinlich ein Sparbuch», vermutete er. Weiter nichts.

Die Polizei machte das Schließfach in den Räumen der *Skandinaviska Enskilda Banken* am Stureplan ausfindig. Darin befand sich unter anderem eine schwarze Dokumentenmappe mit sechs vollgeschriebenen Notizbüchern, einem Spiralblock sowie jeder Menge vollgeschriebener loser Blätter. Als man Wagner damit konfrontierte, wollte er «es kaum glauben». Gefragt, ob er damit sagen wolle, dass die Beamten logen, antwortete er, «falls Notizbücher im Schließfach lagen, dann waren sie eher unwichtig».

Auch in Wagners Zimmer hatten die Beamten Notizen gefunden, nicht nur in Notizbüchern und Spiralblöcken, sondern auch auf losen Blättern, Pappe und sogar alten Servietten. Ein System konnten sie in dem dort niedergelegten Wortschwall nicht ausmachen. Es handelte sich nicht um ein Tagebuch, sondern um in aller Eile niedergeschriebene Eindrücke, Gedanken, Gefühle, Pläne, die in einem merkwürdigen, schwer zu überblickenden *stream of consciousness* mal hierhin, mal dahin sprangen.

Nicht nur die schiere Menge und der Mangel an Struktur

machte es den Ermittlern zunächst schwer, zu verstehen, auf was sie da gestoßen waren. Oder die Tatsache, dass das meiste auf Deutsch, mit schwedischen Einsprengseln, geschrieben war. Die meisten der Beamten konnten natürlich Deutsch.[75] Das Problem war, dass viele Notizen in einem deutschen Stenographiesystem abgefasst waren, das keiner von ihnen beherrschte. Die Entzifferung brauchte Zeit.

Als die Ermittler schließlich zu lesen begannen, staunten sie nicht schlecht.

Die Aufzeichnungen bestätigten, dass Wagner ein Sonderling war. Gleichzeitig verbittert und arrogant, zerrissen zwischen Selbstüberschätzung und dem Gefühl totalen Versagens, schien er über fast alles wütend und unglücklich zu sein: die Welt, das Leben, die Zukunft, die Menschen in seiner Umgebung und sich selbst. Er träumte davon, sich neu zu erschaffen, einen «neuen Mann» aus sich zu machen, indem er seinen Körper stählte, sich bräunte, sich eine neue Frisur zulegte, sich elegante Kleidung kaufte und so weiter.

Doch während jeder, den jemals Unzufriedenheit mit dem Leben und mit sich selbst gepeinigt hat, Vorsätze dieser Art kennt und – dabei von der Konsumindustrie wie auch der menschlichen Natur bestärkt – überzeugt werden kann, dass eine äußere Verwandlung viele Möglichkeiten eröffnet, war es offensichtlich, dass Wagners Pläne, ein «neuer Mann» zu werden, weit über eine solche eher banale Selbstoptimierung hinausgingen. Ihm ging es um Sex. Und um Frauen.

Er hatte noch nie Geschlechtsverkehr gehabt, noch nie eine enge Beziehung zu einer Frau, und litt offensichtlich darunter – das war das größte Versagen von allen, der abschließende Beweis dafür, wie *wertlos* er tatsächlich war. Sein eifriges Onanieren sowohl in seinem Mietzimmer als auch bei der Arbeit scheint sein Gefühl der Unzulänglichkeit noch verstärkt zu haben. Mit seinen Plänen, sich neu zu erschaffen, verfolgte er schlussendlich das Ziel, eine Frau körperlich für sich zu gewinnen, auch wenn er bezeichnenderweise gleichzeitig daran zweifelte, den Geschlechtsakt überhaupt ausführen zu können. Denn dieser neue Mann wollte nicht nur attraktive Kleidung kaufen, sondern auch verschiedene sexuelle Stimulanzien, «Kraftsalbe für Männer, um damit den Penis einzureiben».

Die Ermittler stellten fest, dass Wagners Unvermögen, sich Frauen zu nähern, sich auch andere, bizarre Ausdrucksformen gesucht hatte. In einer deutschen Zeitschrift hatte er eine aufblasbare Badepuppe aus Plastik entdeckt, die seine Phantasie anregte. Im Bestreben, sich solch eine Puppe zu verschaffen, schrieb er an die fünfzig Briefe an Firmen in Japan und Deutschland sowie an den amerikanischen «Playboy» – unter dem Pseudonym Fredrik von Rosenstein. Er wollte die Puppe mit warmem Wasser füllen, sie in hübsche Frauenkleider stecken und sie dann in seinem Zimmer zum Souper mit Essen und Wein einladen. Er selbst wollte vorher baden, sich rasieren und kämmen, gründlich die Zähne putzen und seinen besten Anzug anziehen. Gegen Ende der Mahlzeit wollte er die Puppe verführen, sie behutsam ausziehen:

Sie sollte Objekt jener Zärtlichkeit sein, die ein Mann einer Frau schenken möchte und für die ein kurzzeitiger, bezahlter Sexualpartner kein passendes Objekt sein kann. Falls die Puppe sich widersetzte und mir den Geschlechtsverkehr verweigerte, wollte ich ihren Widerstand mit Küssen und Zärtlichkeiten brechen. Wenn sie aber weiterhin Schwierigkeiten machte, würde ich Wasser und Luft ablassen, sie zusammenfalten und sie in die Schreibtischschublade legen. Da könnte sie sich dann schämen.

Es war Wagner nicht gelungen, so eine Puppe zu bekommen. Danach hatte er mit derselben spektakulären Erfolglosigkeit versucht, in einem Geschäft für Damenbekleidung in der Nähe von Hötorget eine Schaufensterpuppe zu kaufen.

Das Sammelsurium von schnell hingeworfenen Gedanken, Einfällen und unzusammenhängenden Notizen, die man in seinem Schließfach und in seinem Zimmer gefunden hatte, entpuppte sich als weit mehr als nur Spielereien mit willenlosen Substituten. Entscheidend ist, dass es hier nicht um ein «Anstelle von» ging. Die Suche nach diesen Puppen muss vielmehr als ein erster Schritt in Richtung des Endziels verstanden werden: Erlangung der vollständigen Kontrolle über einen Menschen, der genauso willenlos ist wie diese Wesen aus Plastik. Ein Objekt. Leicht zu manipulieren. Zu kontrollieren. Nur darin kann die Phantasie ihre Erfüllung erlangen.

Phantasien über sexuellen Zwang tauchten überall in den Aufzeichnungen auf. Für den Fall, dass es Wagner nicht gelingen sollte, ein attraktiver und kraftvoller «neuer Mann» zu werden, wollte er sich eine Pistole besorgen, damit eine Dreizehnjährige kidnappen und Sex mit ihr haben. (Pis-

tolen besaß er ja bereits, wenn auch keine funktionstüchti-
gen.) Oder vielleicht könnte er nach Indien fahren und sich
dort eine Jungfrau kaufen?

Sein Revanchismus und seine Gewaltphantasien ver-
schmolzen zu einem höchst seltsamen Plan, der immer
und immer wieder in den Notizen Erwähnung fand. Dieser Plan lief darauf hinaus, dass Wagner nach Wien fahren
und eine gewisse Silvia B. kidnappen wollte, ein Mädchen,
in das er sich 1958 oder 1959 aus der Ferne verliebt hatte. Er nannte sie einen «Leitstern» in seinem Leben, seine
«große Liebe». Hätte er sie erst einmal in seiner Gewalt,
wollte er sie irgendwo einsperren: Zunächst sollte sie seine
Sexsklavin sein, aber er ging davon aus, dass sie ihn irgendwann lieben würde und sie ein richtiges Paar werden würden. (Im Übrigen fast exakt derselbe Plan, den der gestörte
Frederick Clegg in «Der Sammler» verfolgte.) Für den Fall,
dass sie mittlerweile verheiratet war, wollte er Silvia *und*
ihren Mann kidnappen – in den Notizen fanden sich Skizzen von Koffermodellen, in denen er sie transportieren
wollte – und dann mit Hilfe von Hypnose und «Gehirnwäsche» das Paar nicht nur voneinander trennen, sondern
auf irgendeine abseitige Art auch eine solche Macht über
den armen Ehemann gewinnen, dass der einwilligte, sie
alle drei zu versorgen.

Den Ermittlern fiel auf, dass diese Fixierung auf Silvia
in eine Fixierung auf einen bestimmten Frauentyp übergegangen war: klein, zierlich und blond. Der Grund dafür,
dass Wagner nach Schweden gegangen war, war nicht
nur, dass er gehört hatte, dass die Frauen dort sexuell zu-
gänglicher waren, sondern auch, dass sie dem «arischen»
Typus angehörten – ihm entschlüpften hin und wieder

Begriffe, die er von seinem Vater hatte, dem überzeugten Nazi. Wagner hatte sogar ein Wort für diesen Frauentyp: «Silvia-Typ». Auch Kickan war klein, zierlich und blond.

Noch frappierender war, dass dieser in weiten Teilen sehr detaillierte Plan für die Entführung von Silvia offensichtliche Übereinstimmungen mit der Methode aufwies, mit der Kickans Mörder vorgegangen war: 1. wollte er sich maskiert an sein Opfer heranmachen, 2. sollte das Opfer mit Hilfe einer chemischen Substanz bewusstlos gemacht werden, 3. sollten die Telefonleitungen gekappt werden, 4. sollte das bewusstlose Opfer vergewaltigt werden, 5. sollte danach der Tatort gründlich gereinigt werden: Finger- und Fußabdrücke weggewischt, Haare und Ähnliches entfernt und die Fußböden gestaubsaugt werden.

Wagner tat das alles in den Vernehmungen als Phantasien ab. Manchmal müsse er sich schreibend von «hässlichen Gedanken» befreien. Außerdem handele es sich um Fiktion, eine Idee für einen Roman, den er schreiben wolle, und hätte überhaupt nichts mit der Realität zu tun. Eventuelle Ähnlichkeiten mit dem Mord im Söndagsvägen seien reiner Zufall.

Die Beamten versuchten es abwechselnd mit List und mit Druck, aber Wagner ließ sich nicht beirren. Er sei unschuldig, «zu 2000 Prozent». Und obwohl seine Pläne sowie viele der Notizen seltsam waren, ja geradezu grotesk, und die Ermittler an seiner geistigen Gesundheit zweifeln ließen, waren sie für sich genommen weder ein Verbrechen noch ein Beweis für ein solches.[76] Lediglich ein Indiz. Hypnose, Gehirnwäsche, Pistolen, Maskierungen, Dolche, K.-o.-Tropfen, gereinigte Tatorte, Karateschläge, Jiu-Jitsu, Entführungen – die Beamten sahen sich einem Menschen gegenüber, der von allen Klischees der billigen Kriminal-literatur geprägt war. Wagner war in der Tat ein fleißiger Konsument dieser Art Literatur. Fakten und Fiktion kommunizieren miteinander.

Für die Anklage war es von zentraler Bedeutung, belegen zu können, dass dieser Mensch nicht nur in einer Halbwelt aus billigen, zusammengesuchten Fiktionen lebte, sondern auch den Willen gezeigt hatte, seine Ideen Wirklichkeit werden zu lassen. Es markierte daher einen wichtigen Ermittlungsfortschritt, als die Beamten in Wagners Aufzeichnungen Notizen fanden, die darauf hindeuteten, dass er einmal tatsächlich versucht hatte, seine zentrale sexuelle Phantasie zu verwirklichen: eine Frau bewusstlos zu machen und sich dann an ihr zu vergehen. Und zwar eine noch unbekannte Frau. Einziger Anhaltspunkt war ihr Kosename: «Bojan».

Die Ermittler machten sich auf die Suche nach ihr.

Unterdessen gingen die langwierigen Vernehmungen weiter. Jetzt hatte sich auch GW Larsson selber eingeschaltet. Ihm zur Seite stand mit Sven Thorander ein weiterer Kriminalkommissar, gut zehn Jahre jünger, erfahren und als tüchtig bekannt. Er hatte ein freundliches Auftreten, interessierte sich für Menschen, Opfer ebenso wie Verdächtige, und war sozial engagiert. (Es kam vor, dass er Menschen in Notlagen, denen er bei der Arbeit begegnete, kurzzeitig zu Hause bei seiner Familie übernachten ließ, wenn es keine andere Möglichkeit gab.) Der Göteborger Thorander war zwar ein wenig eitel, legte Wert darauf, sich mit den Journalisten gut zu stellen, und machte manchmal sogar einen weichlichen Eindruck, doch der Schein trog: Er war einer der mutigsten Polizisten, völlig angstfrei, körperlich schnell, ergriff in schwierigen Situationen rasch das Kommando, und zwar auf eine nicht immer rücksichtsvolle Weise.[77] Genau wie Larsson war er ziemlich groß und schlank, immer untadelig in grauem Anzug, weißem Hemd, ordentlich gebundenem Schlips und gut geputzten Schuhen.

GW Larsson und Sven Thorander – jetzt waren die schweren Geschütze aufgefahren.

Protokoll der Vernehmung im Kriminalkommissariat am 25. September 1965 mit dem österreichischen Staatsangehörigen Friedrich Wagner. Vernehmer Kommissar GW Larsson und Sven Thorander. Uhrzeit: 13.40 Uhr.

V = Vernehmer
W = Wagner

V: Bei der Durchsuchung Ihrer Wohnung sind wir auf Notizen gestoßen, die überwiegend in deutscher Sprache abgefasst sind?
W: Ja.
V: Und soweit wir sehen können, handelt es sich dabei um von Ihnen verfasste Aufzeichnungen.
W: Ja.
V: Ich habe Sie gestern einmal bezüglich der Notizen gefragt, ob Sie Notizen um [sic] andere Personen hätten, und Sie antworteten, dass die Notizen zu 99 Prozent von Ihnen selbst stammen?
W: Ja.

V: Außerdem sagten Sie gestern, dass Sie hin und wieder hässliche Gedanken haben?

W: Ja, das ist richtig.

V: Und diese hässlichen Gedanken schreiben Sie dann auf?

W: Korrekt.

V: Und das ist für Sie eine Art ... Sie reagieren sich auf diese Weise ab?

W: Ja.

V: Ihre Aggression reagieren Sie also auf diese Weise ab, wenn Sie sich Notizen machen?

W: Ja, und beim Schreiben.

V: Und Schreiben. Und dann bewahren Sie diese Notizen bis zum nächsten Tag auf und lesen sie dann durch, und dabei denken Sie dann, wie dumm war ich doch, oder so ähnlich?

W: Richtig.

V: Stimmt das so?

W: Das stimmt.

V: Was machen Sie danach mit Ihren Notizen?

W: Ich lege sie beiseite und hebe sie so lange auf, bis ich sie vielleicht bei einer späteren Gelegenheit noch einmal durchlese, aber das passiert nur mit einigen, dass ich sie noch einmal lese, denn das [sic] sind viel zu viele, und vieles stenographiere ich, sodass ich es selbst nicht ohne Mühe lesen kann.

V: Sie haben die Stenographie erwähnt. Gestern sagten Sie, dass Sie Ideen für einen Roman stenographieren, den Sie schreiben wollen?

W: Ja, ich habe das kombiniert, wenn ich es eilig hatte,

habe ich stenographiert, und wenn ich mehr Zeit hatte, habe ich die gewöhnliche Schrift benutzt.

V: Wenn Sie was aufschreiben wollten?

W: Meine Gedanken.

V: Ihre Gedanken … waren das die hässlichen Gedanken?

W: Ja, also Gedanken sind entweder hässlich oder … ja, da gibt es keinen Unterschied.

V: Aber Sie schreiben doch nicht alles auf, was Sie denken?

W: So viel würde man nicht schaffen.

[…]

V: Diese Notizen über Verbrechen, die Sie notiert haben, welche Art Verbrechen sind das, die Sie aufgeschrieben haben?

W: Ja, es gibt ja so vieles, über das man nachdenkt …

V: Denken Sie selbst über Verbrechen nach?

W: Nein, aber man bekommt ja so viele Eindrücke, wenn man Radio hört und wenn man Krimis liest und so …

V: Wenn Sie zum Beispiel einen Krimi lesen, machen Sie sich da Notizen?

W: Ich notiere mir, welche interessanten Höhepunkte vorkommen, welche also welche interessanten Stellen [sic] und oft kommt es vor, dass ich sie in Verbindung zu meinem Leben sehe, wie sie da wirken würden, wie sie hineinpassen würden in mein ganz persönliches …

V: Versuchen Sie sich da sozusagen gewissermaßen mit einer der Personen in der Handlung, mit ihr zu identifizieren?

W: Nicht mit einer bestimmten Person, aber jedenfalls
mit einer Romanfigur, die bei [sic] einigen Romanen vorkommt.

Die Polizei fragte verschiedene Personen, die mit Wagner
in Kontakt gestanden hatten, ob ihnen der Name «Bojan»
etwas sage. Im Restaurant «Östermalmaren» in der großen
Markthalle am Östermalmstorg wurden sie fündig. Dort
hatte Wagner vom Vorfrühling 1963 bis zum Herbst 1964
als Abräumer gearbeitet – Lohn 210 Kronen, auszuzahlen
alle zehn Tage –, und dort arbeitete jetzt auch noch eine
Frau mittleren Alters namens Valborg Bergstrand, meist
nur «Bojan» genannt. Sie kannte Wagner tatsächlich. Man
bestellte sie zur Vernehmung ein.

Bojan Bergstrand war geschieden, einsam, freundlich,
abgearbeitet. Sie hatte eine Schwäche für Alkohol und
lange als Bargehilfin im «Östermalmaren» gearbeitet. Sie
entwickelte Sympathien für den ebenso einsamen Österreicher mit seiner korrekten, steifen Art und der Aus-
strahlung eines Verlierers. Damit stand sie übrigens nicht
allein da. Auch mehreren der anderen Angestellten tat er
leid, und untereinander sprachen sie vage davon, dass er
«aus schweren Verhältnissen in seiner Heimat» stammen
müsse. Zwar hatten sowohl Bojan als auch die anderen
bemerkt, dass Wagner sich die schlechte Angewohnheit
zugelegt hatte, die Reste aus den Gläsern der Gäste aus-
zutrinken und einige selbst bezahlte und mit Albyltablet-
ten aufgepeppte Biere hinterherzuschütten. Das war nicht
nur eine beliebte Methode, die Wirkung des Alkohols zu
verstärken, sondern die Mischung wurde auch oft von Am-
phetaminabhängigen als «Downer» benutzt. Nach einiger

Zeit war allen klar, dass Wagner regelmäßig stimulierende Tabletten konsumierte, vermutlich das leicht erhältliche Mittel Preludin. Weil er seine Arbeit trotzdem tadellos machte und die anderen ihn für «nett und ungefährlich» hielten, schritten sie nicht ein. Im Herbst 1964 wurde er schließlich doch gefeuert, nachdem er beinahe eine Prügelei mit einem der anderen Angestellten vom Zaun gebrochen hatte. Der junge Mann hatte ja doch Temperament.

Damals lud Bergstrand ihn in ihre kleine Zweizimmerwohnung im Eslövsvägen in Björkhagen ein, «weil sie sich nach ein wenig Gesellschaft sehnte und nach jemandem, mit dem sie reden konnte, und weil sie dachte, Friedrich sei genauso einsam wie sie». Sie wollte auch «feiern», dass er bei der Arbeit aufhörte. Sie hatten «Grog» getrunken – die schwedische Mischung aus Schnaps und Limonade –, Schallplatten gehört und geredet. Weitere Besuche folgten. Einmal war es spät geworden, zu viel Alkohol, und Wagner hatte so viele Tabletten intus, dass er zu halluzinieren begann, weshalb er über Nacht geblieben war, in dem Zimmer, das sie sonst untervermietete. Die knospende Freundschaft war nie erotisch oder sexuell geworden, nicht zuletzt weil Bergstrand mit ihrem schon seit langem zerstörten Selbstvertrauen sich unmöglich vorstellen konnte, dass dieser junge Mann sich für eine abgelebte Frau interessieren könnte, die fast doppelt so alt war wie er selbst. Was er jedoch tat. Wenn auch nicht auf die übliche Weise.

In dem Wortbrei der beschlagnahmten Notizen fanden die Ermittler Hinweise auf etwas, was ein detailliert geplanter Überfall auf Bojan Bergstrand zu sein schien:

Phase A. 4–5 Karateschläge mit voller Kraft. Sie soll im Fallen aufgefangen werden. Knebel und Handfesseln und Fußfesseln und auf das Bett legen.
Phase B. Schlauch ganz befüllen [?] Abwarten.
Phase C. In den Lehnstuhl setzen. Auf die Augen achten. Sorgfältig fesseln. Außerdem Augenbinde. Schutz gegen Speichelfluss. Knebel und das Ganze noch einmal. Stethoskop und Schalldämpfung.
Phase D. Tonbandende auf Endlosschleife. Und dann der Text: «Bojan, du bist blind, allein und hilflos. Stockholm ist dein Grab. Wird dein Tod sein» etc.

Und:

«Jetzt bist du allein, Bojan. Du fürchtest dich, weil du allein bist, ganz allein und wehrlos und ohne Hilfe, falls du krank wirst. Der Telefonstecker ist herausgezogen. Die Situation im Moment ausgezeichnet.»
Ans Werk. Text 15 Sekunden, Satz 2/4 Musik, 5 Sekunden Pause. Dann Text und wieder Pause und so weiter […]
Später Austausch der Nylonschnur durch ein breiteres Band zum Beispiel Laken. Puls- und Atemkontrolle für weitere Drogen.

Als G W Larsson und Sven Thorander ihn wegen dieser Aufzeichnungen unter Druck setzten, gab Wagner schließlich zu, dass es sich hierbei nicht um bloße Spinnereien handelte, sondern um einen Plan, den er hatte ausführen wollen. Er hatte Bojan Bergstrand hypnotisieren oder einer «Gehirnwäsche» unterziehen wollen – darum das auf Wiederholung eingestellte Tonbandgerät, suggestive Phrasen und so weiter –, damit sie ihm half, seine Anstellung im «Östermalmaren» wiederzubekommen, ja, ihm vielleicht sogar eine Unterkunft anbot.

Der Plan war an einem Abend im Oktober 1964 zur Ausführung gekommen. Wagner ging zu Bojan Bergstrand nach Hause und überreichte ihr die etwas ungewöhnliche Kombination Schnaps und Kaffeegebäck. Außerdem hatte er einen halben Jahrgang von «Piff» dabei, seiner Lieblings-Pornozeitschrift, die er ihr zeigen wollte. Und er hatte Gegenstände mitgebracht, bei denen er sorgfältig darauf achtete, dass sie sie nicht sah, unter anderem eine sonderbare, selbstgebaute Kiste, die innen mit Stanniol ausgekleidet und mit einem rotierenden Rad ausgestattet war, das – wie Wagner glaubte – einen hypnotischen Blinkeffekt erzielen würde. Des Weiteren:

- Tonbandgerät
- Seil
- ein Kieferspreizer aus Holz
- ein Knebel
- ein Stethoskop
- eine Pfefferdose
- eine Flasche siebenprozentige Salzsäure
- zwei Gesichtsmasken mit Löchern für die Augen, die eine aus einem Strumpf gemacht, die andere aus dem Bein einer Herrenunterhose

Von GW Larsson unter Druck gesetzt, räumte Wagner ein, dass die letztgenannten Dinge kaum als Material für eine Hypnose zu bezeichnen seien, und gab zu, mit dem Gedanken an Sex mit der narkotisierten Bojan Bergstrand gespielt zu haben. Es sei aber nichts passiert.

Bei der Vernehmung Bergstrands erfuhren die Beamten, warum. (Wagner bestätigte später ihre Version.) Er hatte sie nicht mit einem Karateschlag niedergestreckt, wie ursprünglich geplant, sondern ihr stattdessen ein Glas mit K.-o.-Tropfen gereicht, genauer gesagt mit etwas, von dem er annahm, dass es wie K. o.-Tropfen wirkte: ein halbes Glas Schnaps mit Salzsäure. Das Rezept hatte Wagner in einem Kriminalmagazin gefunden. Bojan hatte die ausgenommen übelschmeckende Flüssigkeit einfach ausgespuckt und war ausgerastet: Sie glaubte, dass Wagner sie dafür bestrafen wollte, dass sie zu viel Alkohol trank.

Im Angesicht dieser alles andere als willenlosen Frau verließ Wagner der Mut. Er zog mit hängenden Ohren ab.

Die Episode mit Frau Bergstrand im Oktober 1964 war der eindeutige Beweis dafür, dass es sich bei den Notizen keineswegs nur um Phantasien handelte, um Entwürfe zu einem geplanten Roman, sondern dass sie Teil eines realen Plans waren, einer tatsächlichen Vorgehensweise – und dass die Gründe, warum sie nicht ausgeführt wurden, außerhalb von Wagners Kontrolle lagen. Wie bereits angedeutet, sind die beiden Pole keine Gegensätze. Im Gegenteil sind Phantasien für einen bestimmten Typus Vergewaltiger und Mörder sogar der Dreh- und Angelpunkt. Sie gehen der Ausführung voraus. Sie treiben die Handlung voran.

Es ist außerdem bekannt, dass größere Versagenserlebnisse oder emotionale Traumata irgendwelcher Art oftmals der Auslöser dafür sind, dass dieser Typus unzulänglicher und schwacher Männer seine Phantasien auslebt. Im Leben des Verlierers Wagner waren die Krisen Legion, angefangen mit dem Verweis vom Gymnasium in Wien und der Reise nach Schweden, die auch eine Flucht vor seinem Scheitern war, eine Flucht, die wiederum selbst – scheiterte. Ohne Geld oder richtige Wohnung, ohne Freunde oder vor allem Freundin, ohne Zukunftsaussichten und gefangen in einer Arbeit, für die er sich schämte und die nicht dem entsprach, was er für angemessen hielt. Er fühlte sich ausgeschlossen, von einigen wegen seines südländischen Aussehens als «Neger» bezeichnet – sein eigenes Wort. Darin lag eine gewisse Ironie, da er sich die nazistischen Übermenschenphantasien seines Vaters zu eigen gemacht hatte. Gerade deshalb hatte Wagner ja nach Schweden gewollt: Schweden war ein Arierland.

Der nächste Schritt war wichtig. Es galt, festzustellen, wann genau Wagners Phantasien von sexueller Machtausübung in Phantasien von sexueller Gewalt übergingen. Und von Mord.

In der *Dagens Nyheter* von Donnerstag, dem 14. Oktober 1964, standen die privaten Kleinanzeigen auf Seite 35. An diesem Tag nahmen sie drei Spalten ein, die zwischen Zeilen mit Werbung für Reisen («Mallorca 1 Woche ab 290,–»), Fahrschulen («Der leicht zu fahrende Volkswagen 1500 ist Ihre Abkürzung zum Führerschein») sowie Gesundheitsthemen («Ihre Dritten, naturgetreu, fertig in einem Tag. Zahnziehen ohne Schmerzen») eingekeilt waren. Die Anzeigen waren die übliche Mischung, ein buntes Durcheinander aus Großem und Kleinem, Merkwürdigem und Menschlichem. In Enskede war ein kastrierter Kater entlaufen. Eine Amateurband suchte einen Schlagzeuger. Jemand kündigte ein Paarturnier im Bridge an, Vasagatan 38, Beginn 19.30 Uhr. Für einen sechs Monate alten Jungen in der Birger Jarlsgatan wurde eine Tagesmutter gesucht. Ein dreiundzwanzigjähriger, solider Norrländer wollte sich zweitausend Kronen leihen und hoffte auf eine lange Rückzahlungsfrist. Ein Privatdetektiv (Tel. 938 205) bot Beschattungs- und Bewachungsdienste an. Ein gewisser Larsson (Tel. 348 273) setzte Menschen mit Kontaktschwierigkeiten davon in Kenntnis, dass sie bei ihm Hilfe in Einzelsitzungen oder in der Gruppe erhalten könnten. Irgendwer hatte sich entzweit, und jemand versuchte mit kryptischen Worten etwas wieder zurechtzubiegen («Gelieb. Ja falsch. Sonst spars. Nicht missverst. Glaube ich verst. Dich»). Und so weiter.

Und dort, unter der Rubrik «Bekanntschaften, Ehen», zwischen einer Anzeige, in der zwei jugendliche Herren in den Fünfzigern mit «Charme und Humor» zwei nichtrauchende Damen suchten, und einer anderen, mit der zwei finnlandschwedische Seeleute sich die Bekanntschaft zweier Damen «zur Gesellschaft und für den Kinobesuch» wünschten, war Folgendes zu lesen:

SPANIER schwedischsprachig, 21/178, sucht Bekanntschaft mit nettem Mädchen. Antw. an «Gerne mit eigener Wohnung od. ähnl.» DN Stureplan.

Das war bereits Wagners dritte Annonce. (Im selben Monat inszenierte er übrigens auch seinen tragikomischen Versuch, Bojan Bergstrand zu «hypnotisieren».) In der ersten Anzeige hatte er geschrieben, er sei Österreicher, hatte darauf aber keine Zuschriften erhalten. Danach hatte er eine weitere Anzeige geschaltet, in der er sich als Italiener ausgab, doch die klang wahrscheinlich allzu verzweifelt – «fühlt sich einsam …» – und zog ebenfalls keine Antworten nach sich. Doch mit der dritten, in der er als Spanier auftrat, hatte er Erfolg.

Wie ich bereits gezeigt habe, war die Grenze zwischen Fakten und Phantasie für Wagner durchlässig. Die Korrekturen der Realität, deren er sich in den Anzeigen schuldig machte – dass er seine Nationalität fälschte, seine Körpergröße übertrieb und sich auch einmal zu jung machte –, mögen zum Genre gehören. Dass er sich zuerst als Italiener und dann als Spanier ausgab, war jedoch offenbar der Versuch, sein alles andere als arisches Aussehen zu seinem Vorteil umzumünzen.

Auf diese Anzeige meldete sich Monika Lindgren, eine junge, ambitionierte Büroangestellte im Außenministerium, die gern ihre Spanischkenntnisse verbessern wollte. Also stand Wagner eines Sonntags mit einem Blumenstrauß vor ihrer Tür in der Maria Prästgårdsgata. Zwar wirkte dieser Mann – der sich als «Francesco Murcia» vorstellte – äußerst nervös, aber sie fand, er sähe mit seinen blank geputzten Schuhen und sorgfältig manikürten Fingernägeln nett und gepflegt aus, und sein Auftreten war höflich. Deswegen nahm sie seinen Vorschlag, essen zu gehen, an. (Wagner konnte vermutlich sein Glück kaum fassen: Monika war blond und zierlich – sein Ideal.) Sicherheitshalber steckte sie einen Pfefferstreuer in ihre Manteltasche. Die beiden gingen ins Restaurant «Brända Tomten» am Stureplan[78], eines der beim jungen Stockholmer

Publikum angesagten Lokale – was man an den Schlangen erkennen konnte, die sich immer wieder vor der Tür bildeten. Solche Warteschlangen vor den Vergnügungslokalen der Stadt waren übrigens ein neues Phänomen. Sie aßen Krabbencocktail und tranken Champagner. Als Monika Spanisch zu sprechen versuchte, stellte sich heraus, dass «Francesco» kein einziges Wort dieser Sprache kannte, was er damit erklärte, dass er zwar spanische Eltern habe, aber in Österreich aufgewachsen sei.

Dann erzählte er eine bizarre Geschichte, die ziemlich typisch für seine Phantasiewelt war und sicher sowohl beeindrucken als auch verwirren sollte: Er behauptete, Mitglied eines Netzwerks zu sein, das in das damals noch faschistische Spanien einreisen wollte, um Flugblätter zu verteilen, die zu einer Revolte gegen Franco und sein Regime aufriefen. Und da er die beständig wachsenden Ströme schwedischer Badetouristen dazu nutzen wollte, um ins Land zu kommen, brauchte er eine Frau als Tarnung. Deswegen die Anzeige.

Die sowohl temperamentvolle als auch gescheite Monika mochte diese Geschichte nicht wirklich glauben. Sie ignorierte die merkwürdige Erzählung, die er so rasch fallenließ, dass das an sich schon verdächtig war, und sie sprachen stattdessen über Musik, ein Thema, in dem sich «Francesco» erstaunlich gut auskannte, so gut, dass es ihr sogar ein wenig imponierte.

Sie trafen sich also wieder.

Sein Werben war steif, keusch, altmodisch und unsicher. Sie telefonierten, manchmal meldete er sich per Telegramm, und praktisch jede Woche schickte er ihr Gedichte, die von

der Natur handelten und von der Liebe. Sie gingen zum
Essen aus – unter anderem ins Restaurant «Bäckahästen»
in der Hamngatan: Krabbenbrot, Wein, Kaffee und Likör.
Alles in allem für ungefähr dreißig Kronen. Sie gingen tanzen – in die «Berzeliiterrassen» am Norrmalmstorg: Obwohl sie nicht Wange an Wange mit ihm tanzte, damit ihre
gestylte Frisur nicht in Unordnung geriet, stellte sie fest,
dass «Francesco» besser tanzte als erwartet. Als sie sich an
«Letkiss»[79] versuchten, dem neuen Modetanz des Jahres
1965, war ihm jedoch spürbar unwohl. Sie gingen ins Kino,
wo sie sich unter anderem die Komödie «Scheidung auf Ita-
lienisch» ansahen. Sex hatten sie nie miteinander, und er
vermittelte ihr den Eindruck, dass man sich das am besten
für die Ehe aufsparen sollte. Nach vierwöchiger Werbung
küsste er sie leicht auf den Mund, verbeugte sich dann und
bedankte sich mit Tränen in den Augen.

Monika fand ihn eigenartig. Zwar hatte er ziemlich bald
zugegeben, dass «Francesco Murcia» nicht sein richtiger
Name sei, sondern «Friedrich Werner»[80], aber er erzählte
weiterhin wilde Geschichten. Wie dass er mit einem
Kompagnon in die Sowjetunion reisen wolle, um dort
mit geschmuggelten Armbanduhren das große Geld zu
machen; oder dass er in Österreich einen Mann in Not-
wehr erschossen habe, einen ehemaligen Verlobten seiner
großen Liebe – die im Übrigen Silvia heiße und mittlerweile tot sei –, der auf ihn losgegangen sei, doch dass
sein Vater, der in Österreich ein einflussreicher Mann sei,
dafür gesorgt habe, dass er der Strafe entging; dass seine
Mutter zu Hause in Wien im Sterben läge und er wolle,
dass Monika mit ihm hinfuhr, und dass er wisse, wie man
ihren Pass fälschen könne, damit sie reisen könne. Dass

sein Vater während des Krieges eine Nazigröße gewesen
sei, dass beinahe seine ganze Verwandtschaft in der Partei
und außerordentlich einflussreich gewesen sei und dass es
deshalb für ihn und seine Familie ein Verlust gewesen sei,
dass Hitler den Krieg verloren hatte – ein Gedanke, den sie
im Übrigen geradezu schockierend egozentrisch fand.

Was für Monika dann anscheinend den Ausschlag gab,
waren Wagners Lügen und Übertreibungen – es stellte
sich zum Beispiel heraus, dass seine Mutter gar nicht im
Sterben lag –, doch vor allem, dass sie herausfand, dass
er Amphetamin konsumierte. Er war nie high, wenn sie
sich trafen, aber ihr fiel auf, dass er oft unter dem Einfluss
irgendeines Stoffs zu stehen schien. Außerdem wusste
er erschreckend genau, wo in Stockholm man die unterschiedlichen Tabletten kaufen konnte. Schlussendlich gab
er selbst zu, dass er abhängig war.

Selten war es so leicht, an Narkotika zu kommen, wie in
Stockholm 1965. Verschiedene Amphetamine und Met-
amphetamin wurden ganz legal von der Arzneimittel-
industrie in Tablettenform hergestellt. Die beliebtesten
Marken waren Preludin und Ritalin, Präparate, die man
sich vom Arzt verordnen lassen konnte, wenn man zum
Beispiel abnehmen wollte oder sich einfach nur müde oder
deprimiert fühlte, und die man sich dann bei der Apotheke
an der nächsten Ecke abholte.

Für dieses riesige Angebot an Drogen gab es mehrere
Ursachen.

Zum einen wurden große Mengen der Mittel ins Land
geschmuggelt, meist aus Ländern, in denen die Präparate
frei verkäuflich waren. Die Schmuggler waren keine kri-

minellen Banden, denn für die war der Endabnehmerpreis
noch etwas zu niedrig, sondern meist Charterreisende.
Viele gewöhnliche Svenssons finanzierten sich so ihren
Urlaub – ein unerwarteter Nebeneffekt des Jahr für Jahr
wachsenden Tourismus.

Zum anderen wurde sehr viel legal verordnet. Es war
nicht schwierig, Ärzte zu finden, die bereit waren, diese
Präparate zu verschreiben. Sie waren ja noch nicht als ge-
fährliche Drogen stigmatisiert, sondern hatten seit Jahr-
zehnten den Nimbus der kurzzeitig genutzten und verhältnismäßig ungefährlichen Leistungsförderer, die von
prominenten Schriftstellern, Schauspielern, Musikern
und Sportlern verwendet wurden.[81] Allerdings wuchs
das Bewusstsein um die Gefahren, die von diesen Mitteln
ausgingen, und um das Elend und die Kriminalität, die sie
nach sich zogen.[82] Eine unheilige Allianz aus Drogenlibe-
ralen, radikalen Ärzten, organisierten ehemaligen Rausch-
giftsüchtigen sowie der Boulevardzeitung *Expressen* argumentierte genau gegenteilig und meinte in einem Anfall
von zeittypischem Optimismus, wenn die unglücklichen
Abhängigen auf legalem Wege an ihre Drogen kämen, würde die Drogenkriminalität aussterben. (Diese Argumentation tauchte zu dieser Zeit in mehreren Diskursen auf: Die
Beschränkungen, die man eingeführt hatte, um ein be-
stimmtes Problem zu bekämpfen, wirkten nicht; vielmehr
seien diese Beschränkungen das eigentliche Problem.) Es
gelang ihnen, die öffentliche Meinung und die Gesetz-
geber auf ihre Seite zu ziehen, und im März jenes Jahres
wurde in Stockholm ein Programm für die legale Verord-
nung von Narkotika aufgelegt: Die Teilnehmer mussten
sich nur an einen der angeschlossenen Ärzte wenden, um

Amphetamin, Ritalin oder Preludin in den gewünschten Mengen zu erhalten.[83] Kaum überraschend, dass die Mittel vom ersten Tag an auf breiter Front in den illegalen Drogenmarkt durchsickerten. Die Anzahl Drogenabhängiger nahm rasant zu und damit auch die Probleme. (So verfünffachte sich zwischen 1963 und 1965 zum Beispiel die Zahl der «Preludinnotfälle» in der psychiatrischen Klinik des Karolinska-Krankenhauses.) Für jemanden wie Wagner war es mit anderen Worten kein Problem, an Amphetaminpräparate zu kommen.

Monika war durch seinen ständigen Tablettenkonsum und seine Lügen zunehmend irritiert und wies seine wiederholten Heiratsanträge zurück. Sie begann sich stattdessen aus der Beziehung zurückzuziehen – vorsichtig, weil er ihr leidtat und weil sie seine Reaktion fürchtete. Eine Einschätzung, die er sofort bestätigte, zunächst durch eine Selbstmorddrohung, dann mit einem harschen und beleidigenden Brief. Daraufhin brach sie den Kontakt ganz ab.

Wagner reagierte mit zunehmender Wut. In seinen Notizen tauchen immer mehr und immer eindeutigere frauenverachtende Ausdrücke auf. Schon bald begann er von Rache zu träumen und sich in diese Phantasie hineinzusteigern. Sein Hass richtete sich nicht allein gegen Monika, sie wurde vielmehr für ihn zu einem Symbol für alle Frauen. So schreibt er unter anderem:

Mit welcher Verachtung die Frauen Güte und Treue vergelten, hat mir Diana gezeigt.[84] Darum darf man sie alle mit reinem Gewissen ermorden. Sie versuchen einem die letzten jugendlichen Kräfte auszusaugen, was eine Frechheit ist. Stolze Frauen, warum verschmäht ihr mich? Euer Stolz muss gebrochen werden. Ihr habt mich zu einem millionenfachen Martyrium verurteilt. Doch fürchtet meine Rache.

Gegen Ende Oktober übergab GW Larsson die Verantwortung für die weiteren Ermittlungen an Sven Thorander. Weshalb, habe ich nicht in Erfahrung bringen können, vermute aber, dass Larsson schlicht und einfach überarbeitet war und Erholung brauchte. Sein im Polizeiarchiv archivierter Dienstplan belegt, dass er im Jahr 1965 nur einmal Urlaub hatte, und zwar im Mai, und dann ohne Pause den ganzen Sommer hindurch und bis weit in den Herbst hinein arbeitete, offenbar bis zu dem Zeitpunkt, als der Fall Granell als mehr oder weniger aufgeklärt gelten konnte. Darüber hinaus hatte er noch Resturlaub von 1964, und im folgenden Jahr würde er sechzig Jahre alt werden, er litt an Bronchitis und betrachtete die zunehmende Kriminalität mit Schrecken. Kein Wunder, dass er sich auf seine Pensionierung freute. Auf jeden Fall verabschiedete sich Larsson am 15. Oktober in den Urlaub.

Die Vernehmungen gingen weiter, wochenlang, bis in den November. Sie drehten sich zunehmend um Detailfragen. Wagner bestritt weiterhin alles mit verblüffender Ausdauer: Er war unschuldig. Punkt. Gleichzeitig bewies er auch jetzt wieder sein großes Talent, Dinge in Frage zu stellen, alternative Erklärungen zu finden, die Wahrheit zu frisieren, seine Antworten schnell zu korrigieren oder mit Ausflüchten zu kommen.

Aus der letzten Vernehmung, vom Vormittag des 30. November 1965:

V: Herr Wagner, Sie haben diese Seite der Notizen jetzt durchgelesen – worauf spielen Sie mit den Worten an: «dann werde ich sehen, ob es die richtige Frau oder die Puppe wird»?

W: Das bezieht sich auf das Neumann-Projekt[85], wobei ich ... Geschlechtsverkehr ... also kaufen ... wollte ... das war ungefähr genauso teuer, nämlich 200 Kronen, wie die Puppe.

V: Woher wussten Sie, dass ein Beischlaf 200 Kronen kostet?

W: Tjaa, das ist so ... die üblichen Preise für ein junges Mädchen ... man konnte sie schon für 10 Kronen haben, aber bei den jüngeren muss man mit 200 Kronen rechnen.

V: Wer hat Ihnen das erzählt?

W: Ein Koch.

V: Welcher Koch?

W: Einer, der öfter ein paar Tage zur Aushilfe da war und mit dem ich gesprochen habe ... über Mädchen und so, und der mir angeboten hat, sozusagen einen Kontakt herzustellen.

Wagner blieb konsequent dabei, dass seine Notizen Phantasien seien bzw. etwas, das er nicht verwirklicht hatte. Viele seiner Erklärungen fußten auf seinen erwiesenermaßen nie ausgeführten Plänen, seine große Liebe Silvia mit ausgeklügelten Methoden zu entführen oder schreckliche Rache an denen zu üben, die er für seine Erniedrigung zu Hause in Wien verantwortlich machte. Eine Rache, die in ihrem absonderlichen Größenwahn manchmal an Science-Fiction erinnerte oder auch nur an blanken Wahnsinn, wie zum Beispiel die Idee mit den bakteriell vergifteten Wasserspeichern oder mit Raketenangriffen.

Unsicher wurde er eigentlich nur ein einziges Mal, und zwar in einer der allerletzten Vernehmungen. Wagner hatte seine Zelle auf Långholmen eine Zeitlang mit einem anderen Untersuchungshäftling geteilt, und die beiden waren miteinander ins Gespräch gekommen. Der andere Mann hatte Wagner gefragt: «Warum bist du hier?», und der hatte geantwortet, dass er des Mordes verdächtigt werde, aber selbst wenn er «hundert Jahre» hier sitzen sollte, würde er «das nicht zugeben», denn er habe keinen Mord begangen. «Allerdings», hatte er hinzugefügt, «bin ich bereit, acht bis zehn Jahre für Vergewaltigung einzusitzen». Das hatte der andere später der Polizei hinterbracht.

Die Vernehmer nahmen Wagner in die Mangel. Welche Vergewaltigung hatte er begangen, für die er eine Strafe auf sich nehmen wollte? Das konnte Wagner nicht erklären.

Die Beamten fassten die Ermittlungsergebnisse für Bertil Österberg zusammen, den Staatsanwalt, dem der Fall jetzt zugeteilt worden war. Für ihn war klar, dass es ein reiner Indizienprozess würde. Es gab keine stichhaltigen Beweise. Österberg beschloss dennoch, Anklage zu erheben. Angesichts der Fülle an Indizien und der Aufmerksamkeit, die der Fall erregt hatte, konnte er auch kaum anders.

Am 4. Dezember 1965 wurde Wagner wegen Mordes angeklagt, «gemäß Kapitel 3, Paragraph 1 Strafgesetzbuch».

GERICHTSVERFAHREN UND URTEIL

Aus den Aufzeichnungen des Täters

Die Menschen haben ihre Angst vor dem Chaos ver-
gessen. Die Konfrontation damit liegt teils zu weit in der
Vergangenheit, teils zu weit in der Zukunft. Wie frech
sind sie doch in ihren irdischen Begierden und boshaft
zu den Bedürftigen. Grausam wenden sie das Natur-
gesetz an, das besagt, dass nur der Stärkste, der, der die
Seele erzittern lässt, auf Verständnis hoffen kann. Stolze
Frauen, warum verschmäht ihr mich? Habt ihr in eurem
Hochmut das Chaos vergessen, dem ihr erst kürzlich
entstiegen seid? Wie könnt ihr es wagen, geldgierig und
geltungssüchtig zu sein, statt für das Gute zu wirken?
Euer Stolz muss gebrochen werden. Ihr seid grausam, wie
keines der himmlischen Wesen seid ihr falsch und sündig.
Keine tausendfachen Qualen können die Qualen aufwie-
gen, die ihr mir bereitet habt. Das Leben ist kurz und ihr
habt für mich nichts übrig und werdet euch auch in der
Zukunft nicht ändern, da ihr unverschämte Forderungen
an das Leben stellt. Ihr habt mich zu einem tausendfälti-
gen Martyrium verurteilt. Fürchtet meine Rache

Dein natürliches Recht ist verloren durch Stolz, Hochmut,
Geldgier der Frauen. Diese Menschen haben keinen Wert
außer dem, den das Gesetz des Lebens ihnen verleiht

Ich kann nicht dafür, dass Frauen nichts von Gefühl und Güte wissen wollen, sondern ausschließlich nach Prestige in jeglicher Form streben, was ich ihnen nicht bieten kann. Mit welchem Abscheu und mit welcher Verachtung die Frauen Güte vergelten, hat sich bei Monika gezeigt. Mit bestem Gewissen darf man sie daher alle ermorden

Im Fall eines unvermeidlichen Mordes verweise auf eine Zwangsvorstellung, weil sich etwas Derartiges nicht beweisen lässt

Mein Leben ist so oder so schon verloren. Den Lebens-kampf für hohe Ideale hat man schon vor langer Zeit aufgeben müssen. Jetzt kann man nur noch vegetieren und sich an dem kleinen Leben erfreuen […] Aber durch Lethargie wurde auch das Schönste im Menschen getötet, nämlich das impulsive Gefühl und die Herzlichkeit. Er ist tot. Die Seele ist sterilisiert, abgetötet

Wird eine Situation zu gefühlsbetont, versuch dich mit etwas anderem abzulenken. Nimm Tabletten. De-pressionen sind zeit- und nervenraubend. Sie dürfen sich nie mehr wiederholen. Nur ein Lebensziel kann einer Depression entgegenwirken

[Die Schweden:] ein eigentümliches Volk von ewigem Frieden, sein Lebensstandard und seine Wesensart für immer unerreichbar, doch die österreichischen Aristokra-ten ähneln ihnen in diesem Punkt. Deutschland selbst hat beide überholt, hat Kraft aus Bomben-Ruinen geschöpft […] Handele, als stündest du auf dem Ruinenfeld, allein

auf dem Schlachtfeld, und errichte in aller Bescheidenheit eine neue Epoche

Jede Bekanntschaft auf freiwilliger Basis zerbricht nach kurzer Zeit. Mit anderen Worten: Jede Frau ist entweder untreu oder frigide. Dann bist du wieder dazu gezwungen, dich selbst zu befriedigen

Seit meiner Bekanntschaft mit Silvia habe ich alles versucht, was ich konnte, um richtige Freunde zu gewinnen, und musste mir unendlich viele hässliche Worte anhören, nur um dabei sein zu dürfen. Ich hatte keinen Erfolg damit, was man an meiner Affäre mit Monika sieht, und was ein weiterer Beweis dafür ist, wie schlecht meine Umwelt mich behandelt […] Glaub darum nicht, dass dein Richter, wenn du einst vor dem Gericht stehst, auch nur das mindeste menschliche Verständnis für dich zeigen wird. Monika hat mich genauso behandelt wie der ehemalige Rektor Kun, und sie benutzte die gleichen Wörter: «Du hast deine Chance gehabt.» Jemanden heimlich zu ermorden wäre nicht schwer, doch würde einem das nur ein Gefühl von Gerechtigkeit verschaffen und keine wirklichen Vorteile haben. Dennoch sollte man in diesem Fall möglichst versuchen, anonym zu bleiben, um Ungesetzlichkeiten und Grausamkeiten von Seiten der Zeugen zu vermeiden

Die Gerechtigkeit kann nur mit dem ersten Mord wiederhergestellt werden

Der erste Tag der Gerichtsverhandlung war Donnerstag, der 9. Dezember. Die Verhandlung wurde um 10.00 Uhr in Stockholms großem nationalromantischen Rathaus in der Scheelegatan eröffnet. Der kühle Tag hatte mit sonnigen Abschnitten begonnen, doch jetzt zog sich der Himmel draußen vor Saal 8 immer mehr zu, und schließlich setzte leichter Schneefall ein. Alle Aufmerksamkeit richtete sich auf Oberstaatsanwalt Österberg. Und natürlich auf den schlanken, blassen, dunkelhaarigen Jüngling mit schütterem Schnurrbart und hölzernen Bewegungen, der auf der Anklagebank saß.

Österberg war ein Mann in mittleren Jahren mit runden Wangen, Stupsnase und zurückgekämmten Haaren. Er wirkte gesammelt und ernst, war aber für seinen Humor, sein Sportinteresse und seine Allgemeinbildung bekannt – wenn es ihm überhaupt einmal gelang, seine Arbeit zu vergessen, dann meist mit Hilfe von Kreuzworträtseln. Er hatte schon im Alter von neunundzwanzig Jahren als Staatsanwalt begonnen, nur vier Jahre nach seinem Abschluss als jur. kand., und hatte im Laufe der Jahre viele Fälle bearbeitet, fast immer erfolgreich. Vor zwei Jahren war er als einer der Staatsanwälte im Prozess gegen den Doppelagenten Wennerström aufgetreten und war daher mittlerweile ziemlich bekannt.[86] Er war ein Workaholic – seine Familie in Bandhagen bekam ihn nicht allzu oft zu Gesicht – und ein starker Raucher.

Österberg begann mit der Verlesung des Anklageschrift.

Der zentrale Satz lautete eindeutig: «Am 25. Juli 1965 hat Wagner im Haus Söndagsvägen Nummer 88 durch Vergiftung mittels Chloroform oder durch eine solche Vergiftung im Verein mit Ersticken durch Verschließen von Mund und Nase Fräulein Eva Marianne Granell das Leben genommen.»

Dann hatte Wagner das Wort. Korrekt und deutlich erklärte er sich für *nicht schuldig.*

Österberg betonte, dass es sich hier um einen für die schwedische Polizei einmaligen Fall handele, und begann dann ein Bild des Angeklagten zu skizzieren. Er beschrieb Wagners Serie von Misserfolgen zu Hause in Österreich, seine Kontaktschwierigkeiten, nazistischen Ansichten und sein Interesse für Waffen sowie die Tatsache, dass er von der Schule verwiesen worden war, weil er eine Pistole bei sich gehabt hatte. Dann seinen Umzug nach Schweden mit der Hoffnung auf ein neues Leben mit einer höheren Ausbildung und Liebe, Hoffnungen, die ziemlich schnell in Enttäuschung und eine stetig wachsende Wut, um nicht zu sagen Hass, umgeschlagen waren, der sich zunächst gegen die Frauen richtete, die ihn abgewiesen hatten, aber bald schon gegen Frauen im Allgemeinen. Und dass all das, im Verein mit seinen Rachegelüsten, ihn auch solche bizarren Maßnahmen in Betracht hatte ziehen lassen, wie sich eine Sexpuppe zu besorgen[87] oder nach Indien zu fahren und sich dort eine «dreizehnjährige Unschuld» zu kaufen.

Dabei zitierte Österberg ausgiebig aus Wagners Notizen. Zum einen, um dessen psychische Verfassung und stetig wachsende Rachegelüste zu illustrieren, zum anderen um zu zeigen, dass sich an mehreren Stellen in den

Notizen Elemente eines klaren Plans erkennen ließen. Wagner wollte sich mit einem Nachschlüssel Zutritt zur Wohnung einer Frau verschaffen, sie mit Hilfe von Schlaftabletten, K.-o.-Tropfen oder Äther wehrlos machen, sich an ihr vergehen und sie dann entführen. Dabei wollte er eine Maske tragen; er hatte vor, das Telefon unbrauchbar zu machen; danach wollte er den Tatort gründlich staubsaugen, alle Spuren beseitigen, alle Finger- und Fußabdrücke abwischen. Österberg hob besonders hervor, dass all das Maßnahmen waren, die Wagner – beziehungsweise der Täter – später, an jenem Abend im Söndagsvägen, mit allen Einzelheiten[88] tatsächlich durchführte. Man konnte sie schon deswegen nicht als Phantasien abtun, weil sich nachweisen ließ, dass Wagner auch einen anderen seiner Pläne, auf den man in seinen Notizen gestoßen war, in die Tat umzusetzen versucht hatte, nämlich die Gehirnwäsche und Vergewaltigung von Frau Valborg Vilhelmina Bergstrand – «Bojan».

Als Nächstes fasste Österberg zusammen, was sich nach Auffassung von Polizei und Staatsanwaltschaft an jenem Wochenende im Juli ereignet hatte, und legte weitere Indizien vor. Er wies darauf hin, dass Wagner seit seiner Zeit in Wien eine Art Besessenheit für einen bestimmten Typ junger Frauen entwickelt hatte und dass Fräulein Granell diesem Typ entsprach. Dass Wagner nur fünfundsiebzig Meter vom Söndagsvägen 88 entfernt gewohnt hatte und von seinem Haus aus hatte beobachten können, wie Fräulein Granell an jenem Abend einen Brief in den Postkasten warf. Dass Wagner Zeitungen und Artikel über den Mord gesammelt – und dies zunächst bestritten hatte. Dass sich ein Buch über Narkose und Betäubung in Wagners Besitz befand, in dem unter anderem Chloroform behandelt wurde. Dass die außerordentlich große Menge an Kartoffelmehl, die an einigen Stellen des Tatorts gefunden worden war, eine klare Verbindungslinie zu Wagner darstellte, da jener an seinem damaligen Arbeitsplatz mit Kartoffelmehl in Kontakt kam, und dass ähnliche Konzentrationen des Stoffes sich auf seiner Kleidung sowie in dem Haus befunden hatten, in dem er zur Untermiete wohnte. Dass Wagner dieselbe Blutgruppe hatte wie der Täter. Dass Wagner einem seiner damaligen Arbeitskollegen den Mord gestanden hatte.

Nach diesem langen und teilweise technisch anspruchsvollen Vortrag fuhr das Gericht nach Hökarängen in den Söndagsvägen. Zwischen kahlen Bäumen und Büschen herumgehend, begutachtete man die verschiedenen Häuser und Wege, sah, wie nah es von Wagners Adresse bis zum Tatort war, und ließ sich die Stelle zeigen, an der das beschmierte Handtuch gefunden worden war. Die Journalisten folgten nach, fotografierten aus der Ferne die Gruppe dick eingemummelter Männer und Frauen mittleren Alters, wie sie durch den Schnee stapften.

Nach dem Mittagessen, um zwei Uhr, wurde die Verhandlung mit der Befragung Wagners durch Österberg wiederaufgenommen. Allen im Saal Anwesenden war schnell klar, dass der Angeklagte kein Dummkopf war und dass er die Ermittlungsakten eingehend gelesen hatte.

Wagner wehrte sich unerwartet gut mit seinem ein wenig gestelzten, aber grammatisch völlig korrekten Schwedisch. Dass er Probleme mit dem anderen Geschlecht gehabt habe, verneinte er ebenso wie dass er jemals Nazi gewesen sei. Sein Interesse für Waffen spielte er herunter: «Mädchen wollen Schmuck, Jungen Messer und am liebsten Waffen.» Dass er sich von dreizehnjährigen Mädchen angezogen fühle, stimme ebenfalls nicht – er kenne schließlich das Gesetz. Außerdem: «Falls diese Behauptung zuträfe, verstehe ich nicht, wie mich der Staatsanwalt mit der deutlich älteren Marianne Granell in Verbindung bringt.»

Während es draußen vor den hohen Fenstern allmählich dämmerte, ging drinnen das verbale Gefecht mit Österberg weiter. Doch, in seinen Notizen war die Rede davon, sich einen Nachschlüssel zu beschaffen, sich ins Haus zu schleichen, eine Frau wehrlos zu machen etc., aber dabei ging es um das sogenannte Silviaprojekt, womit er seine alte Liebe in Wien durch eine Entführung zurückgewinnen wollte. Die Tatsache, dass der Mörder noch am Tatort geblieben war, um zu staubsaugen, konnte Wagner unmöglich als Beweis seiner Schuld verstehen, eher im Gegenteil: «Warum sollte nur ich das tun können? Ich persönlich kann nicht verstehen, wie jemand die Nerven hat, so etwas zu tun.» Außerdem behaupte der Staatsanwalt, dass der Mörder das schmutzige Handtuch, mit dem er sich das Gesicht abgewischt hatte, in der Eile verloren hätte, doch wandte Wagner nicht ganz unberechtigt ein: «Die Eile passt nicht dazu, dass er noch gestaubsaugt hat.»

Auf wiederholte Nachfrage hin gab er zu, dass sich in seinen Papieren zwar Notizen befanden, «Masken in meinen verschiedenen Projekten gegen Frauen zu benutzen, aber nie hatte ich vor, Farben zu verwenden. […] Es ging um phosphoreszierende Gruselmasken aus Gummi. Oder um eine dauerhafte Maskierung durch Färben von Haaren und Augenbrauen. Es ging nicht um einzelne Farben, wie es in der Ermittlungsakte behauptet wird.»

Der Staatsanwalt kam mehrfach auf das sogenannte Silviaprojekt zurück sowie auf andere «Projekte», die sich gegen Frauen richteten. Auch Wagners eigene Erklärungen zeichneten das Bild eines einsamen, gescheiterten und kontaktarmen Menschen, der es einerseits verstand, diverse Behauptungen Österbergs geschickt zu widerlegen, dessen Sinn für die Realität jedoch andererseits zusammenbrechen konnte, ohne dass es dafür vorher Anzeichen gegeben hätte. Falls er jemals nach Österreich zurückkehren sollte, entfuhr es ihm beispielsweise, werde er die drei Lehrer ermorden, die seine einst so vielversprechende Zukunft in Wien zerstört hätten.

Nach derartigen bizarren Ausfällen beruhigte er sich jedoch meist schnell, ordnete seine Gesichtszüge und wurde wieder rational. Auch als er nach seinem Versuch befragt wurde, Bojan Bergstrand einer Gehirnwäsche zu unterziehen und sie zu vergewaltigen. Doch, es sei richtig, dass er ihr K.-o.-Tropfen verabreicht habe, die sie aber ausgespuckt habe. Dass er daraufhin seinen Plan fallengelassen habe – in dem Karateschläge, Knebel, Fesselung mit einem Seil, Gesichtsmasken etc. vorkamen –, war darauf zurückzuführen, dass das Opfer «meiner Mutter ähnelte». Er fügte salbungsvoll hinzu: «Das war der schwärzeste Tag meines Lebens, als mir bewusst wurde, dass ich so nahe daran gewesen war, kriminell zu werden.» Er räumte ein, dass einige Einzelheiten, die der Staatsanwalt vorgelegt hatte, ein wenig sonderbar wirken könnten, meinte aber, dass sich alles erklären lasse. Und er versprach dem Gericht «eine Überraschung» – später. Die Zuhörer horchten auf.

Nachmittags gegen halb fünf schlug der Vorsitzende, Richter Ingvar Ågren, den Hammer auf den Tisch und erklärte die Verhandlung für diesen Tag für beendet. Das Publikum pilgerte in die Winterdunkelheit hinaus. Nur wenige waren der Ansicht, dass die vom Staatsanwalt vorgelegten Beweise den Österreicher wirklich überführten. Anhaltspunkte, ja, Beweise, nein. Andere fühlten sich in erster Linie beunruhigt durch diesen Angeklagten, dessen Eigenheiten sich in einer Grauzone zwischen normal und krankhaft bewegten.

Der zweite Tag begann mit der Präsentation der Ergebnisse aus der psychiatrischen Untersuchung. Das geschah unter Ausschluss der Öffentlichkeit, da der Inhalt als besonders sensibel eingestuft wurde.

Dem untersuchenden Arzt war die Beurteilung schwergefallen – Wagner war jemand, der wegen seines wiederholten Scheiterns dazu übergegangen war, in zwei Welten zu leben:

Sein äußerlich einfaches Leben hat er durchgehend mit intensiven Racheplänen kompensiert, die er phantasievoll, aber dennoch in gewissem Sinne konsequent zu immer gewagteren Plänen ausgebaut hat, verschiedenen «Projekten», die in seinen Notizen wortgewandt, detailliert beschrieben sind. Typische pubertäre Flucht in die Phantasie, deren Ideen aus gängiger leichter Kriminalliteratur und dem Kino entlehnt sind. Darin mischen sich seine «Genialität», wissenschaftliche Analysen über das perfekte Verbrechen, die Fähigkeit, sich dadurch zum Beherrscher der Menschen zu machen, die er sich unterwerfen möchte, entweder aus Rache an wirklichen oder vermeintlichen Widersachern, oder um Frauen, die er besitzen will, sich zu eigen zu machen und zu verführen. Jedes sogenannte Mitgefühl mit den Opfern fehlt in Übereinstimmung mit dem typischen emotionslosen Stil.

Nach dem Bruch mit der jungen Frau, die er über die Annonce kennengelernt hatte, hatte sich Wagners starke innere Anspannung noch gesteigert, er hatte intensive Angstzustände erlebt, viel getrunken und onaniert (besonders in betrunkenem Zustand) und sich auch solchen Absonderlichkeiten hingegeben, wie den eigenen Urin und Kot zu essen. Wagners Dualismus war auch äußerlich auffällig. Der Arzt schreibt:

Äußerlich ständig angespannt, fast schon verkrampft, seine Bewegungen daher stahlfederähnlich unharmonisch, ruckartig, sakkadiert[89] wie seine Sprache, ein wenig atemlos intensiv sprechend in kleinen Worteruptionen. Behält seinen Habitus maximaler Anspannung und Aufmerksamkeit dauerhaft bei – legt niemals seine Maske ab, ist nie traurig oder auch nur ansatzweise deprimiert, eher unangemessen euphorisch, zeitweise geradezu ausgelassen. Sein freundliches, kontaktfreudiges Wesen, sein ungehemmtes Antworten und detaillierte Auslegung aller makabren «Projekte» verbergen eine unglaubliche Kälte oder richtiger ein Unvermögen, sich in die Situation der gedachten Opfer hineinzuversetzen. Seine Pläne, so grausam sie auch erscheinen mögen, sind nie mit dem entsprechenden

Sadismus oder psychomotorischer Grausamkeit ge-
paart – beispielsweise erzählt er sie freundlich, intensiv,
lächelnd.

Die Diagnose lautete «Paranoia – evtl. Schizophrenie nicht
auszuschließen». Eine rechtspsychiatrische Untersuchung
wurde für nötig erachtet.

Nachdem man die Türen wieder geöffnet hatte und die
wartenden Zuschauer wieder Platz genommen hatten,
nahm Österberg Wagner weiter ins Verhör. Der Staatsanwalt richtete sein Augenmerk noch einmal auf dessen
Notizen und die verschiedenen Pläne, die sich daraus ablesen ließen. Und noch einmal verharmloste Wagner seine
Aufzeichnungen als reine Phantasien:

> Ich war ein sehr einsamer Mensch. Der Stift wurde
> mein Freund. Trotzdem ist das nicht alles, was ich ge-
> schrieben habe. Ich habe viel weggeworfen, nur das be-
> halten, wovon ich dachte, dass es mir von Nutzen sein
> könnte, wenn ich den Roman schreibe wie geplant. In
> diesem Gerichtsverfahren hat man nur das übersetzt,
> was man für die Ermittlungen als wichtig erachtete.
> Deshalb sind auch reine Geschmacklosigkeiten dar-
> unter, die ich in tiefer Depression geschrieben habe.

Österberg gab nicht auf, sondern bohrte weiter:

> Österberg: Was meinten Sie mit: Mein Licht ist
>   erloschen. Ein Mord muss geschehen?
> Wagner: Das Mädchen, das ich über eine Annonce

kennengelernt hatte, hatte Schluss gemacht. Das
Leben hatte keinen Sinn mehr, ich war bereit, nach
Österreich zu fahren und den Rektor zu ermorden.
Österberg: An anderer Stelle steht: Fürchtet meine
Rache.
Wagner: Ich hatte Probleme mit meiner Wohnung
und der Arbeit, habe zu viel Alkohol getrunken.
Dieser Gedanke ist rein gesellschaftsfeindlich.
Österberg: Wollten Sie sich nicht an Frauen rächen?
Wagner: In meiner Gedankenwelt gibt es fast nur
Frauen, Männer kommen darin nicht vor.

Wagner wurde gefragt, ob er das Buch «Der Sammler» gelesen habe, wie es um seine Kenntnisse über Chloroform
stehe («Ich weiß einiges durch meine Studien in verschiedenen Bibliotheken, vor allem in Wien») und wie das Mittel angewandt werde («Anfang der 60er Jahre wurde Wien
von amerikanischen Gangsterfilmen überschwemmt.
Man narkotisierte Menschen, indem man ihnen ein Taschentuch vor Mund und Nase hielt»). Außerdem wurde
er zu der Tatsache befragt, dass er in einem Gespräch mit
einem Arbeitskollegen gesagt hatte, man könne Frauen
mit Hilfe von Chloroform oder Äther vergewaltigen, dass
er geschrieben hatte, «einen heimlichen Mord zu begehen
ist nicht schwierig», dass er sogar geschrieben hatte, dass
er sich dazu berechtigt fühle, Monika zu ermorden, die
Frau, die ihm den Laufpass gegeben hatte («Meine Notizen
über sie sind nur Gedankenspiele»).

Eigentlich geriet Wagner nur an einem einzigen Punkt
ins Schwimmen. Dabei ging es um das «Silviaprojekt». Er
selbst bezeichnete seine Pläne als begraben und irrelevant,

während Österberg nachzuweisen versuchte, dass sie allgemeingültig waren, in ihren Einzelheiten auf jede Frau, vorzugsweise vom richtigen Typ, anwendbar, die ihm begegnete. (Monika war ein «Silviatyp» gewesen, und als Wagner während einer Vernehmung zufällig einmal ein Foto von Kickan Granell erblickte, dachte er, sie sei – Monika.) Durch Fragen von Österberg und dem Vorsitzenden Richter in die Enge getrieben, musste Wagner zugeben, dass er noch im Sommer weiter an diesen Plänen gearbeitet hatte. Womit er Österbergs Auffassung bestätigte.

Als die Verhandlung am Montag wiederaufgenommen wurde, präsentierte Wagner die Überraschung, die er bereits am ersten Tag vor Gericht angekündigt hatte. Er behauptete, die Identität des Mannes zu kennen, der Kickan Granell ermordet hatte.

Und wer war das?? Es sei, wie Wagner behauptete, ein Schwede mittleren Alters aus guter Familie, der einen Volkswagen fahre. Außerdem sei dieser Mann Drogenschmuggler. Darüber hinaus gab Wagner aus freien Stücken zu, dass er zwar selbst diesem Mann gezeigt hätte, wie man eine Frau betäubt, um sich an ihr zu vergehen, dass jener jedoch im Fall von Fräulein Granell den kapitalen Fehler begangen hätte, das schwer zu dosierende Mittel Chloroform zu verwenden statt des von Wagner empfohlenen Äthers. Doch trotz wiederholter Nachfragen weigerte Wagner sich standhaft zu verraten, um wen es sich handelte: «Er könnte unter den Zuschauern sein. Warum hat die Polizei nicht nach ihm gesucht?»

Es war offensichtlich, dass Wagner schließlich Opfer seiner eigenen Erfindungsgabe wurde, indem er sich in Erzählungen von verstecktem Beweismaterial, Polizeifallen sowie einem phantastischen Plan verstrickte, der darauf hinauslief, gemeinsam mit zwei Bekannten Männer zu erpressen, die man beim Sex mit narkotisierten Frauen gefilmt hatte. Alle Versuche, ihn dazu zu bringen, konkret zu werden und zum Beispiel Namen zu nennen, waren vergebens. Wagner wich ständig aus und zeigte eine zeitweise gesteigerte Aggressivität.

Er hätte bemerken müssen, dass ihm niemand glaubte. Jemandem die Schuld in die Schuhe zu schieben, den der Angeklagte kannte, dessen Namen er aber aus irgendeinem Grund nicht nennen konnte, war nicht besonders originell. Ein erfahrener Gerichtsreporter bemerkte hinterher, Wagners Hinweis auf einen namenlosen Schweden mittleren Alters als den Schuldigen erinnere an den «mysteriösen Herrn X», «auf den zum Beispiel schwedische Wiederholungsdiebe in heiklen Situationen vor Gericht fast schon gewohnheitsmäßig zurückgreifen».

Auch Bojan Bergstrand und Lillan Sundin sagten aus. Bojan schilderte den Abend, an dem Wagner versucht hatte, sie unter Drogen zu setzen, Lillan erzählte vom letzten Abend mit Kickan und von jener Person, die sie einige Zeit vor dem Mord bis zu ihrem Haus verfolgt hatte. Lillan selbst war davon überzeugt, dass Wagner eigentlich sie hatte ermorden wollen und dass Kickan nur zufällig zum Opfer geworden war. Gefragt, ob sie Wagner als den Mann identifizieren könne, der ihr nachgestellt hatte, gelang es ihr nur mit Mühe, den Kopf zu wenden und den Angeklagten anzusehen. Sie zögerte, antwortete: «Ja, ganz sicher bin ich nicht, aber ...», und verstummte. Österberg ermunterte sie, den Satz zu beenden. Lillan fuhr fort: «Aber er hat

etwas an sich, auf das ich sozusagen reagiere.» Sie hatte
Angst und war erleichtert, als sie den Saal verlassen konnte.

Als die Verhandlung am Montagnachmittag unterbro-
chen wurde, waren sich wohl die meisten Zuschauer einig,
dass es der Tag des Staatsanwalts gewesen war. Wagner
hatte sich nicht mit demselben Geschick verteidigt wie
vorher, sondern war die meiste Zeit in den von ihm selbst
erzeugten Nebelschleiern herumgetappt. Der Reporter
von *Dagens Nyheter* schrieb, dass Wagner «sich durch
seine Behauptung, den Mörder zu kennen und derjenige
gewesen zu sein, der ihm die Methode beigebracht hatte,
selbst enger mit dem Verbrechen in Verbindung gebracht
hatte».

Draußen herrschte immer noch Frost. Ein Kälteein-
bruch lähmte ganz Schweden. Es gab große Verspätungen
im Zugverkehr, und Militär wurde eingesetzt, um den
Schnee von Gleisen und Weichen zu schaufeln. Die Lage
war so angespannt, dass der junge und eben erst in sein
Amt eingeführte Verkehrsminister Olof Palme im Reichs-
tag Rede und Antwort stehen musste. Die Bottenviken
fror langsam zu. Sägewerke und andere Industriebetriebe
mussten schließen, um Mensch und Maschine zu schonen.

Aufgrund Wagners diverser phantastischer Geschichten,
die allesamt aus den Krimimagazinen, Filmen und Radio-
serien hätten stammen können, die so viel seiner Zeit in
Anspruch nahmen, begann der Dienstag mit weiteren Vernehmungen. Österberg konzentrierte sich vor allem auf
Wagners Behauptung, er wisse, wer Kickans Mörder sei,
könne aber dessen Namen wegen der Gefahr für sein eigenes Leben nicht nennen, da jener der kaltblütige Chef ei-

nes geheimen Drogenrings sei. Anhaltspunkte dafür, dass diese Person und ihr Gefolge in der realen Welt existierten, gab es nicht. Wagner gelang es hingegen, im Laufe einer knappen halben Stunde zwei verschiedene Versionen davon zu liefern, wo er sich am Mordabend aufgehalten hatte, was nicht zu seiner Glaubwürdigkeit beitrug. Zunächst behauptete er, dass er «den Drogendealern» dabei geholfen habe, Preludintabletten herzustellen, doch war er nicht gewillt, die Anschrift der Wohnung preiszugeben. «Diese Fragen hätten Sie durch ganz normale Routinearbeit beantworten können», fuhr er Österberg an. Dann verhedderte er sich und kehrte zu seiner ursprünglichen Geschichte zurück, dass er sich die ganze Zeit in seinem gemieteten Zimmer aufgehalten habe. Im Publikum wurden vielsagende Blicke ausgetauscht.

Richtig spannend wurde es wieder, als drei Sachverständige in den Zeugenstand gerufen wurden: der Spurensicherer Wincent Lange, der Physikdozent Diego Carlström und der Ingenieur und Kartoffelmehlproduzent Ernst Conrad. Lange sprach allgemein über den Tatort, Carlström über die Analyse der auf dem Handtuch und dem Kopfkissen gefundenen Farbe. Alle warteten jedoch auf Conrads Aussage. Denn es war klar, dass die Staatsanwaltschaft nichts hatte, was Wagner direkt mit dem Mord in Verbindung brachte, abgesehen eben vielleicht von der Sache mit dem Kartoffelmehl.

Ingenieur Conrad beschrieb, wie er das Material analysiert hatte, dass er unter dem Mikroskop die winzig kleinen Stärkekörner gezählt hatte, die zwischen einem Fünfhundertstel und einem Tausendstel Millimeter groß waren. Er war zu dem Ergebnis gekommen, dass sich im

Haus Söndagsvägen 88 generell «sehr wenig Kartoffelmehl bzw. Kartoffelstärke»[90] befunden hatte: auf dem
Wohnzimmersofa hatte er sechzehn Stärkekörner pro Milligramm Staub gezählt, auf dem Rya-Teppich zwölf, auf
Kickans Strickjacke achtunddreißig, auf ihren Hosen elf,
auf ihrem Rollkragenpullover zwölf, auf ihrem BH sieben
und in ihrem Slip keine. Das Zimmer, in dem der Mord
stattgefunden hatte, bot jedoch ein anderes Bild: Auf dem
Teppich vor dem Bett fanden sich einhundertfünfunddrei-
ßig Körner pro Milligramm Staub, auf dem Laken, auf dem
die Leiche gelegen hatte, dreihunderteinundsiebzig – auf
einem frischen Laken aus dem Wäscheschrank des Hauses,
das zusammen mit dem auf dem Bett gewaschen worden
war, befand sich nur ein Stärkekorn, das im Gegensatz zu
den anderen rosa war und wahrscheinlich aus einer Textil-
stärke stammte. Conrad hatte auch die Staubsaugerbeutel
untersucht und darin siebzig Stärkekörner pro Milligramm
Staub gefunden.

Ähnlich ungewöhnlich hohe Stärkekonzentrationen
waren auch in Wagners Zimmer und auf seinen Kleidungsstücken nachgewiesen worden: Auf dem Laken
hatte Conrad einhundert Körner pro Milligramm Staub
gefunden, in einem Fellteppich zweihundertzwanzig, auf
einer Arbeitshose einhundertdreiunddreißig, auf blau-
grauen Stoffhosen hundertfünfundvierzig, auf dem Klavierhocker dreihundertsechsundneunzig und auf einem
grau bezogenen Sessel achthundertdreiunddreißig.[91] Dass
sich ausgerechnet das Kartoffelmehl als der Schlüssel
zu dem Fall erweisen könnte, zeigte sich, als er auch das
schmutzige Handtuch untersucht hatte, das nachweislich
aus dem Granell'schen Haushalt stammte und mit seiner

speziellen Farbmischung direkt mit der Tat in Zusammenhang gebracht werden konnte – dieselbe Farbe, die wie gesagt auch auf dem Kopfkissen gefunden worden war.[92] Es
stellte sich heraus, dass auch das Handtuch ungewöhnlich
große Mengen an Kartoffelmehl aufwies: siebzig Körner
pro Milligramm Staub.

Wie es schien, stand das Gericht vor dem ersten wirklich
handfesten Beweisstück der Anklage. Das wurde jedoch
unmittelbar von Wagners Verteidiger Hakon Auerbach in
Zweifel gezogen. Bisher hatte er sich abwartend verhalten,
doch nun stieg er ein. Und das mit Macht.

Hakon Auerbach war ein gutgekleideter, drahtiger Mann,
nicht mehr jung, mit Glatze und modischer, rahmenloser
Brille. Genau wie sein Mandant sprach er mit schwachem
deutschem Akzent, da er in Deutschland geboren und
aufgewachsen war, allerdings mit einer schwedisch-
sprachigen Mutter. 1933 war er als Flüchtling aus Nazi-
deutschland nach Schweden gekommen, schon damals
hochqualifiziert. Zwei Jahre zuvor hatte er als Siebenund-
zwanzigjähriger an der Universität Halle zum Dr. jur. pro-
moviert und danach einige Jahre an deutschen Gerichten
und als Rechtsbeistand in Berlin gearbeitet. Doch da die
Familie seines Vaters jüdisch war und die Nazis nach der
Machtergreifung ein Gesetz nach dem anderen einführten,
das Leben und Arbeit von Juden einschränkte, konnte Auerbach bald nicht mehr als Jurist in Deutschland arbeiten.
Deshalb war er 1933 nach Schweden emigriert. Das war
für ihn kein großer Schritt. Seine Mutter war ja Schwedin,
er hatte das Land im Norden schon oft besucht und sprach

fließend Schwedisch. Man hätte meinen können, dass sein neues Heimatland jemanden, der so gut ausgebildet war, mit Handkuss aufgenommen hätte. Doch mitnichten. Sowohl die Anwaltsvereinigung *Advokatsamfundet* als auch das in Stockholm zuständige Statthalteramt *Överstäthållarämbetet* lehnten seinen Antrag, eine Anwaltskanzlei für deutsche Angelegenheiten eröffnen zu dürfen, mit der Begründung ab, ein Zuzug von deutschen (sprich: jüdischen) Juristen ohne Kenntnis des schwedischen Rechtssystems sei «nicht wünschenswert».[93] Die sozialdemokratisch geführte Regierung ignorierte jedoch den Widerstand und gab Auerbachs Antrag statt – er machte im Übrigen rasch sein schwedisches Abitur nach und erlangte den *jur. kand.* Er war Mitbegründer einer Vereinigung autorisierter Übersetzer, wurde zu einer treibenden Kraft in der Wohlfahrtsorganisation *Pro Patria*, ein solider, gebildeter Mann klassischen bürgerlichen Zuschnitts, der gern Bridge spielte und sich mit Tennis fit hielt.

Eigentlich hätte Auerbach für den erfahrenen Österberg kein ernsthafter Gegner sein sollen. Der Verteidiger war in erster Linie Wirtschaftsanwalt und hatte nur wenig Erfahrung aus Strafprozessen.[94] Doch falls Österberg erwartet hatte, leichtes Spiel zu haben, wurde er rasch eines Besseren belehrt. Die Ausführungen von Ingenieur Conrad waren lang, zeitweise kompliziert und nicht immer leicht verständlich. Immer wieder unterbrach Auerbach ihn durch Nachfragen. Der Verteidiger kannte die Akten und schoss sich nun geschickt auf einige unklare Punkte ein, die er dort und in Conrads mündlichem Vortrag ausgemacht hatte.

Wie groß war das Risiko, dass die Proben kontaminiert

waren? (Das war im Übrigen eine Möglichkeit, die der Spurensicherer Wincent Lange selbst eingeräumt hatte.) Das feine Pulver, das die Polizei bei der Suche nach Fingerabdrücken verwendete, enthielt außer Aktivkohle zur Hälfte auch Kartoffelmehl. Das Personal, das später die Proben analysierte, trug weiße Laborkittel, bei deren Wäsche Kartoffelstärke zum Einsatz gekommen war. Kartoffelmehl ist außerdem, wie der Sachverständige ohne Umschweife einräumte, sehr «ansteckend» – leicht von einem Stück Stoff auf ein anderes zu übertragen. Darüber hinaus hatte Wagner selbst, erst gegen Ende der Vernehmungen – offenbar als ihm die Bedeutung des Kartoffelmehlfunds in vollem Umfang aufgegangen war –, eine alternative Erklärung präsentiert, die er nun vor Gericht wiederholte:

Falls sich das [Kartoffelmehl] in meinem Zimmer und in meinen Sachen befunden hat, kann ich das damit erklären, dass ich den Fleckentferner K2R benutzt habe. Ich habe meine Hausschuhe von innen gereinigt, einen Kaffeefleck auf dem Klavierhocker und wohl auch irgendeinen Fleck vom Sessel entfernt.

Eine Packung mit diesem Mittel hatte man tatsächlich bei der Durchsuchung seines Zimmers sichergestellt.

Conrad konnte auf mehrfaches Nachfragen von Auerbach bestätigen, dass er Spuren von K2R auf dem Material aus Wagners Zimmer gefunden hatte, jedoch nicht auf dem Material vom Tatort, dass dies jedoch die Ergebnisse nicht beeinflusse, da sich unter dem Mikroskop die Stärkekörner aus dem Fleckentferner von denen aus gewöhnlichem Kartoffelmehl voneinander unterscheiden ließen. Auerbach konterte geschickt: Wenn Spuren von K2R auf einigen von Wagners Kleidungsstücken nachgewiesen werden konnten, waren dann nicht auch, wenn Wagner der Täter sein sollte, Spuren des Mittels am Tatort zu erwarten?

Zum Verschmutzungsrisiko bei den Kitteln des Laborpersonals hatte Conrad Experimente durchgeführt. Als die Kittel abgesaugt wurden, hatte das ihm zufolge «außerordentlich viel Stärke» ergeben, um die zehntausend Körner pro Milligramm Staub, also lag der Stoff dort tatsächlich in großen Mengen vor, doch als man versucht hatte, den normalen Gebrauch zu imitieren, indem man einen frisch gewaschenen Kittel mit Papier abrieb, löste sich praktisch nichts aus dem Stoff. Die Stärke, die beim Waschen in den Stoff eingedrungen war, saß mit anderen Worten sehr fest. Der hohe Gehalt an Kartoffelmehl in den Proben konnte daher kaum von der Kleidung des Laborpersonals stammen.

Wie sah es aber mit dem Fingerabdruckpulver aus? Konnte das Kartoffelmehl aus den Proben vom Tatort nicht daher rühren? Hierzu befragte Auerbach den Sachverständigen ausführlich und unerbittlich.

Conrad bestätigte, dass er Kartoffelmehlpartikel aus dem Fingerabdruckpulver sowohl im Bett als auch im davor liegenden Teppich gefunden hatte. Sie waren jedoch leicht von dem anderen Kartoffelmehl zu unterscheiden, da sie mit Aktivkohle verunreinigt waren. Aber, wandte Auerbach ein, wäre es nicht denkbar, dass die Kohle von den Stärkekörnern aus dem Pulver der Kriminaltechniker abgewaschen worden war und sie daher wie gewöhnliches Kartoffelmehl daherkamen? Unmöglich, antwortete Conrad. Keineswegs, entgegnete Auerbach und ließ die Falle zuschnappen: Bei Versuchen, die das Kriminaltechnische Labor selbst durchgeführt hatte, hatte man nämlich ein Stück stärkefreien Stoff mit Fingerabdruckpulver bestreut und abgesaugt. Auerbach las laut aus dem Bericht, Seite 66, vor, einem Abschnitt, den Conrad offenbar übersehen hatte:

> Dabei zeigte sich, dass die Pigmentierung der Stärkekörner von dickem Belag bis zu kaum vorhandenem Belag variierte. Im Versuch konnte also nachgewiesen werden, dass sich die Stärkekörner auf mechanischem Wege von Kohlepulver reinigen lassen, was vermuten lässt, dass Stärkekörner aus einer heterogenen Staubprobe, die Partikel enthält, die den Kohlepartikeln einen guten Halt bieten, vollständig von Kohlepulver gereinigt werden könnten.

Conrad widersprach, zunehmend gereizt. Wenn die Aktivkohle und die Kartoffelstärke gut miteinander vermengt seien, war es ihm zufolge physisch unmöglich, die Stärke vollständig sauber zu bekommen: «Es ist mir NIEMALS, ich sage NIEMALS gelungen, die Körner so rein zu bekommen wie diejenigen, die in den zitierten Berechnungen vorliegen.» Der Staatsanwalt versuchte seinem aufgewühlten Sachverständigen den Rücken zu stärken, indem er darauf hinwies, dass eine vollständige Reinigung rein hypothetisch sei. Auerbach blieb bei seinem Standpunkt und betonte, dass zwischen Conrads Ergebnissen und denen der Kriminaltechnik gewisse irritierende Widersprüche bestünden. Im Sofa der Granells hatten die

Spurensicherer «ausschließlich pigmentierte Körner» gefunden, während Conrad reine Körner gefunden hatte.

Conrad war aus dem Konzept gebracht und sah sich ge-
nötigt, seine Notizen zu konsultieren. Es wurde kurz still
im Saal. Nein, er konnte sich das nicht erklären. Es könnte
damit zusammenhängen, an welcher Stelle des Sofas die
Proben genommen worden waren. Auerbach erwiderte,
die Proben seien womöglich nicht immer repräsentativ.

Conrad antwortete, indem er laut aus seinen Labornoti-
zen vorlas, womit er belegen konnte, dass es zumindest für
ihn kein Problem gewesen war, die verunreinigten Stärkekörner aus dem Fingerabdruckpulver von den reinen Stärkekörnern zu unterscheiden, die der Täter zurückgelassen
hatte. Der Vorsitzende Richter gab zu bedenken, dass die
Diskrepanz zwischen den Resultaten des Kriminaltechnischen Labors und denen Conrads möglicherweise daher
rührten, dass das Labor, eigenen Angaben zufolge, die mikroskopische Untersuchung mit einer geringeren Vergrö-
ßerung durchgeführt hatte. Ein unwirscher Conrad zeigte
sich dieser Idee gegenüber jedoch skeptisch.

Danach kam man nicht mehr viel weiter.

Der Sachverständige hatte schon frühzeitig darauf hin-
gewiesen, dass man unmöglich unterscheiden könne, ob
das Kartoffelmehl bei Granell und das aus Wagners Zimmer aus derselben Packung, Fabrik oder Sorte stammte.
Kartoffelmehl sei Kartoffelmehl.

Nachdem nun Auerbach sämtliche Fragen zu den Ana-
lyseergebnissen gestellt hatte, war klar, dass dem einzigen
Sachbeweis, der Wagner direkt mit dem Tatort in Verbindung brachte, ein, wie Juristen es nennen, «berechtigter
Zweifel» anhaftete.

Am Donnerstag, den 16. Dezember, wurden die Schluss-
plädoyers gehalten. Draußen war es immer noch sehr kalt.
Als die Zuschauer unter dem bewölkten Winterhimmel
im Rathaus eintrafen, fiel ihnen als Erstes etwas Neues
und für schwedische Gerichtsverfahren Ungewöhnliches
auf: Uniformierte Polizisten in langen Mänteln bewachten sowohl das Foyer als auch den Flur zum Sitzungssaal.
Auch im Gerichtssaal waren Kriminalbeamte in Zivil an
strategischen Plätzen positioniert.

Das konnte nur eines bedeuten: Zwar trugen Wagners
Geschichten, dass Kickan Granell von dem mächtigen
Boss eines Drogenrings ermordet worden sei, den er kannte, aber dessen Namen er aus Angst um sein eigenes Leben
nicht zu nennen wagte, phantastische, fiktionsähnliche
Züge[95], doch das Gericht wollte offenbar die Möglichkeit
eines Attentats nicht ausschließen. Die Aufregung im Saal
war mit Händen zu greifen.

Bertil Österberg, an diesem Tag im Anzug mit dunkler
Weste und Schlips, eröffnete sein Plädoyer mit dem Ein-
geständnis, dass es keine Spuren gab, die Wagner eindeutig mit dem Tatort in Verbindung brachten. «Durch eine
Reihe unglücklicher Umstände im Zusammenhang mit
der Entdeckung von Marianne Granells Leiche fanden die
Kriminaltechniker und der Rechtsmediziner keine intakte
Situation für ihre Untersuchungen vor.» Und er räumte
ein, dass Granell nirgends in Wagners umfassenden und
vielzitierten Notizen erwähnt wurde. «Doch», fuhr er fort:

was der Österreicher das «Silviaprojekt» nennt, galt
nicht nur der Person Silvia, sondern ist ein reiner Ar-
beitstitel für seine Pläne, ein junges Mädchen zu töten.

Die Aufzeichnungen des Untersuchungshäftlings enthalten konkrete Hinweise, dass er vorhatte, mit eindeutig kriminellen Methoden ein Mädchen zu betäuben und sich an ihr zu vergehen. Seine Rachegelüste intensivierten sich Anfang 1965, zunächst galten sie der schwedischen Frau, die er über eine Annonce kennengelernt hatte, später galten sie Frauen ganz allgemein.

Dann ging Österberg die Indizienkette durch, die für Wagners Schuld sprach: Er wohnte nur fünfundsiebzig Meter vom Tatort entfernt, und zwar in einem Zimmer, das eine exakte Kopie von dem des Opfers war; er hatte selbst erzählt, dass er niemals in der Lage wäre, sich einer Frau auf natürliche Art und Weise zu nähern; er hatte Bekannten gegenüber erwähnt, dass er vorhatte, ein Opfer zu betäuben und daraufhin zu vergewaltigen; die Beschaffung diverser Utensilien für eine solche Tat; seine gut belegten Versuche, eine solche Vergewaltigung wirklich auszuführen – das «Bojanprojekt»; Maskierung, Durchschneiden des Telefonkabels, die gründliche Reinigung des Tatorts waren alles Elemente, die sich in seinen Notizen fanden; das Kartoffelmehl; sein Interesse an den Mordermittlungen und dass er darüber nicht die Wahrheit sagte; seine Geschichten über den unbekannten Täter, die zum einen seine Beteiligung am eigentlichen Verbrechen implizieren, zum anderen sein Alibi für die Mordnacht platzen lassen; das in der ärztlichen Untersuchung gezeichnete Bild einer Persönlichkeit, die nicht nur den starken Wunsch hegte, andere Menschen zu beherrschen, sondern auch davon träumte, «das perfekte Verbrechen» zu begehen. Österberg fügte abschließend hinzu:

Trotz sorgfältiger Ermittlungen spricht nichts gegen einen Täter aus dem Bekanntenkreis. Es ist unwahrscheinlich, dass ein Fremder vorbeigekommen sein sollte, der mit brauner Farbe im Gesicht maskiert war und Chloroform bei sich hatte. Der Österreicher interessiert sich für Masken. Es ist nie zuvor vorgekommen, dass ein Vergewaltiger maskiert war. Der Österreicher kennt sich mit Chloroform aus. Es ist schon früher in den nordischen Ländern vorgekommen, dass ein Vergewaltiger sich dieses Narkosemittels bedient hat.

Danach war die Reihe an Wagners Verteidiger.

Auerbach sprach und argumentierte, wie einer der Zuhörer befand, «mit ruhiger Eleganz». Er bezeichnete es als bedauerlich, dass keine ordentliche kriminaltechnische Untersuchung des Tatorts durchgeführt worden war, «bedauerlich für meinen Mandanten», und fügte hinzu, da es sich hier um einen reinen Indizienprozess handele, dürfe man nicht, «wie der Staatsanwalt es getan hat, behaupten, dass niemand außer dem Verdächtigen der Täter sein könne». Wagners fleißig zitierte Notizen besaßen laut Auerbach keinerlei Beweiswert. Sie halfen einem einsamen und kranken Menschen, sich Luft zu machen, und waren lediglich Phantasien, die oftmals unter starkem Alkoholeinfluss entstanden waren.

Im Gegenzug betonte er besonders die Umstände, die für die Unschuld Wagners sprachen: Nichts wies darauf hin, dass er jemals zum Opfer oder auch nur zu jemandem aus Kickans Bekanntenkreis Kontakt gehabt hatte; unter seinen Sachen waren weder Chloroform gefunden worden noch irgendwelche Spuren jener speziellen Farbmischung,

mit der sich der Täter maskiert hatte; die Tatsache, dass
das Handtuch an der bewussten Stelle gefunden wurde,
sprach eher für ihn: Warum hätte er es dort hinwerfen sollen, wenn er es genauso gut mit nach Hause nehmen und
es dort viel effektiver hätte entsorgen können? Und dann
die Zeitungsausschnitte: Wenn er wirklich schuldig war,
warum bewahrte er sie dann auf? «Das Natürlichste wäre
wohl gewesen, sie so schnell wie möglich loszuwerden.»
Das Kartoffelmehl, das Staubsaugen – insofern es überhaupt stattgefunden hatte, was Auerbach bezweifelte –
und auch die Blutgruppe beweise nicht Wagners Schuld.

Auerbachs wichtigstes Argument, auf das er mehrmals zurückkam, war, dass der Mord an Kickan Granell
ein besonders raffiniertes Verbrechen war, das vom Täter
Tatkraft, Einfallsreichtum und Kaltblütigkeit erforderte.
«Doch mein Mandant ist kein Mensch der Tat. Die Ausführung eines derartigen Verbrechens liegt nicht in seinem
Wesen», betonte der Anwalt. Zwar hatte er ein einziges
Mal «die Schwelle von der Phantasie zur Wirklichkeit
überschritten», als er versuchte, Bojan Bergstrand unter
Drogen zu setzen, aber das war zum Scheitern verurteilt,
und damit «verpuffte seine Energie». Er hatte sich stattdessen, verbittert und gepeinigt, in seine Phantasiewelt
zurückgezogen, ein Mann, der alles verloren hatte: seine
Arbeit, seine Wohnung, seine Freunde. Und die ständige
Jagd nach einer Sexpuppe – zeigte das nicht, dass er nach
anderen Lösungen suchte als Gewalt? Die Geschichte,
dass Wagner die Identität des Täters kannte, tat Auerbach
als lediglich eine weitere der vielen Phantasien seines
Mandanten ab: «Das ist eine Reaktion auf den Druck und
kann von einem Psychiater erklärt werden.»

Nein, die massiven polizeilichen Ermittlungen waren in die falsche Richtung verlaufen, meinte Auerbach. «Die Umstände deuten meiner Ansicht nach darauf hin, dass der Mörder in Marianne Granells Bekanntenkreis zu suchen ist.»

Er schloss: «Ich beantrage den Freispruch meines Mandanten.»

Damit war das Gerichtsverfahren abgeschlossen.

Zwei Tage noch bis Weihnachten. Das Jahr 1965 neigte sich seinem Ende zu. Während der letzten Tage im alten Jahr berichten die Nachrichten aus einer Welt, in der einiges ist wie immer, anderes sich langsam verändert, und zwar auf neue und schwer zu durchschauende Weise. Die Berliner Mauer wird kurzzeitig für Weihnachtsbesuche geöffnet; der Verteidigungsminister der USA verlautbart, dass das Land im Besitz von fünftausend einsatzbereiten Kernwaffen sei; die amerikanische Mission *Gemini 7* kehrt nach vierzehn Tagen im Weltraum zur Erde zurück, während die weiche Landung der sowjetischen Sonde *Luna* auf der Mondoberfläche missglückt; in Vietnam besprühen amerikanische Flugzeuge Wälder und Reisfelder mit Gift, und amerikanische Streitkräfte schlagen erstmals eine große Schlacht; in Schweden wird der Verkauf von Preludin gestoppt, ebenso die Verwendung von Quecksilber in der Landwirtschaft; der Pharmaunternehmer Astra wird wegen des Verkaufs des Arzneimittels Neurosedyn verurteilt, das schwere Schädigungen von Babys im Mutterleib verursachen kann; einer erschreckenden Statistik zufolge deutet sich eine Abschwächung des schwedischen Wirtschaftswunders an.[96] Vielleicht stimmte es doch nicht, dass die Gesellschaftsbildung fast vollendet und die Wissenschaft in allem gut war, alle Gegensätze sich abschwächten, alle Ideologien tot und die Zukunft ebenso hell wie unendlich war?

Wer diese Debatte in Zeitungen, in Fernsehen und Radio verfolgte, dem fiel vielleicht auf, dass in diesem Jahr etwas geschehen war. Es war ein neuer Tonfall, eine neue Skepsis aufgekommen gegenüber dem, was in, um die und mit der Welt passierte. Die Bilder von dem fernen Krieg in Südostasien nahmen immer mehr Raum ein. Der radikale Liberalismus, der die erste Hälfte des Jahrzehnts mit seinem Kampf für einen neuen Umgang mit Sex, Drogen, Familie, Freiheit, Glauben, Verbrechen etc. so stark geprägt und Schweden verändert hatte, war am Ende; teils, weil man tatsächlich so vieles erreicht und einen weiteren jener großen Umbrüche vollzogen hatte, die, indem sie die Umstände, die zu ihrem Entstehen führten, ausgeräumt haben, dank ihres eigenen Erfolgs nicht mehr erklärbar sind[97]; während gleichzeitig eine neue radikale Welle, der der liberale Radikalismus den Weg geebnet hatte, Kräfte sammelte, dieses Mal von links.

Natürlich ging einiges im Hintergrundrauschen unter. Zum Beispiel dass ein vom amerikanischen Präsidenten Lyndon B. Johnson eingesetztes Komitee wissenschaftlicher Berater in ebendiesem Jahr einen Bericht vorgelegt hatte, in dem es hieß, wenn die Welt weiterhin fossile Brennstoffe verfeuere wie bisher, drohe eine bedrohliche Erwärmung der Erdoberfläche. Viele Wendepunkte der Geschichte – genau wie in unserem eigenen Leben – werden jedoch erst im Nachhinein sichtbar, denn alle Narrative bauen sich vom Ende her auf. Anderes kann man leicht ignorieren oder vergessen, wenn die Aufmerksamkeit von hell strahlenden Zufälligkeiten in Anspruch genommen wird. Gerade so verhielt es sich in diesen Tagen, denn in einem kalten und schneebedeckten Stockholm strebte der Weihnachtskommerz seinem Finale zu.

Im dichten Strom der Kauflustigen gingen Sandwichmänner mit Weihnachtsmützen und Bärten umher, und hier und dort sah man die unvermeidlichen Würstchenverkäufer mit ihren Bauchläden, die weißen Kittel straff über der Winterkleidung gespannt. Der Verkehr schob sich zwischen geschmückten Schaufenstern und stillstehenden Baukränen hindurch, während Botenjungen mit ihren dreirädrigen Lastenmopeds durch den Schnee schlitterten. Die Schlittschuhbahn im Kungsträdgården hatte geöffnet, und Läufer glitten über die grell erleuchtete Eisfläche. Die Zeitungen waren voller Tipps für Geschenke in letzter Minute, wie den neuen, billigen automatischen Kameras, einem Morgenrock aus 100 Prozent Rayon («hübsch gemustert 57,50») oder, warum nicht, einem Buch? Bei *NK* signierten an diesem Tag Maj Sjöwall und Per Wahlöö ihren Erstling «Roseanna», während Lennart Hyland im *Sergelbokhandeln* einen der großen Bestseller des Jahres signierte, ein Buch über das Sportjahr 1965. Aus dem Radio schallten Adventshymnen, an der Spitze der Top Ten lag «Yesterday Man» mit Chris Andrews – der gerade den alten Spitzentitel, «Yesterday» von den *Beatles*, von Platz 1 verdrängt hatte. Hier und da standen Weihnachtsbaumverkäufer, doch die besten Bäume waren schon weg. Das Fernsehen kündigte das fünfte Jahr in Folge für den Heiligabend Disneys Weihnachts-Klassiker «From All of Us to All of You» an, in voller Länge und mit einem Walt Disney in Miniaturformat als Moderator. Im Stockholmer Hauptbahnhof drängten sich dick eingemummelte, schwitzende Menschen mit Reisetaschen und starrem Blick, denn es war der Hauptreisetag vor Weihnachten und die Züge waren immer noch verspätet. Aus Lautsprechern über den Köpfen schepperte «Rudolf the Red Nosed Reindeer» und «I'm Dreaming of a White Christmas». Doch niemand brauchte mehr zu träumen. Es sah so aus, als würde ganz Schweden weiße Weihnachten bekommen.

Im großen Rathaus auf Kungsholmen war der Moment der Urteilsverkündung gekommen. Im voll besetzten Sitzungssaal herrschte eine angespannte und abwartende Stimmung. Lediglich Wagner saß ruhig und mit ausdrucksloser Miene auf seinem Platz. Richter Ingvar Ågren benötigte eine halbe Stunde für die Verlesung des Urteils.

Er ging detailliert auf die Tat ein, ebenso auf die Beweisaufnahme, beginnend bei Wagners Notizen, um schließlich zu den Spuren am Tatort zu kommen. Als er nach zwanzig Minuten auf das Kartoffelmehl zu sprechen kam, erreichte die Spannung im Publikum einen Höhepunkt. Bei der Feststellung «Die genannten Befunde können daher nicht als Beweise dafür anerkannt werden, dass Wagner die ihm zur Last gelegte Tat begangen hat», ahnten die Anwesenden, wohin die Reise ging. Die Urteilsverlesung ging weiter, in einer ein wenig altertümlich anmutenden Juristenprosa:

Die Aufzeichnungen stellen ein beredtes Zeugnis dessen dar, was Wagner selbst als seine psychische Besonderheit bezeichnet hat, können jedoch – und ein

Gleiches gilt für die Aussage der Zeugin Bergstrand – nicht den Nachweis des Vorliegens einer so gearteten kriminellen Energie erbringen, dass er allein auf dieser Grundlage der zur Anklage gebrachten Tat für schuldig befunden werden könnte. Zusammengenommen sprechen die den Angeklagten belastenden Umstände eindrücklich dafür, dass Wagner sich der Tat schuldig gemacht hat, doch aufgrund des Fehlens von Ermittlungsergebnissen, die ihn mit dem Ort der Tatausführung in Verbindung brächten, konstatiert das Gericht, dass keine überzeugenden Beweise dafür beigebracht wurden.

Wagner war freigesprochen.

Das Urteil war eine Sensation. Freisprüche in Mordfällen waren im Stockholmer Rathaus eine Seltenheit. In den letzten zwanzig Jahren war das nur einmal vorgekommen.

Das war jedoch nicht die einzige Sensation. Das Urteil verlangte, dass Wagner «unverzüglich auf freien Fuß zu setzen» sei. Er erhob sich von der Anklagebank, verbeugte sich ein wenig steif vor dem Richter und den Schöffen und verließ den Saal. Er hatte noch keine zehn Schritte in den Flur hinaus gemacht, als Kriminalbeamte ihn aufhielten und ihm einen Umschlag überreichten. Darin befand sich ein sogenanntes Paragraph-Sieben-Attest eines Rechtspsychiaters, der Wagner akuten psychiatrischen Behandlungsbedarf bescheinigte. Er wurde zu einem Wagen geführt und saß keine halbe Stunde später eingeschlossen in einem Zimmer in der rechtspsychiatrischen Klinik des St.-Görans-Krankenhauses auf Kungsholmen.

GW Larssons unmittelbarer Vorgesetzter, Otto Holm, war auch im Gericht anwesend. (Larsson selbst war zwar wieder im Dienst, aber mit einem neuen Fall beschäftigt: Anfang des Monats war in einem der vielen Abbruchhäuser im Klara-Viertel die Leiche eines jungen Holländers aufgefunden worden, zu Tode gefoltert, und ein paar Verdächtige – zwei ebenfalls junge Landsleute von ihm – hatte man bereits festgenommen.) Vor den Journalisten bemühte sich Otto Holm, gute Miene zu machen. Er teilte mit, die Kriminalpolizei beabsichtige, die Arbeit an dem Fall nach den Feiertagen wiederaufzunehmen. Auf direkte Nachfrage, was konkret vorgesehen sei, antwortete er, dass man unter anderem die Analyse der Farben auf dem Handtuch und dem Kopfkissen vorantreiben wolle. Sich unter Umständen auch das Kartoffelmehl noch einmal genauer ansehen. Vielleicht ließ sich doch noch etwas finden, was den Fall klären würde. Staatsanwalt Österberg war weniger zuversichtlich: Er hatte drei Wochen Zeit, um Rechtsmittel einzulegen, sagte aber: «Ich habe noch nicht endgültig Stellung bezogen, wie ich mich verhalten werde. Aber wahrscheinlich werde ich nicht in Berufung gehen.»

Wir alle tragen alternative Ichs in uns. Wie die meisten Menschen denke auch ich nicht selten an Chancen, die ich verpasst, Ausbildungen, die ich nicht gemacht, Arbeitsstellen, die ich nie angenommen, Orte, die ich verlassen, Lieben, die ich verloren habe. Was wäre zum Beispiel passiert, wenn ich in Boden geblieben wäre, wo ich in den 60er Jahren aufgewachsen bin? Mein Leben hätte sich mit Sicherheit anders entwickelt, aber es ist keineswegs gesagt, dass es damit unglücklicher, oder eben auch glücklicher, geworden wäre. Diese Wanderungen in Paralleluniversen, dieses Erdichten von persönlichen Biographien sind nichts Besonderes. Allerdings können wir uns, indem wir von dem Existierenden ausgehen, kaum die wirklich radikalen Alternativen vorstellen. Niemand bekommt in diesen alternativen Existenzen einen Gehirntumor. Oder wird von einem Bus überfahren. Oder ermordet.

Der 22. Dezember 1965 war nicht nur der Tag, an dem Friedrich Wagner von der Anklage wegen Mordes freigesprochen wurde. Es war auch der Tag, an dem Eva Marianne Granell neunzehn Jahre alt geworden wäre. Was wissen wir über ihre Zukunftspläne? Sie wollte eigentlich die Ausbildung bei *Bar-Lock* machen und Arztsekretärin werden und war deshalb auch sehr enttäuscht, als sie an jenem späten Juliabend in dem kleinen Flur im Söndagsvägen 88 stand, sonnengebräunt, blond und sommerlich hübsch, in langen dunkelblauen Hosen, weißer Bluse und weißen Sandalen, einen geöffneten Umschlag in der Hand. Enttäuscht nicht zuletzt auch, weil ihre beste Freundin Inger im nächsten Monat in derselben Schule anfangen würde und sie offenbar gehofft hatte, gemeinsam mit ihr dorthin gehen zu können. Ich glaube aber, dass Kickan dank ihrer Energie und Zielstrebigkeit zum nächsten Semester angenommen worden wäre. Was sie unter anderem verärgerte, war die Tatsache, dass in dem Brief keine Begründung genannt wurde, und sie vermutete selbst, dass das daran liegen könnte, dass sie ihre Bewerbung etwas zu spät abgeschickt hatte. Dies wissen wir aus Zeugenvernehmungen.

Ihr alternatives Leben hatte sie aber schon geplant. Übergangsweise würde sie bis zur nächsten Bewerbungsrunde die Stelle im *Karolinska*-Krankenhaus annehmen.

Und das hätte sicher auch geklappt. Was hatte er doch noch geschrieben, jener Oberarzt, der ihr Vorgesetzter im *Serafimerlasarett* gewesen war: «eine fröhliche, intelligente und aufgeschlossene junge Frau, eine der besten, die wir je hatten»? Sie und Janne waren miteinander verlobt, zwar in erster Linie, damit sie im Urlaub im selben Zimmer wohnen konnten, aber natürlich wollten sie in ein paar Jahren heiraten. Die beiden hatten im Übrigen schon die Planung für den nächsten Sommer begonnen: Dann wollten sie nach Griechenland. Auch das wissen wir.

Doch daraus wurde nichts. Ganz zu schweigen von all dem, was noch hätte folgen sollen.

Gar nichts.

Ich ertappe mich dabei, dass ich an den Fingern abzähle, wie alt Kickan heute gewesen wäre – sie wäre gerade zweiundsiebzig geworden, lautet das Ergebnis –, um dann über ihr alternatives Ich zu sinnieren, das Leben, das sie hätte haben können, das ihr aber genommen wurde, weil sie einem Mörder über den Weg lief.

Österberg und die Ermittler schöpften über die Weihnachtsfeiertage wieder Mut und neue Energie. Am 10. Januar teilte der Staatsanwalt mit, dass er trotz allem Rechtsmittel gegen den Freispruch einzulegen beabsichtige. Er verwies unter anderem darauf, dass «neue Analysen bestimmter Spuren und Funde vom Tatort noch nicht abgeschlossen sind».

Die Kriminaltechniker unter der Leitung von Wincent Lange hatten bereits gleich nach Neujahr mit der Suche nach neuen Spuren begonnen. Textile Fasern waren auf der Bettwäsche des Mordopfers gefunden worden (eventuell von einem bedruckten Baumwolltuch oder von einer Gardine), und man hatte die Hoffnung, vielleicht Übereinstimmungen mit Funden ähnlicher Fasern in Wagners Zimmer nachweisen zu können. Außerdem waren jemandem am Tatort minimale Fragmente von Farben und Spachtelmasse aufgefallen. Zwar war es nur Spekulation, doch sie könnten möglicherweise aus Blekenbergs Haus, also von Wagner, stammen.

Die Beamten ließen sich in ihren Anstrengungen, etwas zu finden, einfach irgendetwas, das Wagner mit dem Tatort in Verbindung brachte, auch nicht dadurch beirren, dass nur eine Woche später in dem Männermagazin «Fib-Aktuellt» ein bizarrer Text erschien, den Wagner selbst verfasst und aus dem Krankenhaus St. Görans herausgeschmuggelt hatte.

Dieser Text war eine Mischung aus Triumphgeheul, Richtigstellungen, Lügen und selbstmitleidigen Bekenntnissen. Was den Mord betraf, so stellte Wagner seine Unschuld als selbstverständlich und mittlerweile auch bestätigt dar: Er sei lediglich «ein Sündenbock» gewesen. Ihm ging es um seine Einsamkeit, sein Versagen und seine Misserfolge. Er bezeichnete sich selbst als «das elendeste und ausgestoßenste Geschöpf der Welt», gab dafür aber der Welt und all jenen die Schuld, die seine Qualitäten nicht anerkennen wollten, sondern ihn stattdessen verstoßen hatten: die Eltern, die Lehrer, die Österreicher und – am wichtigsten – die Frauen.

Die Phantasien aus seinen Notizen über verschiedene Arten grausamer Rache waren offenbar immer noch höchst lebendig, nun aber mit dem Zusatz, dass alles gut werden würde, wenn er ein «zärtliches und treues Mädchen» zum Heiraten fände:

> Ein Massenmord ist für mich derzeitig die zweite Alternative und genauso akzeptabel wie eine Ehe. Auch hier liegt es wieder bei meinem Umfeld, zu entscheiden, welchen Weg ich einschlage.

Aus heutiger Perspektive erscheint mir Wagner hier (wie auch in seinen Aufzeichnungen) wie ein Typus, den es später noch häufig geben sollte, ein Stellvertreter aller schwachen, unzulänglichen Männer, der Verlierer, die anderen die Schuld für ihre eigenen Katastrophen in die Schuhe schieben und in ihrer zunehmenden Isolierung Pläne schmieden, um Rache und Genugtuung zu erlangen. Ihre Rachephantasien wachsen in gleichem Maße wie ihre Verbitterung, und es liegt mehr an dem Mangel an Mitteln (oder am Mangel an Fähigkeiten oder an beidem) als an einem Mangel an Wut, dass die Zahl der Opfer nicht größer ist, unter Umständen sogar sehr viel größer.

Ich glaube, wenn Wagner heute leben würde, hätte er wohl nicht dagesessen und Seite über Seite mit schwer durchschaubaren Plänen und Ideen vollgeschrieben, er hätte Trost, Inspiration und Erregung vermutlich im Schein seines Computerbildschirms in irgendeinem Forum oder einer Echokammer im Internet gefunden. Er hätte sich zu irgendetwas, einer Idee, einem Schlagwort, einer Sache, etwas Großem hingesurft, das es ihm nicht nur ermöglicht hätte, seine Misserfolge herunterzuspielen, sondern seine Desaster unter diesem Großen zu subsumieren und damit zu glorifizieren. Ich stelle mir vor, dass Wagner, wenn er heute leben würde, nicht allein zu Hause Schminke angemischt hätte, vielleicht hätte er allein Kunstdünger oder Ammoniak und Diesel und Ameisensäure und was auch immer gemixt, oder er hätte mehr oder weniger geschickt Gasflaschen manipuliert, oder vielleicht hätte er einfach nur einen Lastwagen gestohlen und Gas gegeben. Wagners Gedankenwelt 1965 beinhaltet all jene Elemente, die man auch bei den heutigen *Incels* findet: Verbitterung, Frauenhass, Selbstmitleid, Selbstverachtung, Rassismus. Nur die Zeit hat sich verändert, der Kontext.

Dem Artikel ist ein seelenvolles Porträt von Wagner zur Seite gestellt, der in seinem verschlossenen Zimmer in einem Sonnenstrahl auf dem Bett sitzt, den Blick vom Betrachter abgewandt. Ich glaube, dass man diesen Text nicht nur als Entschuldigung, sondern auch als eine weitere seiner fingierten Kontaktanzeigen lesen kann, diesmal gratis und riesengroß – Überschrift auf Seite zwei: «Ich träume von einer Lebenspartnerin».

Angesichts dessen, was die Gerichtsverhandlung ergeben hatte und was Wagner in seinem eigenen Text schrieb, ließen sich wohl nur wenige Menschen, außer denen, die auf diese wortreiche Einladung antworten mochten, dadurch einlullen, dass es in dem Artikel hieß, Wagner sei derzeit «in der offenen Abteilung untergebracht, in der letzten Stufe vor der Entlassung».

Am Montag, den 9. Mai, wurde die Berufungsverhandlung vor dem Appellationsgericht *Svea hovrätt* in dessen Gerichtsräumen aus dem 17. Jahrhundert auf Riddarholmen bei Gamla Stan eröffnet. Im Vergleich mit einem halben Jahr zuvor war die öffentliche Aufmerksamkeit dieses Mal weitaus geringer, und nur wenige Journalisten waren gekommen. Hielt man womöglich den Ausgang für absehbar?

Das Berufungsschreiben, das Österberg nach mehreren Fristverlängerungen Ende Februar eingereicht hatte, führte nämlich keine neuen Beweise auf. Die kriminaltechnischen Untersuchungen der Textilfasern und Farbpartikel, die im Januar begonnen hatten (und in die sowohl Ermittler als auch Staatsanwalt große Hoffnungen setzten), hatten nichts ergeben.

Mangels neuer Beweise hatte Österberg stattdessen beschlossen, sich auf einen Punkt zu konzentrieren, der in der ersten Instanz von entscheidender Bedeutung gewesen war: Besaß Wagner den Willen und die Energie, um die Pläne, die er skizziert hatte, in die Tat umzusetzen? Bei Beginn der Verhandlung lag ein Gutachten des erfahrenen Oberarztes der Psychiatrie und Experten für Vergewaltiger Yngve Holmstedt vor, der im August 1965 bei dem Treffen auf Långholmen dabei gewesen war, als die Polizei zum ersten Mal um Hilfe zur Erstellung eines Täterprofils gebeten hatte. Holmstedts Expertise sollte sich als ausschlaggebend erweisen.

Der Gerichtsverhandlung fehlte die Dramatik, die die erste Verhandlung geprägt hatte. Nachdem man am ersten Tag nach Hökarängen gefahren war und sich die Umgebung des Tatorts angesehen hatte, begnügte sich das Gericht damit, dem üblichen Prozedere zu folgen und Schritt für Schritt die Unterlagen und Protokolle der ersten Instanz durchzugehen, während Staatsanwalt und Verteidiger ihre Stellungnahmen abgaben und Fragen stellten. Zeugen wurden nur ausnahmsweise gehört.

Neben dem Lokaltermin im Söndagsvägen beanspruchte der Staatsanwalt, der den Fall und die Beweislage gegen den Angeklagten darstellte, den überwiegenden Teil des Montags. Österberg bezog sich auf eine nicht ganz unwichtige Frage: Hatte Wagner *beabsichtigt*, Kickan Granell zu töten? Er vertrat die Auffassung, dass es «Wagner bewusst war, dass bei der Verwendung von Chloroform ein beträchtliches Risiko für einen tödlichen Ausgang bestand», weshalb eine «direkte» oder auch «eventuelle» Tötungsabsicht vorgelegen habe. Genau wie vor einem halben Jahr erklärte sich Wagner für nicht schuldig. Zuschauern, die ihn schon bei den vorangegangenen Gerichtsverhandlungen erlebt hatten, fiel auf, dass er zugenommen hatte und ausgeglichener wirkte. Auch jetzt stand ihm wieder Hakon Auerbach als Verteidiger zur Seite.

Der Dienstag begann mit einer umständlichen Durchsicht von Wagners Notizen, doch danach war der Oberarzt der Psychiatrie Holmstedt mit seiner Aussage an der Reihe. Aufgrund eines Antrags von Auerbach musste das Publikum den Saal verlassen. Holmstedt, ein rundlicher Mann mittleren Alters mit schwarzem Brillengestell und blonden, zurückgekämmten Haaren, nahm im Zeugenstand Platz.

Er war wie erwähnt so etwas wie eine Autorität auf seinem Fachgebiet und keineswegs unbekannt: Seine Stimme kannte man aus dem Radio, wo er als Psychologe in Erscheinung trat. Damals lagen nicht nur neue, radikale Gedanken zu Sex, Gleichberechtigung, Theater, Pornographie, Drogen, Alkohol, Mode, Familie, Kunst in der Luft, sondern es griffen auch neue radikale Ideen zu Verbrechen und Verbrechern um sich. In der Presse wurde zum Beispiel diskutiert, ob man eventuell das Wort «Verbrecher» nicht mehr benutzen solle, weil es stigmatisierend war, um stattdessen von «Gesetzesbrechern» zu sprechen. Es sei in erster Linie die Schuld der Gesellschaft, dass Menschen Verbrechen begingen, und Gesetzesbrecher bedürften nicht der Strafe, sondern der Hilfe und Fürsorge. Gefängnisse seien nicht mehr zeitgemäß und außerdem entmenschlichend, und das Ideal sei ein Strafvollzug in Freiheit und so weiter. Ob es an seinem Alter lag oder an seiner Erfahrung mit Sexualverbrechern, sei dahingestellt, doch Holmstedt hatte sich, anders als so viele jüngere Ärzte[98], nicht von dieser radikalen, oft sozialsentimentalen Welle mitreißen lassen, sondern einen gemäßigteren Standpunkt eingenommen. Gelegentlich hob er sogar die positiven Aspekte bindender Normen hervor und meinte, dass der Mensch ein gewisses Maß an «Pflege, Zucht und Schranken» brauche. Wagner hatte von Holmstedt keinen Freifahrtschein zu erwarten.

Das Gericht nahm Holmstedts Gutachten zur Kenntnis. Dessen Schlussfolgerung war klar: Der Angeklagte litt unter krankhafter Paranoia und war von seinem Rachewunsch für verschiedene wirkliche oder eingebildete Kränkungen besessen. Das Gerichtsprotokoll fasst das Gutachten folgendermaßen zusammen:

> Wagners paranoide Welt hat … auch seine Handlungen bestimmt. Er hat sich von seinem Elternhaus und

seiner Heimatstadt gelöst und ist nach Schweden gereist, um seine Rachepläne in die Tat umzusetzen. Das «Bojanprojekt» hat er zu verwirklichen versucht. Als er auch hier nicht das erlangte, was er als sein «Recht» auf eine wissenschaftliche Karriere und auf Liebe / Sexualität betrachtet, nahm die Destruktivität seiner Projekte zu. Nachdem eine schwedische Frau namens Monica sich von ihm getrennt hatte ... fühlte er sich «tot», voller Hass, ohne jedes Erbarmen mit anderen. Mit Hilfe wissenschaftlich verfeinerter Planung seiner Verbrechen strebte er danach, sich in zwei Punkten Genugtuung zu verschaffen: Zum einen wollte er die Gerechtigkeit «wiederherstellen», sich an Widersachern rächen und die Gunst der Frauen erzwingen, zum anderen wollte er als Wissenschaftler triumphieren. Seine Projekte sind gekennzeichnet von seinem krankheitsbedingten Mangel an Urteilsfähigkeit, Realitätsverzerrung, Verfolgungs- und Größenwahn, Racheplänen ... Seine Kenntnisse sind jedoch völlig unzureichend, sein Realitätssinn derart vernebelt, dass er nicht in der Lage war, all jene Schwierigkeiten und Komplikationen vorherzusehen, die bei dem Versuch, die Projekte zu verwirklichen, auftauchen mussten. Dass er an diese Projekte geglaubt hat, dass er sie in die Tat umsetzen wollte, belegt das Gutachten zweifelsfrei. Psychosen von der Art, an der Wagner leidet, bergen erfahrungsgemäß immer das Risiko für aggressive Handlungen, die der verzerrten Gefühls- und Gedankenwelt des Patienten entsprechen ... Wagners Initiativkraft und seine Fähigkeiten müssen bezeichnet werden als lediglich für mehr oder weniger unbeholfene Versuche ausreichend, die ausnahmslos dazu verurteilt sind, auf die eine oder andere Art zu scheitern. Rein theoretisch kann man Wagner also weder den nötigen Willen noch die Tatkraft absprechen, den Versuch zu unternehmen, eines oder mehrere seiner Projekte in die Tat umzusetzen.

Auf direkte Nachfrage, ob Wagner dazu fähig sei, eine Vergewaltigung wie die des vorliegenden Falls zu begehen, bejahte Holmstedt. Das sei «theoretisch denkbar».

Nach einem Tag Unterbrechung wurde die Verhandlung am Donnerstag fortgesetzt. Auch jetzt ging man in erster Linie Zeugenaussagen und Akten aus der ersten Instanz durch. Viel Zeit wurde auf die Überprüfung der materiellen Spuren und vor allem auf das Kartoffelmehl verwendet. Staatsanwalt Österberg stand jetzt der Kriminaltechniker Wincent Lange zur Seite, um ihm in den schwierigsten Punkten zu assistieren. Obwohl Auerbach seine bekannten Einwände noch einmal vorbrachte, gab es nur wenig Fragen. Schon zur Mittagszeit wurde die Sitzung für diesen Tag beendet.

Am 16. Mai, einem schönen, warmen Montag, wurde das Gerichtsverfahren abgeschlossen. Um kurz nach elf begann Staatsanwalt Österberg sein Schlussplädoyer, das wie erwartet weitgehend eine Wiederholung des Plädoyers vom Dezember war. Man hatte nur Indizien, räumte er ein, davon allerdings viele: das Kartoffelmehl, die Blutgruppe, das farbverschmierte Handtuch, die Aufzeichnungen, vor allem die Aufzeichnungen. Österberg hob noch einmal hervor, dass das sogenannte Silviaprojekt eine «symbolische Erzählung ist, die auf jede Frau vom Silviatyp angewendet werden kann». Das einzig Neue in seiner Argumentation war der Hinweis auf Holmstedts Gutachten: War Wagner fähig, die verschiedenen Phantasien aus seinen Notizen in die Tat umzusetzen? Ebendas hatte Holmstedt bestätigt, wie Österberg betonte: «Der Österreicher war in der Lage, ein solches Verbrechen zu begehen.»

Doch obwohl die Expertise die Position des Staatsanwalts stützte, war sie ebenfalls nur ein Indiz und kein stichhaltiger Beweis. Die Zuschauer, die schon die Verhandlungen im Dezember verfolgt hatten, bemerkten, dass Wagner sich seitdem zusammengerissen hatte und versuchte, sich zu mäßigen. Darum kam es für manche überraschend, dass der Vorsitzende Richter Arvid Ribbing schon nach circa eineinhalb Stunden verkündete, dass die Verhandlung geschlossen sei und der Angeklagte einer sogenannten großen Untersuchung seiner Person unterzogen werden sollte. So eine Untersuchung kann man nur veranlassen, wenn – wie es im 6. Kapitel, Paragraph 41 des Psychisch-Kranken-Gesetzes (*Sinnessjuklagen*) heißt – «der Verdächtige die Tat gestanden hat oder überzeugende Beweise dafür vorgelegt wurden, dass er dieselbe begangen hat».

Das Gericht war also von Wagners Schuld überzeugt.

Doch vor der Urteilsverkündung wollte man das Resultat dieser Untersuchung abwarten.

Den Vorschriften gemäß erhielt jetzt Wagner die Gelegenheit, sich zu äußern, die er auch nutzte. Er sprach ungefähr fünfzehn Minuten lang. Wieder betonte er seine Unschuld und sagte, dass er sich niemals des Mordes für schuldig erklären werde. Stattdessen stellte er sich selbst als Opfer dar. «Die Polizei hat alles darangesetzt, mich zu fassen. Sie stießen einen Seufzer der Erleichterung aus, als sie mich hatten, einen psychisch kranken Menschen.» Wagner versuchte sich auch dagegen zu verwahren, dass seine Aufzeichnungen wieder als Indiz für seine Schuld sowie als Schlüssel zu seiner Persönlichkeit verwendet wurden. «Meine Aufzeichnungen, in denen ich Ideen zu unterschiedlichen Gewaltprojekten notiert habe, sind unter Einwirkung von Alkohol und Tabletten entstanden, die ich mir jetzt nicht mehr beschaffen kann», sagte Wagner.

Der Hammer fiel. Das Gericht vertagte sich bis auf Weiteres. Die Zuschauer traten hinaus in die Sonne, die sie bis dahin nur durch das altertümliche geblasene Fensterglas des historischen Gebäudes hatten erahnen können.

Der Sommer 1966 war ungewöhnlich warm, besonders im Vergleich mit der kühlen Witterung des vorangegangenen Jahrs. Dann wurde es Herbst, und der Herbst ging in einen milden Winter über. Auf den Tag genau ein Jahr nach dem Freispruch Wagners, am Donnerstag, den 22. Dezember 1966, verkündete *Svea hovrätt* das Urteil. Das wurde nun von dem umfassenden psychiatrischen Gutachten untermauert, das Roland Bejke erstellt hatte, ein älterer, erfahrener Oberarzt in der Psychiatrie. Er hatte über psychisch gestörte Verbrecher geforscht und geschrieben. Sein Spezialgebiet, wie auch Holmstedts, waren verschiedene Arten von Sexualverbrechen. Bejkes Schlussfolgerung lautete, dass «Wagner die ihm zur Last gelegte Tat unter Einfluss seelischer Abnormität von so tiefgreifender Natur begangen hat, dass sie einer Geisteskrankheit gleichzustellen ist».[99]

Das Gericht hatte bereits im Mai beschlossen, das frühere Urteil aufzuheben, und entschieden, dass Wagner schuldig war. Jetzt folgte die umfangreiche Begründung.

Man kann sagen, dass die Richter die Argumentation aus der ersten Instanz teilweise umkehrten und stattdessen danach fragten, welche Personen aller Voraussicht nach für dieses Verbrechen in Frage kamen. Die Zusammenschau von Wahrscheinlichkeiten und Unwahrscheinlichkeiten fiel durchweg zu Wagners Ungunsten aus. Sowohl Mord als auch Vergewaltigung mit Hilfe von Chloroform wurden, zu Recht, als «höchst ungewöhnlich» bezeichnet. Dass der Täter aus Kickans Bekanntenkreis kam, beurteilte das Gericht – aufgrund der gewissenhaften Überprüfung durch die Polizei – ebenfalls als «höchst unwahrscheinlich». Genauso unwahrscheinlich sei es, dass der Täter, geschminkt und mit einer Flasche Chloroform ausgestattet, «zufällig in die Wohnung von Kickan Granell geraten war und dort das Verbrechen verübt hatte». Es musste sich also um jemanden handeln, der ganz in der Nähe wohnte und «dem Kickan Granell am Abend des 25. Juli in oder bei ihrer Wohnung aufgefallen war und der daraufhin das Chloroform geholt und sich Zutritt zu Kickan Granells Haus verschafft hatte».

«Kann also Wagner der Täter sein?», fragte das Gericht in seinem Urteil. Ja, alles spricht dafür:

Wagner wohnte zu dem Zeitpunkt nur circa siebzig Meter entfernt und war nach eigener Aussage an dem betreffenden Abend zu Hause.
Das Handtuch mit der Schminke war neben dem

Fußweg gefunden worden, der die logische Route zwischen dem Söndagsvägen 88 und der Nummer 56 war, wo Wagner wohnte.

Wagner hatte die gleiche Blutgruppe wie der Täter.

Das Kartoffelmehl war ein weiterer «stark belastender Sachverhalt», der für Wagners Schuld sprach. Das Risiko der Kontamination von Proben und Tatort, dem die Verteidigung so viel Gewicht beigemessen hatte, wurde bagatellisiert. Die Juristen des Appellationsgerichts betonten vielmehr, dass auch das farbverschmierte Handtuch große Mengen an Kartoffelmehl aufwies: Dieses Handtuch war das verbindende Element zwischen dem Tatort und Wagners Zimmer und ein überzeugendes Argument dafür, dass die Kartoffelmehlfunde – aus zwei unterschiedlichen und voneinander unabhängigen Quellen – nicht auf einen seltsamen Zufall zurückzuführen waren.

Darüber hinaus berücksichtigte das Gericht Wagners Notizen, in denen er ja mehrfach davon spricht, sich nachts maskiert bei einer begehrenswerten Frau Zutritt verschaffen zu wollen, sie mit Hilfe eines Betäubungsmittels wehrlos zu machen, sie zu vergewaltigen, ihr Telefon unbrauchbar zu machen, hinterher aufzuräumen etc.

Außerdem sahen es die Richter als erwiesen an, dass Wagner, sowohl aufgrund seiner eigenen Aussagen in den Vernehmungen und Gerichtsverhandlungen als auch aufgrund der Tatsache, dass sich das Lehrbuch über Narkose und Betäubung in seinem Besitz befand, mit Chloroform vertraut war. Das Gericht schloss sich der Auffassung der Staatsanwaltschaft an: Das «Silviaprojekt» war eine

Art «symbolischer Erzählung», die sich auf jede Frau vom «Silviatypus» beziehen könne: klein, zierlich, blond – und Kickan Granell hatte zu diesem Typus gehört.

Es war allerdings fraglich, ob die Aufzeichnungen lediglich Phantasien waren und darum keinen echten Wert als Beweismittel hatten, oder ob es sich dabei um Pläne handelte, die dazu bestimmt waren, in die Tat umgesetzt zu werden. Und, noch wichtiger: Besaß Wagner überhaupt die persönlichen Voraussetzungen, sie zu verwirklichen? An dieser letzten Frage war die Anklage im Dezember gescheitert: Das damalige Gericht hatte sie mit Nein beantwortet und Wagner freigesprochen. *Svea hovrätt* antwortete mit Ja – und verurteilte ihn.

Die Richter vertraten die Auffassung – unter Hinweis auf die verschiedenen psychologischen Gutachten –, dass Wagner durchaus dazu in der Lage sei, sozusagen den Schritt von der Fiktion zu Fakten zu vollziehen. Dass es sich bei seinen Notizen keineswegs um reine Phantasien oder Vorbereitungen für einen Roman handelte, zeigte sich auch darin, dass er sich Gegenstände beschafft hatte, die er zur Verwirklichung seiner diversen Pläne benötigte, wie den Dolch, das Stethoskop und siebenprozentige Salzsäure – um daraus ein Betäubungsmittel anzumischen. Auch Wagners Versuche, an jenem Oktoberabend 1964 Bojan Bergstrand zu narkotisieren, um sie zu vergewaltigen, sprachen für seinen Willen und seine Befähigung, die Ideen aus den Notizen in die Tat umzusetzen. Allerdings war ihm das auf äußerst schmähliche Weise misslungen, vor allem weil die K.-o.-Tropfen nicht gewirkt hatten. Das würden sie auch nie tun, da sie wie auch das Chloroform zu den Klischees gehörten, die Wagner aus der Populär-

kultur übernommen und in seine Phantasiewelt integriert
hatte. Das Gericht fasste zusammen:

> Das Chloroformieren von Kickan Granell sowie die dar-
> auf folgenden sexuellen Handlungen sind, ungeachtet
> der Tatsache, ob eine Tötungsabsicht vorlag oder nicht,
> ein äußerst ungewöhnliches Verbrechen, ein Verbre-
> chen, das mit Wagners Projekten und Gedanken über
> Betäubung, Vergewaltigung und Mord außerordent-
> lich gut übereinstimmt. Wagner hatte die Gelegenheit,
> die Tat zu begehen. Das Gericht ist zu der Auffassung
> gelangt, dass unter Berücksichtigung von Art und Ort
> des Verbrechens und von Kickan Granells persönlichen
> Verhältnissen nur eine sehr geringe Anzahl an Tätern in
> Frage kommt. Die oben dargelegten besonderen Um-
> stände verringern jeweils in unterschiedlichem Maße
> den Spielraum für die Vermutung, dass jemand ande-
> res als Wagner der Täter sein könnte. [...] Zusammen-
> genommen lassen es daher die vorliegenden Umstände
> als derartig unwahrscheinlich erscheinen, dass jemand
> anderes als Wagner alle Täterkriterien erfüllen könnte,
> dass das Gericht es als gesichert ansieht, dass Wagner
> die gegen Kickan Granell gerichtete Tat begangen hat.

Doch war es Mord? Nein, sagte *Svea hovrätt*, dass Wagner
auch die Absicht gehabt hatte, Kickan zu töten, sei nicht
«mit letzter Gewissheit» erwiesen. Dagegen spreche unter
anderem, dass Wagner sich wegen seiner nur rudimentären
Kenntnisse über Chloroform – die sich zu gleichen Teilen
auf Detektivfilme und ein kurzes Kapitel in dem Lehrbuch
über Narkose stützten – wahrscheinlich nicht über das

Gefahrenpotenzial des Mittels im Klaren war. Außerdem das gekappte Telefonkabel, das man dahingehend interpretieren könne, dass er davon ausgegangen war, dass sie nach der Tat noch am Leben sein würde, und er es ihr erschweren wollte, nach dem Aufwachen Alarm zu schlagen.

Aus diesem Grund wollte das Gericht ihn nicht wegen Mordes verurteilen:

> Wagner hat Kickan Granell in der Absicht chloroformiert, sie wehrlos zu machen. Insofern hat er sich der Körperverletzung schuldig gemacht. Die Tat ist nachts erfolgt, nachdem Wagner sich offenbar widerrechtlich Zutritt zur Wohnung verschafft hatte, mit dem Ziel, Beischlaf zu ermöglichen. Es handelt sich daher um schwere Körperverletzung. Die Tat hat zum Tod von Kickan Granell geführt. Wagner muss, wie oben dargelegt, dieses Risiko bekannt gewesen sein. Er hat sich darum auch der fahrlässigen Tötung schuldig gemacht. Es handelt sich dabei um fahrlässige Tötung in einem besonders schweren Fall.

Rein rechtlich betrachtet wurde Wagner aufgrund seiner Diagnose, der Beurteilung durch die Gesundheitsbehörde *Medicinalstyrelsen* und aufgrund des Psychisch-Kranken-Gesetzes nicht bestraft, sondern es wurden freiheitsentziehende Maßregeln angeordnet, die seine Unterbringung in einer psychiatrischen Klinik bedeuteten.[100]

So geschah es. Noch am selben Tag kam Wagner wieder in die geschlossene Abteilung des St.-Görans-Krankenhauses.

VI. KAPITEL

FLUCHT UND GESTÄNDNIS

Aus einem Text von Friedrich Wagner, publiziert in *Fib-Aktuell,* Januar 1966)

Ich bin [von den Vernehmern] gefragt worden, wie es im Jahr 1965 mit den Mädchen lief, nachdem Monica mit mir Schluss gemacht hatte. Dazu kann ich sagen, dass ich eine fast schon trotzige Haltung eingenommen habe, die sich darin äußerte, dass ich Mädchen beinahe mit Verachtung gestraft und jede freundliche Geste zurückgewiesen habe, weil ich erlebte, dass Mädchen mir gegenüber wirklich die tiefste Antipathie empfinden.

Jede kleinste Beobachtung dieser Art registrierte ich mit größter Sorgfalt, und die daraus resultierenden Konsequenzen ordnete ich darauf schrittweise zu einem System an, zu einer Philosophie, die ihren Ursprung darin hat, wie sich die Umwelt mir gegenüber verhielt, und aus den Regeln, die dieser Philosophie zugrunde lagen, konnte ich die Zukunft vorhersagen und Erklärungen in ansonsten schwer zu erklärenden Situationen finden.

Ich gelangte allmählich zu der Erkenntnis, das elendeste und ausgestoßenste Geschöpf auf der Welt zu sein, weshalb sich in mir schrittweise die Überzeugung herauskristallisierte, dass es das Beste wäre, mir entweder das

Leben zu nehmen oder so viele feindlich gesinnte Menschen wie möglich zu ermorden. Finde ich keine Erfüllung im Leben durch eine Ehefrau, will ich durch einen großen geplanten Massenmord Befriedigung erlangen. Ein Massenmord ist für mich derzeitig die zweite Alternative und genauso akzeptabel [sic] wie eine Ehe. Auch hier liegt es wieder bei meinem Umfeld, zu entscheiden, welchen Weg ich einschlage.

Das Leben ging weiter. Nach dem Urteil im *Svea hovrätt* geriet der Mord von Hökarängen schnell in Vergessenheit, verlor sich zwischen Zeitungsnotizen über Veränderungen im alltäglichen Leben (wie der, dass auf den schwedischen Straßen allgemeine Geschwindigkeitsbegrenzungen eingeführt werden sollten und dass Läden auch am Abend geöffnet haben sollten), Geschichten von neuen Verbrechen (wie dem brutalen Mord an zwei Polizisten und einem Wachmann in einem Einkaufszentrum in der Nähe von Stockholm in einer Januarnacht) oder den Nachrichten von einer immer düsterer werdenden Welt (Militärputsch in Griechenland, wachsende Spannungen im Nahen Osten, eine immer gewalttätiger werdende Kulturrevolution in China, der eskalierende Krieg in Vietnam). Neue Geschichten wurden geschrieben, alte umgeschrieben. Die Angst geriet in Bewegung und suchte sich neue Objekte. Schweden durchlebte einen weiteren schneereichen Winter, aber schließlich wurde es doch Frühling.

Während dieser ganzen Zeit saß Wagner in der Abteilung für psychiatrische Zwangsbehandlung im St.-Görans-Krankenhaus auf Kungsholmen. Zwar im Erdgeschoss, aber hinter einem verschlossenen Fenster aus unzerstörbarem Glas, was für mehr als ausreichend galt. Wagner hatte Staatsanwalt Österberg eine Weihnachtskarte geschrieben. In seiner ordentlichen, leicht wiederzuerkennenden Handschrift schickte er einen höflichen Gruß und bedankte sich für ein «gutes Match».[101]

Am Dienstag, den 26. April 1967, morgens um 7.10 Uhr schlossen die Angestellten wie immer die Tür zu Wagners Zimmer auf. Da entdeckten sie, dass die Form im Bett, die wie ein schlafender Mensch aussah, nur aus geschickt arrangierten Kissen und dem Bettzeug bestand. Wie in irgendeinem x-beliebigen Kinderbuch. Das Fenster war zugezogen, aber unverschlossen. Es gab keine Spuren eines gewaltsamen Aufbruchs. Sie schauten in den solide umzäunten kleinen Spazierhof hinunter. Er war menschenleer. Wagner war geflohen.

Umgehend wurde die Polizei alarmiert, und eine große Suchmannschaft schwärmte aus. Die Beschreibung lautete: einhundertsiebzig Zentimeter groß, normaler Körperbau, markantes südländisches Aussehen, braune Augen, kurzes braunes Haar, konvexe Nase, ordentlich getrimmte Schifferkrause, leicht defekte Vorderzähne, macht einen sehr gepflegten und korrekten Eindruck, spricht ausgezeichnet Schwedisch und fließend Deutsch, Französisch und Englisch. Landesweiter Alarm wurde ausgelöst und die Wachsamkeit an den Grenzen erhöht. Das Fernsehen zeigte ein Bild von Wagner.

Die Polizei ging davon aus, dass es nicht allzu schwer sein würde, Wagner aufzuspüren. Allem Anschein nach trug er immer noch seine auffällige gelb-braune Anstaltskleidung und verfügte außerdem weder über Geld noch über Kontakte. Aufgrund seiner Erfahrungen aus den Ermittlungen sagte GW Larsson jedoch skeptisch, Wagner sei «zweifelsohne ein Mann, der eine solche Aktion bis ins kleinste Detail durchplant, aber es scheint ausgeschlossen, dass er das hier ohne Hilfe geschafft haben sollte». Doch wer war dann sein Komplize?

Die alte Angst aus dem Sommer 1965 kam wieder hoch, noch befeuert von den reißerischen Schlagzeilen der Abendzeitungen und der Warnung der Polizei, die in fetten schwarzen Lettern rief: «Dieser Mann ist gefährlich!» Und das nicht ganz zu Unrecht. Während der Verhandlung im *Svea hovrätt* hatte Wagner damit gedroht, zu fliehen, falls er wieder in ein psychiatrisches Krankenhaus eingewiesen werden sollte, und behauptet, er habe eine Pistole und ein Messer versteckt und werde sich nicht scheuen, sie auch zu benutzen. «Niemand, wahrscheinlich noch nicht einmal er selbst, kann vorhersehen, was seine Gefährlichkeit auslöst, in welcher Situation das Risiko eines Gewaltverbrechens besteht», schrieb *Svenska Dagbladet* auf der Titelseite.

In aller Eile wurde eine ganze Reihe an Sicherheitsmaßnahmen improvisiert. So wurde zum Beispiel Lillan Sundin, eine der Hauptzeuginnen im Gerichtsverfahren, sofort an einen geheimen Ort in Norrland gebracht. Staatsanwalt Österberg erhielt Personenschutz: Drei Tage lang wohnte ein Beamter der schwedischen Sicherheitspolizei *Säpo* bei ihm zu Hause in Bandhagen, und immer, wenn es an der Tür klingelte, öffnete der Beamte mit der Dienstpistole in der Tasche. Österbergs Kinder, die das Ganze ziemlich spannend gefunden hatten, waren alarmiert, nachdem zwei Polizisten in Zivil mitten im Unterricht in ihre Klasse gekommen waren und sie aufgefordert hatten, vom Fenster wegzubleiben. Die Stockholmer Polizei nahm sogar Kontakt zu den Kollegen in Wien auf, damit sie die drei Lehrer an Wagners ehemaligem Gymnasium, gegen die er bei verschiedenen Gelegenheiten Morddrohungen ausgestoßen hatte, sowie seine alte Liebe Silvia warnen konnten.

In Wagners Zimmer wurde ein an Erik Blomberg, den Polizisten, der anfänglich die meisten Vernehmungen durchgeführt hatte, adressierter Brief gefunden. Darin beteuerte Wagner wieder seine Unschuld und dass er vollkommen ungefährlich sei und betonte: «Es ist die Sehnsucht nach Freiheit, die mich zur Flucht getrieben hat», sowie die Angst vor einem «Rücktransport nach Österreich». Der Brief endet schmissig: «Darum also: keine Panik, Herr Blomberg, es ist alles lange nicht so tragisch, wie es aussieht. Mit freundlichen Grüßen Ihr Friedrich Wagner».

Wie zu erwarten gingen umgehend Hinweise bei der Polizei ein. Und wie zu erwarten waren diese sehr widersprüchlich. Schnell war klar, dass Wagner an mindestens vier oder fünf verschiedenen Orten in Stockholm gesehen worden war. Schwarz-weiße Polizeiautos kreuzten in Rudeln durch die Stadt und schlugen in razziaähnlichen Aktionen an verschiedenen Stellen zu, unter anderem in Bromsten und Vasastan, doch ohne Erfolg. Dass am Dienstagabend eine ganze Serie von Vergewaltigungsversuchen an jungen Frauen aus Högdalen, dem unmittelbar nördlich von Hökarängen gelegenen Stadtteil, gemeldet wurde, trug auch nichts zur Beruhigung der aufgeheizten Stimmung bei. Wagner schien keine Zeit zu verschwenden.

Am Mittwochabend, den 27. April, kam aber die Meldung, dass Wagner in der kleinen dänischen Stadt Padborg festgenommen worden war, als er gerade die Grenze zur Bundesrepublik Deutschland überqueren wollte. Die Festnahme ging undramatisch und ohne Widerstand vonstatten. In einer seiner Taschen fand die Polizei zwei Rasierklingen.

Am Donnerstag übergaben ihn die dänischen Behörden an die Polizei in Malmö. Wagners Hände waren hinter seinem Rücken mit Handschellen gefesselt, er trug eine braune Jacke, die ihm ein wenig zu klein war, graue Hose, blank geputzte schwarze Schuhe, Hemd und Fliege und lächelte in die Kameras der wartenden Fotografen. Bereitwillig schilderte er seine Flucht.

Einen Fluchthelfer hatte er nicht gehabt. Er hatte seine Aktion mit der bekannten Mischung aus List und Sorgfalt vorbereitet. Die Kleidung gehörte ihm, er hatte sie in seinem Krankenzimmer versteckt gehabt; ebenso das Geld: Über Monate hinweg hatte er für diesen Zweck sein Krankengeld gespart, durchschnittlich sieben Kronen am Tag; das Fenster hatte er mit Hilfe eines Dietrichs geöffnet, den er sich aus einem im Krankenhaus gestohlenen Löffel gemacht hatte.

Am späten Montagabend hatte er sich umgezogen, das Fenster geöffnet, war auf die Erde gesprungen und behände über den zwei Meter hohen Zaun geklettert, durch den dunklen Park, der das Krankenhaus umgibt, gelaufen und direkt davor in ein Taxi gestiegen, das durch einen glücklichen Zufall gerade vorbeigekommen war. Damit war er zum Hauptbahnhof gefahren, wo er den letzten Zug nach Göteborg genommen hatte. Dort angekommen, hatte er die Fähre nach Frederikshavn in Dänemark bestiegen.[102]

Auch im Laufe der weiteren Reise hatte Wagner seine Raffinesse unter Beweis gestellt. Seit knapp zehn Jahren galt Passfreiheit zwischen Schweden und Dänemark, doch die Grenze nach Deutschland würde nicht ganz so leicht zu passieren sein. Als man Wagner einsperrte, hatte man ihm einen älteren Ausweis gelassen, der bei Reisen zwischen einigen europäischen Ländern, unter anderem Dänemark, Westdeutschland und Österreich, als Passersatz galt. Dieses Dokument hatte er auf einfache, aber durchaus schlaue Art gefälscht: Aus unerfindlichen Gründen war sein Nachname darin mit kleinem «w» geschrieben, was er sich zunutze gemacht hatte, indem er in der gleichen Schrift die Silbe «Ren» davorgesetzt hatte, sodass er nun «Renwagner» hieß. Außerdem hatte er einen zweiten Vornamen ergänzt, Karl, reiste jetzt also unter dem Namen Karl Friedrich Renwagner.

Von Frederikshavn aus hätte Wagner mit einem Schnellzug direkt nach Hamburg fahren können. Allerdings war er davon ausgegangen, dass die Polizei solche Verbindungen besonders gründlich kontrollierte, weshalb er einen Zug nahm, der über Fredericia zu dem kleinen Ort Tinglev in Südjütland fuhr. Dort wanderte er in der Dämmerung herum und übernachtete darauf in einem Gebüsch. Am nächsten Morgen nahm er dann einen Regionalzug in Richtung Süden, in der wohlbegründeten Hoffnung, in dem Strom dänisch-deutscher Grenzpendler unterzutauchen.

Wagner war jedoch vier Schwedinnen aufgefallen, die auf derselben Fähre gewesen waren wie er, und zwar zuerst wegen seines Bartes und seiner Frisur, mit denen er dem beliebten Musiker und Entertainer Owe Törnqvist ähnelte. Als sie später wieder zu Hause waren und Bilder des Flüchtigen im Fernsehen sahen, ging ihnen auf, dass sie Wagner gesehen hatten. Sie teilten der schwedischen Polizei ihre

Beobachtungen mit, die den Hinweis für so interessant hielt, dass sie Interpol einschaltete.

Interpol wiederum schickte ein Telex an die dänische Polizei, das bei dem Grenzposten in Padborg eintraf, kurz bevor der unscheinbare Regionalzug aus Tinglev einfuhr. (Interessant: Wäre Wagner nicht so oberschlau gewesen und hätte den Schnellzug nach Hamburg genommen, hätte er die Grenze vor Ankunft des Telex von Interpol passiert und wäre damit der Entdeckung entgangen.) Vielleicht wäre er sogar auch so damit durchgekommen, denn die Ausweispapiere, die er im Zug vorzeigte, waren wie beschrieben formal echt, und seine Fälschung war «sehr geschickt gemacht».[103] Den dänischen Grenzpolizisten fiel jedoch auf, dass Karl Friedrich Renwagner dasselbe Geburtsdatum und denselben Geburtsort hatte wie der Flüchtige aus Schweden: 9.11.1940 in Wien. Als sie sein Gepäck durchsuchten, fanden sie ein weiteres Identitätsdokument, ausgestellt auf einen gewissen Friedrich Wagner. Da nahmen sie ihn fest.

Nach Wagners Überstellung nach Malmö und nachdem er vernommen worden war, eskortierte man ihn zu seiner neuen Unterbringung. Die psychiatrische Klinik von St. Göran war nachweislich nicht sicher genug, weshalb man ihn in eine große, einsam gelegene Nervenheilanstalt bei Västervik verlegte und dort in einem besonders gesicherten Gebäude einschloss. Einige Tage später vermeldete eine kleine Zeitungsnotiz, dass Wagner einem dortigen Arzt den Mord gestanden hatte. Später fand ich allerdings Dokumente, denen zufolge er nicht gestanden oder das Geständnis zumindest später widerrufen hatte.

Diese unbestätigten Informationen zu Wagners Geständnis fand ich verwirrend. Sie passten nicht zu dem Bild, das ich mir von Wagner gemacht hatte, zu seinem Verhalten während der Ermittlungen und der Gerichtsverhandlung. Er schien einer von denjenigen Mördern zu sein, die niemals gestehen, unter keinen wie auch immer gearteten Umständen, sondern ungeachtet aller Widersprüche mit einer Art rechthaberischem Pathos an ihrer Geschichte festhalten, was im Falle Wagners gut zu seiner Diagnose Paranoia passen würde: Ich bin unschuldig, verfolgt, Opfer einer Konspiration.

Gleichzeitig stand ich vor einem Problem. Falls es wirklich ein Geständnis gab, war es höchstwahrscheinlich unmöglich, da heranzukommen.

Mittlerweile war mir die Naivität meiner anfänglichen Hoffnungen vollends klar geworden. 1965 war weiter entfernt, als ich gedacht hatte. Ich erinnere mich an einen ganz besonders qualvollen Nachmittag, an dem Lars-Olov, der mir bei der manchmal komplizierten Suche nach Personen aus dem Fall Granell half, mit seinem Laptop auf dem Schoß auf dem grauen Sofa in meiner Schreibklause saß und ohne aufzublicken mit monotoner Regelmäßigkeit wiederholte «verstorben», «verstorben», «verstorben». Die Leute waren tot. Und viele von denen, die noch lebten, erinnerten sich nicht.

Eine andere Komplikation, mit der ich schon eher gerechnet hatte, betraf die Möglichkeit, an Informationen zu gelangen, die der Geheimhaltung unterliegen. Das hatte sich unter anderem herausgestellt, als ich mit den Dokumenten aus der Verhandlung im *Svea hovrätt* arbeitete.

Dessen Akten aus jener Zeit liegen in der Zweigstelle des Reichsarchivs in Arninge. An einem eisig kalten Wintertag fuhr ich hin. Anders als sonst waren die Räume beinahe verwaist. Zu dritt saßen wir in dem großen Forschersaal, während einige andere Räume gähnend leer waren, denn in gut einem Monat sollte das Archiv wegen Umbaus schließen. Draußen vor dem Fenster war alles grau oder graubraun, Lehm, Gesteinsbrocken, Betonpfeiler im gefrorenen, aufgewühlten Boden. Während ich auf die bestellten Archivkartons wartete, wanderte ich etwas planlos umher und ließ meinen Blick an den vielen Metern Archivverzeichnissen entlangschweifen, die meisten für diverse staatliche Behörden, und in mir trafen zwei widerstreitende Impulse aufeinander. Der eine: Man stelle sich all die Arbeit, all die Mühen vor, und alles, was übrig bleibt, sind Hekatomben Papier. Der andere: Alle sind hier, alle hinterlassen irgendwelche Spuren, niemand verschwindet für immer.

Dann bekam ich mein Material. Es war nur ein einziger Archivkarton. Und der war verdächtig leicht. Darin lagen vielleicht dreißig Dokumentkopien. Darunter waren die Protokolle, aber fast keine anderen Unterlagen. Vor allem fehlte Holmstedts Gutachten, das für das Urteil der Berufungsinstanz so eine entscheidende Rolle gespielt hatte. Es war eine Verschlusssache.

Ich versuchte alles Mögliche, um an das Material heranzukommen. Ich schrieb viele E-Mails und berief mich auf den vom Gericht selbst festgelegten Geheimhaltungszeitraum von fünfzig Jahren, die jetzt abgelaufen waren. Die Sachbearbeiterin war höflich, aber bestimmt. Sie berief sich auf das Öffentlichkeits- und Geheimhaltungsgesetz von 2009. («Das ärztliche Attest und die Expertengutachten fallen unter Kap. 35 § 1 Pkt. 1 und Kap. 43 § 3 Abs. 2, und die Geheimhaltungsfrist für Dokumente dieser Art beträgt 70 Jahre, woraus folgt, dass sie nicht vor dem Jahr 2036 herausgegeben werden dürfen.» Sie hatte das Gesetz auf ihrer Seite. Ich musste mich schließlich damit zufriedengeben, aus der Presse und aus Zitaten im Gerichtsprotokoll von *Svea hovrätt* ein Bild vom Gutachten des Psychiaters zusammenzubasteln.[104]

Aufgrund dieser Erfahrung gab ich mich keinen Illusionen hin, Material über Wagners Zeit im psychiatrischen Krankenhaus bei Västervik einsehen zu dürfen. Falls es überhaupt ein Geständnis gab, würde es nicht vor, ja, 2037, freigegeben werden. Nein, daran war gar nicht zu denken.

Zu einem anderem Schauplatz, dieses Mal im Archiv von Stockholms ehemaligem Polizeipräsidium, einem Palast im Imperialstil im Park hinter dem Rathaus. Das Archiv befindet sich im ehemaligen Untersuchungsgefängnis, und aufgrund der Menge an Material zu diesem Fall wurde mir bei meinen Besuchen immer ein eigener Raum, eine ehemalige Zelle, zur Verfügung gestellt. (Zwei Wagen waren nötig, um alles dorthin zu transportieren.) Es war ein Freitag im Dezember, es war schon spät, und in den Fenstern brannten Adventsleuchter. Die Angestellten gingen allmählich ins Wochenende. Die Lichter erloschen. Kirchenstille breitete sich aus, und bald würde auch ich aufbrechen, um mich mit einem guten Freund zu treffen.

Vor mir lag einer der letzten Kartons der Serie, dem ich eine verschlissene Mappe entnahm, als ein Dokument heraus- und auf den Boden fiel, mir buchstäblich vor die

Füße. Ich beugte mich hinunter, um es aufzuheben, und las die Überschrift: «Tonbandaufnahme vom 3.5.1967 im Norra sjukhuset in Västervik, Gespräch mit dem österreichischen Staatsangehörigen Friedrich Wagner.»

Ich begann zu lesen. Es war sein umfassendes Geständnis.

Tonbandaufnahme vom 3.5.1967 im Norra sjukhuset in Västervik, Gespräch mit dem österreichischen Staatsangehörigen Friedrich Wagner. Anwesende: Oberarzt Doktor Ragnar Winberg und Erster Kriminalassistent Bo Malm.

Dr. Winberg: Noch einmal zu diesem Mord von gestern, nicht wahr?

Wagner: Ja.

Dr. Winberg: Hier ist jetzt ein Mann von der Polizei, der gerne mit Ihnen sprechen möchte. Würden Sie ihm das noch einmal erzählen?

Wagner: Ja, das kann ich gerne tun.

Dr. Winberg: Ja, Sie können es ja selbst erzählen.

Wagner: Also, ich hatte ja ein Zimmer da in dem Stadtteil, der Hökarängen heißt, und mein Haus, das war ungefähr 75 Meter vom Mordhaus entfernt, und irgendwann, nachdem ich eingezogen war, habe ich dieses Mädchen mit ihrer Freundin gesehen, und ich fand sie ganz besonders hübsch, und so war das dann also, und es dauerte ungewöhnlich lange, nichts [passierte], also sie war ja verreist, habe ich dann gehört, und nach ungefähr drei Wochen [kam sie zurück]. Vor dem Mord habe ich sie durch Zufall durch das Küchenfenster gesehen, als sie draußen war, und ich dachte, dass sie allein war, das war also an dem betreffenden Tag, und da muss ich hinzufügen, dass ich zu der Zeit darüber nachgedacht habe, eine Frau zu betäuben und sie zum Sex mit mir zu zwingen, und zu dem Zweck hatte ich mir französisches Chloroform besorgt, das man sehr billig kaufen konnte und an das man herankommen konnte, ohne Genehmigung also, ohne, ohne [lange Pause] und damit und mit meinen fertigen Plänen, ja, das waren so ungefähr fünf- bis sechshundert Seiten, die ich geschrieben hatte, über verschiedene Projekte. Ich hatte ja reichlich Material, dann ging ich zu Fräulein Granells Haus, ungefähr gegen zehn Uhr abends am 24. Juli war das, und da sah ich, dass drinnen Licht war, und deswegen hielt ich mich auf der kleinen bewaldeten Anhöhe vor dem Haus auf, bis das Licht gelöscht wurde. Das dauerte vielleicht eine Stunde. Dann habe ich mich vorgetastet. Meine Absicht war es, ein Fenster einzuschlagen und ins Haus einzusteigen, aber das stellte sich als unnötig heraus, sondern die hintere Tür, die zum Garten, Terrassentür wurde sie später genannt, stand offen, und durch die Tür bin ich ins Haus gegangen, und ich muss noch sagen, dass das Innere ja genauso aussieht wie in dem Haus, in dem ich wohnte. (Weshalb ich mich in einem anderen [Haus] wahrscheinlich nur schwer [zurechtgefunden] hätte.[105]) Und dann ging ich die Treppe hoch, und ich wusste ja nicht, welches Zimmer ihres war, deswegen habe ich mich sicherheitshalber eine Weile in der Bodenkammer versteckt, die neben dem Badezimmer, das ist eine kleine Kammer, in der man alle möglichen Sachen verstaut, und als ich dachte, dass sie bestimmt schlief, schaute ich nach, in welchem Zimmer sie war. Sie lag nicht in ihrem eigenen Zimmer, sondern in dem von ihrer Mutter und ihrem Vater, und dann packte ich die Sachen aus, die ich mitgebracht hatte. Das waren also das Chloroform und die Gesichtsmaske, die ich schon im Wald angezogen hatte und ein bisschen eingeschmiert hatte, damit man mich nicht wiedererkennen konnte. Ich nahm also die Flasche und das Taschentuch und näherte mich dem Bett und nahm also so wenig, so wenig wie möglich, und das waren wirklich nur einige, sehr wenige Tropfen, die auf dem Taschentuch waren, und ja, und dann passierte es, dass, jedenfalls, ich wusste absolut, das muss ich hinzufügen, ich wusste nicht, dass sie bei dem Ganzen zu Schaden gekommen war. Also es war meine feste Überzeugung, dass sie also nur betäubt war, ich konnte ja nicht wissen, dass es zu viel war, das konnte ich doch wirklich nicht wissen. Und wenn ich gewusst hätte, dass es so gefährlich sein kann, dann hätte ich mit Sicherheit nicht so gehandelt!

EKrA Malm: Sie sagten gestern, dass Sie das Taschentuch mit Chloroform tränkten und es ihr dann auf das Gesicht drückten und dann Geschlechtsverkehr mit ihr hatten?

Wagner: Ja.

EKrA Malm: Ja. Doch dann bemerkten Sie, dass sie tot war, also danach?

Wagner: Nein, das habe ich nicht [Pause]

EKrA Malm: Aber Sie haben danach alles wieder ordentlich gemacht?

Wagner: Ja. Aber das war, um eventuelle Spuren zu beseitigen, die meine Identität verraten konnten, aber ich hatte absolut keine Ahnung, dass sie tot war. Ich weiß nicht, wie ich in dem Fall reagiert hätte, vielleicht hätte ich selbst die Polizei gerufen, ich weiß es nicht.

EKrA Malm: Wie viele Tropfen waren ungefähr auf dem Taschentuch?

Wagner: Ja, mir schien, es waren vielleicht drei Tropfen, mehr nicht.

EKrA Malm: Es könnten aber auch mehr gewesen sein.

Wagner: Es war sehr, sehr wenig. Es ist möglich, dass ich nervös war und meine Hand ein bisschen zitterte, dass dadurch [Wörter fehlen], aber ich wusste ja, dass es gerade mit diesem Mittel nicht einfach zu erreichen würde [sic], aber dass es wirklich so gefährlich ist, das kann sich ein Laie gar nicht vorstellen.

EKrA Malm: Warum haben Sie das nicht schon eher erzählt?

Wagner: Ja, darauf könnte ich ganz einfach sagen, der Grund war, dass ich eben mit dem Arzt gesprochen habe.

EKrA Malm: Ja, weiter nichts?

Wagner: Nein.

Dr. Winberg: Ich wollte Sie noch fragen, wie reagierte die junge Frau, als Sie ihr das Taschentuch vor den Mund hielten?

Wagner: Ja, soweit ich das bemerken konnte, reagierte

sie überhaupt nicht. Ich war zu dem Zeitpunkt, also ich war so aufgestellt [aufgeregt?] und ein wenig erschrocken und hatte, könnte man sagen, Erwartungen[106], deshalb habe ich keine Reaktion bemerkt.

EKrA Malm: Ich vermute, dass sie schlief? Sie schlief, als Sie kamen?

Wagner: Ja. Ich dachte deswegen, es wäre einfach eine Schlafvertiefung.

EKrA Malm: Jaa. Haben Sie noch weitere Fragen, Herr Doktor?

Dr. Winberg: Nein, ich habe keine Fragen.

EKrA Malm: Zu dem, was vorgefallen ist?

Dr. Winberg: Das war wohl ungefähr das, was Herr Wagner gestern erzählt hat. Mehr war da nicht.

Wagner log in allen Vernehmungen und Gerichtsverhandlungen, konsequent, zungenfertig und phantasievoll. Es ist keineswegs überraschend, dass er, als er endlich beschließt zu gestehen, dabei weitere Lügen zu Hilfe nimmt.

Es kann nicht stimmen, dass er wartete, bis alle Lichter im Söndagsvägen 88 erloschen waren: Man denke an die offene Dose mit Handcreme, man denke daran, dass auf dem Nachttischchen nicht das Glas Wasser stand, das Kickan jeden Abend mit ans Bett nahm, um damit die Anti-Baby-Pille hinunterzuspülen. Die Details weisen darauf hin, dass sie eben dabei war, ins Bett zu gehen, als er sich Zutritt verschaffte. (Hörte sie die Terrassentür? Hörte sie die Schritte auf der Treppe? Hörte sie das laute Knarren der obersten Treppenstufe?) Es stimmt nicht, dass Wagner «so wenig, so wenig wie möglich» des Chloroforms auf das Taschentuch gegeben hatte: Man denke an die Mengen, die bei der Obduktion in Kickans Körper gefunden wurden (Mageninhalt 2,5 Milligramm pro 100 Gramm, Gehirn 5,5 Milligramm pro 100 Gramm), ein Anzeichen dafür, dass eine große Menge verwendet worden war, an die zwei Deziliter vielleicht. Es stimmt nicht, dass Wagner «als Laie» nicht überblickte, wie gefährlich dieses Mittel war: Man denke nur daran, dass sich das Buch «Narkose und Betäubung» bei seinen Sachen befand. Sowohl in den Vernehmungen als auch im Gerichtsverfahren hatte er erkennen lassen, dass ihm die Gefahren bekannt waren, die mit der Verwendung von Chloroform einhergingen. Es stimmt nicht, dass sein Opfer keine Reaktion zeigte, dass er ihr einfach das Taschentuch aufs Gesicht legte und daraufhin lediglich eine «Schlafvertiefung» zu bemerken war: Man denke an die kleinen Verletzungen in Kickans Gesicht (eine kleine Verfärbung links an der Nase, ein runder blauer Fleck auf dem linken Augenlid, direkt daneben ein kleiner Kratzer, die Blutung in ihrer Nase), die alle verraten, dass ihr das Taschentuch mit Gewalt auf Nase und Mund gedrückt worden war.

Er überfiel sie, als sie noch wach war.

Und sie wehrte sich.

Ja, es gab ein Geständnis. Und ja, es wurde später zurückgezogen. In einem Brief an die Gesundheitsbehörde Anfang Februar 1968 teilte Wagner mit, dass er alles Gesagte zurücknehme und dass er unschuldig sei. Das Geständnis sei eine Folge «starker Druckausübung» von Seiten der Psychiater gewesen, schrieb er. Sie hätten damit gedroht, falls er nicht gestehe, werde er nie wieder freikommen, es werde keine Erlaubnis zur Überstellung nach Österreich zwecks Weiterbehandlung erteilt, man werde ihn einer medikamentösen Zwangsbehandlung unterziehen (mit der man im Übrigen bereits begonnen hatte: mit Hibernal und Lithium), und man werde ihn mit Elektroschocks behandeln «etc.»[107]. Er sei – und dies ist das verräterische Detail – infolge dieses Drucks Ende April 1967 geflohen. In dem eigenartigen Brief an Erik Blomberg behauptete er das genaue Gegenteil: dass es unter anderem die Angst vor einer Überstellung nach Österreich gewesen sei, die ihn zur Flucht aus St. Göran bewogen hatte. Außerdem gab er an, aus der einen Anstalt geflohen zu sein, um dem Druck zu gestehen zu entkommen. Darauf landet er in einer anderen, weit von der ersten entfernt gelegenen Anstalt, und das Erste, das er macht, ist – gestehen. Es ist offensichtlich, dass Wagner immer das sagt, was ihm in der jeweiligen Situation den größten Vorteil verspricht.

Es ist allerdings nicht schwierig zu verstehen, warum Wagner all diese Lügen erzählt. Er möchte gestehen, sich aber selbst dabei in ein so gutes Licht setzen wie möglich. Vielleicht war die Tatsache, *dass* er gestand, wichtiger als *was* er gestand? Vielleicht hing das mit dem Druck zusammen, der bereits in St. Göran in Stockholm auf ihn ausgeübt wurde, wo man ihm signalisierte, dass eine Überstellung nach Österreich ohne ein Geständnis nicht möglich wäre?

Am Donnerstag, den 21. November 1968, wurde Friedrich Wagner aus Schweden ausgewiesen. Er traf auf dem Flugplatz von Kalmar an der gecharterten Maschine von Sydair «in eleganter Kleidung und mit sechs Koffern und

drei Pflegern des schwedischen psychiatrischen Kranken-
hauses» ein, wie es in einer Meldung von *Dagens Nyheter*
heißt, worauf er direkt nach Wien geflogen wurde. Das
Flugzeug landete gegen zwölf Uhr. Dort wartete bereits
die österreichische Polizei und nahm ihn zur weiteren
Untersuchung und Unterbringung in Gewahrsam.

Friedrich Wagner starb 2010 in Wien.

Als Wagner außer Landes geflogen wurde, war Eva Marianne Granell, die immer nur Kickan genannt wurde, seit
beinahe dreieinhalb Jahren tot. Ihre Eltern waren umgezogen, die Ehe war durch den Schock zerbrochen, das
Haus Söndagsvägen 88 von ihren Habseligkeiten und
Erinnerungen geleert, und eine andere Familie war eingezogen. Nach «dem Ereignis» – wie jemand den Mord
mir gegenüber nannte – hatte das Paar andere Menschen
gemieden und sich in seine Trauer zurückgezogen und
dort eingekapselt. Denn wir schrieben die 60er Jahre, und
intensive Gefühle waren etwas, was man für sich behielt.
Vielleicht waren sie einfach all der Fragen und lüsternen
Blicke müde, müde der leeren und unbeholfenen Worte
des Mitgefühls, denn was kann man Eltern schon sagen,
die ihr einziges Kind verloren haben? Und dann noch auf
diese Weise? Einer der Nachbarn erzählte, dass die zwei
ein sehr stilles, geradezu anonymes Leben geführt hätten
und dann eines Tages verschwunden gewesen seien.

Erinnerungen verblassen. Das wird unter anderem deutlich, als ich Menschen darum bitte, Kickan zu beschreiben.
Dass die Beschreibungen so vage bleiben, liegt nicht allein

daran, dass Kickan nicht viel Wesens von sich machte. «Munter und fröhlich», natürlich. Aber nicht viel mehr. «Ich weiß noch, dass wir uns gegrüßt haben.» Das ist alles, was einige über sie zu erzählen hatten. Im Register der Friedhofsverwaltung findet man sie sofort: «Kickan Eva Marianne Granell, geboren am 22.12.1946, gestorben am 27.07.1965, beigesetzt am 08.10.1965, Grab Nummer 12413. Skogskyrkogården Quartier 14E». Fährt man aber hin, findet man nichts. Nur eine kaum sichtbare Vertiefung in dem mit Baumnadeln bedeckten Gras. Es gibt keine Nummer 12413. Das Grabnutzungsrecht ist abgelaufen.

In den ersten drei, vier Monaten nach dem Mord wurde in Skönstaholm scheinbar über nichts anderes gesprochen als über diese Tat. (Und wenn es einmal gelang, die Sache zu vergessen, konnte man sicher sein, dass wieder ein Polizist in Zivil an der Tür klingelte und dies oder jenes wissen oder auch nur bereits gegebene Antworten überprüfen wollte.) Um Kickans Eltern und den Söndagsvägen 88 scheint sich wie gesagt eine ohrenbetäubende Stille gelegt zu haben – eine Mischung aus Unbehagen und aufrichtigem Mitgefühl, umgedeutet zu dem, was man damals gern als Diskretion bezeichnete.[108] Später, nach dem Prozess und nachdem Wagner weggesperrt worden war, schien es, als ob die Leute das alles nicht nur hinter sich lassen wollten, sondern es auch konnten. Man feierte Lucia und Weihnachten wie immer, oder jedenfalls fast wie immer, mit allerlei gemeinsamen Aktivitäten.

Der Mord wurde zu etwas, von dem alle wussten, über das aber niemand sprach. Die Haustüren hielt man jedoch fortan verschlossen. Später, als Bewohner, die 1965 dort gewohnt hatten, wegzogen, und andere, glücklich unwissende, einzogen, nahm die Verdrängung eine neue Form an. Sie wurde zu echtem Vergessen.

Das Gedächtnis ist eine spröde Materie. Und manchmal ist das wohl auch gut so.

Viele der Menschen, die in jenem kühlen Sommer vor über fünfzig Jahren dort wohnten, ja vielleicht die meisten, begleitet «das Ereignis» – nun benutze ich selbst dieses Wort – dennoch bis heute, allerdings als eine undeutliche Besorgnis, eine Besorgnis ohne Objekt. Eine Besorgnis, die sich zum Beispiel bemerkbar macht, wenn man den Fahrradweg hinter dem Haus entlangfährt und der Blick auf das linke Fenster im oberen Stockwerk fällt, oder die sich als ein diffuses Unbehagen beim Anblick einer offen stehenden Terrassentür äußert oder in der Erkenntnis, dass bestimmte Dinge geschehen können, obwohl alles sicher zu sein scheint, und dass man auf der Hut sein muss. Eine Frau, die ganz in der Nähe von Nummer 88 gewohnt hatte und zwanzig Jahre später mit ihrer eigenen Familie in einem Einfamilienhaus lebte, spannte noch lange Zeit, wann immer sie allein zu Hause war, Stolperdrähte an der Haustür, damit sie hören konnte, falls jemand versuchte, sich Einlass zu verschaffen. Sicherheitshalber.

Für einige Menschen hat sich die Angst niemals auf diese Weise transformiert. Sie existiert weiterhin, intakt. Wie für Anna Margareta Sjöö, geborene Sundin, «Lillan». Die längste Zeit ihres Lebens hatte sie Angst «vor ihm», wie sie sagt, vor Wagner, davor, dass er früher oder später vor ihrer Tür stehen könnte. Obwohl sie bewusste Anstrengungen unternommen hat zu verdrängen, unter anderem, weil man damals mit Erlebnissen dieser Art nun einmal so umging. «Warum darin herumwühlen? Man schlägt einen Pflock ein. Es ist nie passiert.» Das funktionierte meist ziemlich gut. Doch manchmal reichte es schon, dass das Telefon klingelte und es am anderen Ende still war, damit die Angst und die Gedanken wiedererwachten. Im Frühjahr 2000 machte sie eine Therapie, aus anderen Gründen, doch dabei kam alles wieder hoch. Die Angst. Die Erinnerung. Die Bilder. Und sie steht noch einmal dort in der Tür im Söndagsvägen 88, schaut auf das Bett und sieht wieder die Flecken an Kickans Hals und nimmt den Geruch wahr und kann trotzdem unmöglich *begreifen*, und die Zeit steht still, dehnt sich aus, wird immer länger, wird zu Jahren, und die Jahre folgen aufeinander, immer mehr, bilden Jahrzehnte, bis es jetzt ist, heute, und dann kommt ihr Onkel und zieht sie von der Tür weg, zur Treppe.

EPILOG

Ich fahre noch einmal zum Söndagsvägen. Wahrscheinlich zum letzten Mal. Es ist Mitte März, aber der Winter will seinen Griff nicht lockern. Am Himmel hängen niedrige Wolken, und es fällt ein leichter kalter Regen. Alles erscheint mir in verschiedenen nassen Nuancen aus Braun und Grau. Der Tennisplatz ist von zusammengesunkenem Schnee bedeckt. Hier und da stehen gebeugte, wartende Blütenstände von Winterlingen und Schneeglöckchen. Ich friere. Meine Hände sind kalt.

Als ich dort herumwandere, fällt mir wieder einmal auf, wie wenig sich verändert hat. Äußerlich. Der Wald steht noch dort, wo er immer schon stand. Der Verlauf der Fuß- und Radwege ist gleich geblieben. Als ich dort mit den Ermittlungsfotos von 1965 stehe, kann ich immer noch einzelne Bäume identifizieren. Der kleine Platz sieht fast genauso aus wie damals, ebenso die Häuser. Das Muster des ockergelben Putzes am Haus Nummer 88 ist dasselbe wie 1965, dieselbe Lampe hängt über der ebenfalls noch originalen Tür. Diese Häuser wurden gebaut, um die Zeiten zu überdauern.[109] Die Garage, von der aus die Polizisten Wagner vor seiner Festnahme überwachten, existiert noch. Ebenso der öffentliche Waschsalon. Doch natürlich ist Zeit verstrichen. Der kleine *ICA*-Laden – für einige immer noch der «Milchladen» – ist verschwunden. Seinen Platz hat eine Pizzeria eingenommen, die ebenfalls bald nicht mehr da sein wird. Die kleine Schule über dem Laden ist jetzt ein Kunstatelier. Den Fußweg zwischen den

Häusern, den Wagner nach dem Mord benutzte, hat man bepflanzt, ich vermute, um die Leute daran zu hindern, hier hindurchzulaufen. Der Söndagsvägen gehört jetzt einer Genossenschaft.

Zu dieser Jahreszeit sind die Bäume kahl und der Stadtteil ist weniger dicht begrünt, weniger einladend. Aber man sieht auch mehr, so ohne Belaubung. Es liegt sicher an der Jahreszeit, dass ich während der ersten Stunde niemandem begegne, außer einem Kleinkind in rotem Overall, das ungeachtet des Wetters fröhlich herumtollt, sowie seinem Vater in Elternzeit mit hochgezogener Kapuze. Wir unterhalten uns ein wenig. Natürlich weiß er davon, dass vor langer Zeit da drüben in der Nummer 88 ein Verbrechen begangen wurde – waren es nicht zwei Morde? Ein Generationenwechsel ist im Gange. In vielen der Fenster hängen immer noch Keramikampeln aus Makramee, während neben zahlreichen der Eingangstreppen Spielsachen liegen, neue Kinderfahrräder und Bobschlitten aus buntem Plastik. Doch noch wohnen hier Menschen, die sich an die Tage im Juli 1965 erinnern, als alle möglichen wilden Gerüchte in Umlauf waren, überall Polizisten herumliefen und Neugierige – Männer, Paare, Familien – sich mit ihren Autos in Schlangen einreihten, um in Schrittgeschwindigkeit an dem Reihenhaus der Granells vorbeizufahren, zum Wendeplatz an der Tennisbahn hinunter, und dann in Schrittgeschwindigkeit wieder zurück.

Einen Moment lang fühle ich mich, als sei ich einer von ihnen, wenn auch mehr als fünfzig Jahre zu spät eingetroffen. Noch einmal stehe ich vor Haus Nummer 88. Ich warte, zögere. Möchte klingeln, erklären, fragen, schauen. Mein

Blick schweift umher, den steilen bewaldeten Abhang hinauf, er folgt dem Radweg bis zu dem verschwundenen Durchlass in der Hecke, der Blick kehrt zurück, gleitet an den Wänden entlang, hinauf zum Dach, zu den Dachfenstern und wieder zurück. Was hoffe ich hier zu entdecken? Drinnen macht jemand Licht. Ich sehe, wie sich im Schatten eine Gestalt bewegt. Noch eine Weile zögere ich. Dann drehe ich mich auf dem Absatz um und gehe, verlasse den Söndagsvägen. Es hat aufgehört zu regnen. Am grauen Himmel lässt sich als blassgelber Fleck die Sonne erahnen.

NACHWORT

Für dieses Buch habe ich drei verschiedene Arten von Quellen benutzt: Archivmaterial von Polizei und Gerichten, Presseartikel aus der fraglichen Zeit sowie Interviews. Die Materialfülle ist überwältigend. Ich habe weder etwas hinzuerfinden wollen noch müssen.[110]

Die Unterlagen aus den Gerichtsverhandlungen der ersten Instanz einschließlich Ermittlungsakten befinden sich in Stockholms Stadtarchiv, die des *Svea hovrätt* in der Zweigstelle des Reichsarchivs in Arninge. Im Stockholmer Polizeiarchiv wird das komplette während des Verfahrens zusammengetragene Material aufbewahrt, einschließlich des «Bodensatzes», der als für die Anklageerhebung nicht relevant angesehen wurde und der in diesem Fall – aufgrund des Umfangs der Ermittlungen – gigantisch ist. Dort lagern auch weitere von mir benutzte Unterlagen, zum Beispiel Personalakten einzelner Polizisten. Mein besonderer Dank gilt an dieser Stelle Thomas Högberg vom Polizeiarchiv für seine großartige Unterstützung und dafür, dass er mir Unterlagen heraussuchte, von deren Existenz ich keine Ahnung hatte – ich denke da vor allem an die nie vollendete Schilderung des Falles von Kriminaltechniker Wincent Lange. Einiges an Material einzelne Personen betreffend habe ich im Archiv der ehemaligen Ausländerbehörde gefunden.

An damaligen Tageszeitungen habe ich *Stockholmstidningen, Dagens Nyheter, Svenska Dagbladet, Aftonbladet* und *Expressen* ausgewertet. Soweit sie nicht in digitalisierter Form vorlagen, habe ich auf das Pressearchiv der Hauptbibliothek der Universität Uppsala *Carolina Rediviva* zurückgegriffen.

Folgenden Personen, die mir ihre Zeit und ihre Erinnerungen zu der fraglichen Zeit und dem Ereignis zur Verfügung gestellt haben, möchte ich meinen großen und tiefempfundenen Dank sagen: Johanna Giesswein, Ulla Greber Hatt, Torbjörg Hagström, Thomas Malm, Peter Mobach, Anna Sjöö und Lars Österberg. Ulf von Strauss wohnte zum Zeitpunkt des Mordes zwar nicht in dem Stadtteil, war aber ein ausgezeichneter Guide und Kontakt für mich. Er hat nicht nur ein kleines Archiv zur Geschichte Skönstaholms aufgebaut, sondern zeichnet auch für den hübschen privat gedruckten, von der Wohnungsbaugenossenschaft herausgegebenen Band über den Stadtteil («Skönstaholm») verantwortlich, der mir von großem Nutzen war. In einer kritischen Phase meiner Arbeit erhielt ich unschätzbare Hilfe von Lars-Olov Lampers, der sich nicht nur in der Periode, der Materie und den Archiven auskennt, sondern mich auch in Momenten der Frustration aufmunterte. Meine Lektorin Johanna ist mir mit ihren kreativen Verbesserungs- und Streichungsvorschlägen in der Schlussphase des Schreibens eine große Stütze gewesen.

Ich habe mich verschiedener Quellen bedient, um das Bild von Schweden und der fraglichen Zeit zu entwerfen. Teils habe ich natürlich das oben erwähnte Pressematerial genutzt, teils zeitgenössische Übersichtswerke wie die entsprechenden Jahrgänge des Statistischen Jahrbuchs *SCB* sowie verschiedene Bände von *När var hur*. An neuerer Literatur möchte ich gern Kjell Östbergs *1968 –*

När allting var i rörelse (Järfälla 2018) erwähnen, Lena
Lennerheds *Frihet att njuta – Sexualdebatten i Sverige på
1960-talet* (Stockholm 1994), Klara Arnbergs *Motsättningarnas marknad – Den pornografiska pressens kom-
mersiella genombrott och regleringen av pornografi i
Sverige 1950–1980* (Stockholm 2010). Göran Häggs *Väl-
färdsåren – Svensk historia 1945–1986* (Stockholm 2005)
ist idiosynkratisch und nicht ganz zuverlässig, ermöglicht
aber trotzdem wichtige Einblicke. Als ausländische Werke,
die dabei helfen, ein Gefühl für die betreffende Zeit zu
entwickeln, sind Christopher Brays *1965 – The Year Modern Britain Was Born* (London 2014), Gerard deGroots
*The Sixties Unplugged – A Kaleidoscopic History of a Dis-
orderly Decade* (Harvard 2008) und Andrew Grant Jack-
sons *1965 – The Most Revolutionary Year in Music* (New
York 2015) zu nennen.

Da mein Zugang zu dem Thema zunächst der eines His-
torikers war, habe ich notwendigerweise sehr viele Werke
aus der mehr kriminologisch orientierten Literatur verwendet. Eine zentrale Persönlichkeit sowohl in den Reihen der damaligen Stockholmer Polizei als auch in dem
hier geschilderten Fall ist Kriminalkommissar G W Larsson. Seine Memoiren *Mordets verkliga ansikte* (Stockholm
1971) vermitteln einen guten Einblick in seine Arbeits-
weise und seine Psyche, auch wenn sie wie alle Memoiren
cum grano salis gelesen werden sollten. Ich erinnere mich,
dass ich vor langer Zeit «Die Profiteure» gelesen habe, einen Roman mit realem Hintergrund, geschrieben von
einem Mann mit denselben Initialen, Leif G W Persson (dt.
München 2006), und als ich ihn vor der Arbeit an diesem
Buch wieder las, bestätigte mir das einesteils, wie gut er

war, zum anderen gewann ich wichtige Erkenntnisse, wie sich Polizeiarbeit in der Realität gestalten kann. Auch in seinen Memoiren *Professor Wille Vingmutter, mästerdetektiv* (Stockholm 2018) habe ich Nützliches gefunden. Das Genre True Crime wird in unserem Land nicht gepflegt (es gibt nicht einmal ein gutes schwedisches Wort dafür) und ist wie in allen anderen Ländern von höchst uneinheitlicher Qualität – übrigens eines der Charakteristika dieses Genres –, aber einige Bücher habe ich während meiner Arbeit mit Gewinn gelesen, nicht zuletzt weil sie Verbrechen und Polizeiarbeit in dem fraglichen Zeitraum behandeln, so Petter Inedahls *Glömda mord* (Stockholm 2016), *Tjugo verkliga mord – En rättsläkare minns* von Lennart Rammer (Kalmar 2016), Börje Heeds *Brottsplats Stockholm* (Stockholm 2014), *Människor och brott* von Eva Faye-Wevle und Johan Åström (Stockholm 2004) und *En mördare är lös* von Lennart Silverbark (Lyckeby 2010). Der Polizeiveteran Silverbark ist außerdem Redakteur und Herausgeber der inhaltsreichen Anthologie *Polistjänsten inifrån*, in der Polizisten ihre Erinnerungen schildern. Der mittlerweile in Vergessenheit geratene Carl Olof Bernhardsson hat mehrere Werke in diesem Genre geschrieben, von denen ich vor allem die zweibändige Anthologie *Vårt samhälles olycksbarn* (ein zeittypischer Titel) von 1966 und 1967 genutzt habe, die nicht nur den einzigen Überblick bietet, der über den Mord in Hökarängen geschrieben wurde, sondern auch sehr viel anderes Material bereithält, das direkt oder indirekt diese Jahre widerspiegelt. In diesem Zusammenhang möchte ich auch meinem guten Freund Tom Källene danken, dessen Kenntnisse über dieses Genre mein eigenes Interesse befeuert haben.

Die literarische Massenproduktion, die reihenweise Werke über diverse dämonische oder obergescheite Serienmörder ausspuckt, habe ich mühelos links liegen gelassen, doch einige Bücher von John Douglas (und seinem Ghostwriter Mark Olshaker) konnte ich nicht übergehen, weniger wegen ihrer Form als wegen der Erkenntnisse, die sich immerhin aus Douglas' jahrzehntelanger Arbeit als Profiler beim FBI und Experte für Sexualdelikte speisen, nämlich *Mindhunter* (New York 1995, dt. *Mindhunter*, München 2019), und *The Anatomy of Motive* (New York 1999, dt. *Anatomie des Mörders*, München 2007). *Criminal Profiling – An Introduction to Behavioral Evidence Analysis* ist ein Lehrbuch, das in der Ausbildung von Profilern zur Anwendung kommt und von Douglas' scharfem (und akademisch staubtrockenem) Kritiker Brent Turvey geschrieben wurde und das mir als Gegengewicht, Korrektiv und zur Vervollständigung gedient hat. Im Übrigen gibt es nur wenige literarische Genres, bei denen sich eine derart abgrundtiefe Kluft zwischen Schein und Wirklichkeit auftut wie in Unterhaltungskrimis. In Schweden brüsten sich viele damit, das Erbe von Sjöwall und Wahlöö zu bewahren, doch nur wenige tun das auch tatsächlich.

P. E.
Uppsala – Madrid – Härnevi im Frühjahr 2019

ANMERKUNGEN

1 In den USA fielen in den Jahren 1961–63 pro einhundert Arbeitnehmer 27,8 Arbeitstage durch Streiks aus. In Schweden waren es 0,4 Tage.

2 Die zweithöchsten, wenn man die Beiträge zur Sozialversicherung mit einberechnet.

3 Vor allem von Erik Dahl, der die Häuser entwarf. Er war zu diesem Zeitpunkt Anfang dreißig und wählte Skönstaholm als Wohnsitz. Er war also ein Architekt, der originellerweise nicht nur Lippenbekenntnisse zu seiner eigenen Schöpfung ablegte.

4 Auch die Landschaftsarchitekten waren erstklassig. Einer von ihnen war der Stadtgärtner Holger Blom, der den «Pilz» auf dem Stureplan entworfen hatte.

5 *Bar-Lock* war eine private, 1906 gegründete Berufsschule in Stockholm, die Unterricht in Fächern wie Stenographie, Schreibmaschinenschreiben und Buchführung anbot und damit vor allem auf unterschiedliche Tätigkeiten im Sekretariat vorbereitete. Die berühmteste Schülerin dieser beliebten Schule war Astrid Lindgren, die 1926 dort das Maschinenschreiben erlernte. *Bar-Lock* – der Name geht auf eine bekannte amerikanische Schreibmaschine zurück, die 1888 auf den Markt kam – lag 1965 auf Östermalm. Als Kickan an dem schicksalsträchtigen Abend darauf bestand, vom Sommerhaus der Familie ihres Freundes zum Reihenhaus in Hökarängen gefahren zu werden, wollte sie vor allem nachsehen, ob sie an dieser Schule angenommen worden war.

6 Die Mode war gerade in eine Phase radikaler Erneuerung eingetreten: hohe Stiefel, Rollkragenpullover, hautfarbene Unterwäsche, Büstenhalter ohne Bügel und Stützfunktion, kurze Haarschnitte, «bequeme Kleidung, apart, geometrisch geschnitten, ohne Kinkerlitzchen, Bekleidung für Menschen des Weltraumzeitalters». Auch in diesem Bereich rückten die 50er Jahre in weite Entfernung. Das extremste Kleidungsstück, über das viel gesprochen wurde, wenn man es auch fast nie zu Gesicht bekam, war übrigens der sogenannte Monokini, ein Badeanzug ohne Oberteil. Frauen, die sich darin an einem schwedischen Badestrand zeigten, wurden sofort von der Polizei festgenommen.

7 Zwecks Korrektur womöglich übertrieben glücklicher Kindheitserinnerungen sollte erwähnt werden, dass alle Sommer in der ersten Hälfte der 60er Jahre relativ sonnenarm und kühl waren. Was sich mit meinen eigenen Erinnerungen überhaupt nicht deckt.

8 Noch, sollte man vielleicht hinzufügen. Mit dem Jahreswechsel war die Polizei aus kommunaler in staatliche Verantwortung übergegangen, und im Zuge dessen war unter anderem eine spezielle Reichskriminalabteilung eingerichtet worden, die ihren Sitz in Västberga im Süden Stockholms hatte. Personal war auf die besserbezahlten Stellen bei der Reichspolizei abgeworben worden, eine Wanderungsbewegung, die sich fortsetzen sollte und zum Teil die beträchtliche Rivalität erklärt, die sich zwischen der Stockholmer Mordkommission und derjenigen der Reichspolizei in Västberga entwickelte.

9 Im Jahr 1961 wurden 281 000 Verstöße gegen das Strafgesetzbuch registriert, 1965 waren es 393 000. Eine Steigerung von annähernd 40 Prozent.

10 So der Architekt Uno Åhrén in dem staatlichen Komitee *Bostadssociala utredningen* 1945.

11 Es hätte noch schlimmer kommen können. In ihrer Verzweiflung über die fast schon erdrückende Wohnungsnot hatten die Behörden zunächst erwogen, einfache Baracken aus Holz zu errichten.

12 Der Begriff «Mobbing» wurde erst 1973 in das von der Schwedischen Akademie herausgegebene Wörterbuch SAOL aufgenommen.

13 Farsta ist der Stadtbezirk, zu dem Hökarängen als Stadtteil gehört.

14 Ulla Sandulf spielte während dieser Jahre im Damen-Einzel in Wimbledon und hätte es durchaus bis ganz nach oben schaffen können, wenn sie nicht eine schwere Rückenverletzung erlitten hätte. Ein weiterer Einwohner von Skönstaholm, Magnus Feldt, besiegte 1970 einen gleichaltrigen Spieler namens Björn Borg im Kampf um *Kungens Kanna* – der errang die Trophäe jedoch im darauffolgenden Jahr.

15 «Lustiges Bullerbü» war das meistverkaufte Kinderbuch des Jahres 1965 in Schweden.

16 Das Standardporto für Briefe innerhalb Schwedens betrug 40 Öre, in Länder außerhalb Skandinaviens 60 Öre.

17 Ihr richtiger und heutiger Name lautet Anna Margareta Sjöö, aber sie wird noch immer bei ihrem alten Kosenamen gerufen.

18 Rein technisch betrachtet beschäftigen sich Historiker nicht mit der Vergangenheit, sondern sie studieren die *Hinterlassenschaften* der Vergangenheit.

19 Diese Erfahrung war für mich der Impuls, ein ganzes Buch über triviale Erinnerungen zu schreiben, solche, die als Erste verlorengehen. Der Titel lautet *Jag kommer ihåg*.

20 So werden Erinnerungen sozusagen von innen nach außen gelagert, weshalb bei Demenz die jüngeren Erinnerungen vor den älteren verschwinden und die Kindheitserinnerungen als Letztes ausradiert werden. Ein gutes Beispiel für die Nicht-Linearität, das wahrscheinlich hiermit in Zusammenhang steht, ist die Tatsache, dass Forscher beweisen konnten, dass man sich an mehr Einzelheiten aus seiner Kindheit erinnert, wenn man die sechzig überschritten hat, als zum Beispiel mit vierzig.

21 Es verdrängte das ältere Narkosemittel Äther, das genauso wirkte, aber sehr feuergefährlich war und außerdem einen unangenehmeren Geruch verströmte.

22 Dass es Kickan selbst gewesen war, konnte man ausschließen, zum einen, weil sie keinerlei Grund gehabt hätte, die Fingerabdrücke abzuwischen, zum anderen, weil das Haus hellhörig war und Lillan, solange sie wach war, kein Staubsaugergeräusch gehört hatte.

23 Zwischen Juni 1962 und Januar 1964 wurden in der Gegend von Boston dreizehn Frauen ermordet. Viel Aufmerksamkeit fand die Tatsache, dass der Täter seine Opfer offenbar dazu gebracht hatte, ihn freiwillig ins Haus zu lassen (während gleichzeitig die Angst so zugenommen hatte, dass Frauen sogar die Gegend verließen). Wie schaffte er das? Dass die Polizei in ihrer Verzweiflung auch einen Parapsychologen zu Rate zog, machte die Sache nicht besser. Seit gut einem halben Jahr saß jedoch ein Verdächtiger in einer psychiatrischen Klinik. Einige Jahre später sollte Tony Curtis diesen Mann in einem netten, aber witzlosen Film spielen, über den unter anderem der Rezensent der *New York Times* schrieb: «This is essentially a work of fiction ‹based› on the real events. And based on them in such a way to entertain us,

which it does, but for the wrong reasons, I believe. This film, which was made so well, should not have been made at all.» Wer unbedingt mehr über den Fall wissen möchte, dem sei Sebastian Jungers *A Death in Belmont* empfohlen.

24 Pilsener, Bier der Klasse II mit einem Alkoholgehalt von höchstens 3,2 Gewichtprozent, war die Lebensgrundlage dieser Bierstuben. Es hatte den großen Vorteil, dass man es ohne Ausschankgenehmigung verkaufen konnte.

25 Auch in diesem Fall lagen weitere Beweise vor: G W Larsson und seine Leute konnten insgesamt elf Tatsachen finden, die Lövgren mit dem Mord in der Fleminggatan in Verbindung brachten.

26 Dieser Fall inspirierte später Per Wahlöö und Maj Sjöwall, als sie ihren Krimi «Der Mann auf dem Balkon» schrieben, der 1967 erschien. Auch das erste Buch der Serie, «Roseanna», enthielt einige Elemente eines realen Falles.

27 Brent Turvey, «Criminal Profiling – An Introduction to Behavioral Evidence Analysis».

28 Aus einer großen Menge an Einzelbeobachtungen gezogene Schlüsse nennt man induktives Wissen. Das bedeutet jedoch nicht – um bei der obenstehenden Beschreibung von Vergewaltigern zu bleiben –, dass ausnahmslos alle Täter diesem Muster folgen. Darin besteht auch das Problem bei Täterprofilen: Es handelt sich dabei im besten Fall um statistische Wahrheiten. Nur weil alle Elche, die du jemals gesehen hast, braungrau waren, bedeutet das nicht, dass du nicht beim nächsten Mal einen weißen Elch zu Gesicht bekommen könntest.

29 Nach der damaligen Gesetzeslage konnte ein Ehemann seine Frau per definitionem nicht vergewaltigen.

30 Er war außerdem ein sogenannter Sekretor, eine logische

Folge aus der Blutgruppenbestimmung. Sekretor zu sein – circa 79 Prozent der Bevölkerung gehören zu dieser Gruppe – bedeutet, dass die Antigene des Bluttyps auch in anderen Körperflüssigkeiten wie Blut, Speichel, Schweiß und Sperma nachweisbar sind. Wäre er ein Nicht-Sekretor gewesen, hätte man also seine Blutgruppe nicht anhand der Spermaprobe bestimmen können.

31 Astrid Lindgren hatte sich ihre Kenntnisse in Kriminalistik, die sich in den Blomkvistbüchern manifestieren, während ihrer Zeit als Sekretärin des legendären Harry Söderman («Revolver-Harry») angeeignet. Er war ein weltberühmter Pionier der Kriminaltechnik, der unter anderem das Kriminaltechnische Institut in Stockholm begründet hatte und der indirekt dafür verantwortlich war, dass die Kriminaltechniker, die am Fall Granell arbeiteten, allen voran Wincent Lange, so gut ausgebildet und so professionell waren.

32 Man hatte auch das Vorkommen von Kartoffelmehl in gewöhnlichen Haushalten abgeglichen, indem man Proben aus den Staubsaugern in den Wohnungen der ermittelnden Polizisten heranzog. In den Fällen, in denen überhaupt Partikel der Kartoffelstärke nachgewiesen werden konnten, handelte es sich um äußerst geringe Mengen: 1–3 Körner pro Milligramm Staub.

33 Alle Briefe, Kalender und Notizbücher, die Kickan gehört hatten und für die Ermittlungen ausgewertet wurden, wurden der Familie im März 1966 zurückgegeben und sind, soweit ich weiß, verschollen.

34 Hier hat Kickan das Wort «geht» vergessen und nachträglich mit einem Schrägstrich ergänzt. Gleichzeitig hat sie vom doppelten Zeilenabstand auf einfachen gewechselt.

35 «Drop-In» war damals die einzige Sendung im schwe-

dischen Fernsehen, die sich ausschließlich an das immer wichtiger werdende jugendliche Publikum richtete. Sie war unglaublich populär. Die bekannte Titelmelodie konnte man oft beim Spielen von Kindern und auf Schulhöfen hören, mit Händeklatschen und allem, was dazugehörte. In der Sendung, die vor Publikum in einem Theater in Gröna Lund in Stockholm aufgezeichnet wurde, waren unter anderem im Oktober 1963 die *Beatles* aufgetreten. Damals waren sie noch ziemlich unbekannt – es war ihre erste Auslandstournee –, und der Topact waren nicht sie, sondern *Lill-Babs*. Nachher baten John, Paul, George und Ringo *sie* um Autogramme, und nicht umgekehrt.

36 *The Mascots* waren eine weitere jener Bands in Anzügen, mit langen Haaren, gekämmtem Pony, schrillen Gitarren und grauenhafter englischer Aussprache, die in Schweden aufgekommen waren, als die englische Pop-Welle um 1964 unser Land erreichte. In jenem Jahr hatten sie mit «Baby, Baby» einen großen Hit in den Top Ten. Der im Brief erwähnte Gunnar ist der Sänger und Gitarrist der Band *Gunnar Idering*, damals kenntlich durch seine cool getönte Brille. *The Mascots* spielten übrigens schon früh psychedelisch gefärbten Pop. Zahlreiche Bandmitglieder wurden bald von der Welle der Neuen Linken mitgenommen und gründeten das *Fria Proteater.*

37 Handschriftlich.

38 Carlström war ein herausragender Forscher, der auch dafür bekannt war, dass er ohne Wissen seiner Eltern eine Klasse im Gymnasium übersprungen und sie damit überrascht hatte, ein Jahr früher mit dem Abitur nach Hause zu kommen. In mehreren Fällen von Fälschung wertvoller Briefmarken griff man auf seine Expertise zurück.

39 Nicht allein die Zusammensetzung, sondern die Mischungs-
verhältnisse machten die Farbe einmalig. In jeder anderen Farbe, egal ob Öl-, Kunststoff- oder Lackfarbe, Puder,
Schminke oder Pastellen, dominiert jeweils eine farblose
Zutat, wie zum Beispiel Weiß. In dieser Farbe dominierten
jedoch die Pigmentfarben, was darauf hindeutete, dass derjenige, der die Mischung hergestellt hatte, ein Amateur war.
Diese Farbe eignete sich auch nicht für kosmetische Zwecke,
da Bleiweiß giftig ist und deshalb in Schminke nicht enthalten sein darf.

40 Ein möglicher Zugang war die früher erwähnte Kellertür am
Giebel, doch um nach oben in die Wohnung zu gelangen,
musste man die verschlossene Tür aufbrechen, die vom
Kellergeschoss zum Wohngeschoss führte. Es gab jedoch
wie gesagt an keiner der Türen Anzeichen von Gewalteinwirkung. (Vorausgesetzt, dass man keinen Schlüssel hatte.)
Da es ja vorkam, dass die Giebeltür unverschlossen gelassen
wurde, führte die Polizei diverse Versuche durch, um festzustellen, ob die Geräusche, die Lillan in ihrer Wohnung gehört hatte, möglicherweise von jemandem stammen konnten, der sich unten im Kellergang bewegt hatte.

41 Falls es sich bei dem Mörder doch um jemanden handeln
sollte, der sie kannte, würde das die Frage beantworten, wie
sich derjenige so leicht Zutritt zu dem Reihenhaus hatte verschaffen können: ganz einfach mittels Schlüssel und dabei
natürlich auf dem geheimsten Weg – durch den Keller.

42 Eine vierte Kategorie von Jugendlichen 1965 waren die *Pä-
ronen* (in Anlehnung an «Playboys» manchmal auch *plebbar*
genannt). Sie waren zwar oft langhaarig, aber gepflegter in
Stil und Sprache, trugen oft weiße Hemden und Schlips und
galten sowohl den *Mods* als auch den *Sunar* als Snobs. Au-

ßerdem war da natürlich noch die fünfte Gruppe: die *skinn-knuttar*, die Gangs aus jugendlichen Motorradfahrern.

43 Nach Einschätzung der Polizei waren 20 Prozent der Teilnehmer an den Krawallen unter 15 und die jüngsten Personen, die in Gewahrsam genommen wurden, 8 Jahre alt.

44 Dass Stockholm während der letzten zwanzig Jahre mehrfach Krawalle erlebt hatte, war dem kollektiven Gedächtnis ebenfalls entfallen. Die schlimmsten waren natürlich die Berzeliikrawalle 1951, doch auch im Sommer 1954 und 1956 waren Ausschreitungen vorgekommen – Tumulte im Långholmspark – sowie 1957 eine Massenprügelei im Gebiet Helgalund auf Söder. Den Unterschied machte wohl das Fernsehen aus, das viele schockierende und dramatische Bilder von den Hötorgskrawallen zeigte, die im ganzen Land zu sehen waren. Ich kann mich noch daran erinnern, besonders auch daran, wie aufgebracht mein Vater war.

45 Und bis heute fehlt jede Spur von ihnen.

46 Ich habe keine Definition gefunden, was unter einer «Intervention» zu verstehen ist, aber darunter fiel vermutlich alles von der Verhinderung von Vandalismus bis zu einfachen Verwarnungen.

47 Wyler hatte unter anderem solche bekannten Werke wie «Sackgasse», «Mrs. Miniver», «The Memphis Belle», «Ein Herz und eine Krone» – in dem Audrey Hepburn ihr berühmtes Debüt hatte – und natürlich den Monumentalfilm «Ben Hur» geschaffen, der in jenem Jahr immer noch in den Kinos lief und elf Oscars gewonnen hatte. «Sound of Music» – der zu einem der großen Publikumserfolge des Jahres 1965 wurde – hatte er übrigens abgelehnt, um stattdessen «Der Fänger» machen zu können.

48 Er wurde im Untersuchungsgefängnis allerdings anständig

behandelt: Die Beamten ließen seine Zellentür einen Spalt-
breit offen, um seine Angst zu dämpfen.

49 Seine Frau beteuerte zudem, dass sie pleite waren und kein
Geld für eine Taxifahrt hatten. Ihre letzten Münzen hatten
sie für das Gespräch aus der Telefonzelle ausgegeben.

50 Anspielungen auf ihren Freund dienten ihr in bestimmten
Situationen als Schutz gegen unwillkommene Annähe-
rungen. Als ein junger Mann in dem Krankenhaus, in dem
sie Anfang des Jahres gearbeitet hatte, fragte, ob er sie zum
Abendessen ausführen dürfe, antwortete Kickan spöttisch,
das dürfe er gern, vorausgesetzt, dass er auch ihren Verlobten mitnehme.

51 Die Konditorei existiert nicht mehr. An der Stelle liegt heute
ein kleiner Laden, der sich auf asiatische Lebensmittel spe-
zialisiert hat.

52 G W Larsson nahm das wirklich zur Kenntnis: Die Zeitungsausschnitte liegen noch in einem Umschlag mit seinem Namen im Polizeiarchiv.

53 Der große Bekanntheitsgrad von Lillans Vater Arvid Sundin
ist auf seine Mitwirkung in Fernsehsendungen zurückzuführen, vor allem seinen Auftritt in «Hylands hörna».

54 So wurde der schlimmste Unsinn sowohl aus den Ermittlungen heraus- als auch von der Öffentlichkeit ferngehalten.
Anders heute, wo solche Dinge in den sozialen Medien und
ähnlichen Foren landen und dadurch eine maximale Ver-
breitung erfahren. Hat uns das glücklicher gemacht?

55 Ein Artikel in *Expressen* aus diesem Jahr vermeldet: «Der
Computer plant für Sie, wählt Ihren Beruf, Ihre Ausbildung
und Ihr Auftreten. Er sucht auch Ihre Wohnung und das Ziel
Ihrer Urlaubsreise für Sie aus. Er hilft Ihnen, das richtige
Hobby zu finden, das richtige Hemd, das richtige Bügel-

eisen. Natürlich sucht er Ihnen auch den idealen Ehepartner. Der Computer wird Ihr Merkzettel – Großmutters Geburtstag, die Telefonnummer von Charlies Sommerhaus in Amerika. Und er ersetzt auch alle Nachschlagewerke, Bilder, Schallplatten und Filme.»

56 Die Berufsbezeichnung kam nicht von ungefähr: Die Polizeischwestern benötigten eine Krankenschwesternausbildung und sollten unter anderem als eine Art Krankenpfleger fungieren.

57 Fußstreifen waren immer noch die übliche Art, wie Polizisten sich in der Öffentlichkeit bewegten. Musste man eine festgenommene oder in Gewahrsam genommene Person zur Wache bringen, nahm man ein Taxi. Eine weitere Aufgabe der Streifen war die Regelung des Verkehrs, wobei sie lange weiße Manschetten trugen, um besser gesehen zu werden. Es gab zwar Ampeln, doch die wurden oftmals manuell bedient, was bedeutete, dass ein Polizist danebenstand und auf einen Knopf drückte, wenn sie Grün, Rot usw. zeigen sollten.

58 Berüchtigt sowohl wegen des Aufsehens, das die Tat erregt hatte – die nackte Mädchenleiche wurde in einer Reisetasche im Albysee westlich von Fittja gefunden –, als auch weil der Fall ein altes Rätsel wieder zum Leben erweckte: den Fall Olle Möller. Möller war vor dem Krieg ein bekannter Leichtathlet gewesen, der 1941 in einem Indizienprozess wegen Vergewaltigung und Totschlags an einem zehnjährigen Mädchen verurteilt wurde, obwohl er seine Unschuld beteuert hatte. Möller wurde im Fall Blom als Verdächtiger vernommen, und angeblich soll er besonders schwer zu befragen gewesen sein, doch G W Larsson wurde mit ihm fertig und konnte sogar ein hieb- und stichfestes Alibi ermit-

teln. Als Kerstin Bloms wirklicher Mörder neun Jahre später gefasst wurde, deuteten seine Aussagen darauf hin, dass er, und nicht Möller, die Zehnjährige ermordet hatte, was ihm jetzt aber nicht mehr nachgewiesen werden konnte. Möller wurde im Übrigen für einen anderen Mord verurteilt, den an Rut Lind in Fjugesta 1959, wieder in einem Indizienprozess.

59 Ein zur damaligen Zeit legendäres Tanzlokal, in dem unter anderem *Lill-Babs* ihr Debüt hatte. Heute befindet sich dort ein großes Casino, und von der alten Einrichtung – dort hing zum Beispiel seit 1944 Schwedens erste Discokugel – ist nichts mehr übrig.

60 Der entpuppte sich als sein Onkel, ein gewisser Vilhelm Lindgren, der «wilde Ville», eine berüchtigte Erscheinung in der Stockholmer Taxibranche, der Alkohol und Frauen liebte (es kam durchaus vor, dass er seine Nachtschicht dazu nutzte, den Wagen abzustellen und anderen Frauen als seiner angetrauten Ehefrau beizuwohnen) und schon mehrfach verurteilt worden war für Dinge wie Erregung öffentlichen Ärgernisses, Falschaussagen und gemeinschädliche Straftaten.

61 Die Sonnenbrillenmode soll eher zufällig durch Roy Orbison aufgekommen sein – der im vorangegangenen Jahr mit «Pretty Woman» einen großen Hit gelandet hatte. Er litt an mehreren Sehfehlern, und als er vor einem Konzert seine normale Brille im Flugzeug vergessen hatte, blieb ihm nichts anderes übrig, als mit seiner Sonnenbrille mit geschliffenen Gläsern auf die Bühne zu gehen. Sowohl er als auch das Publikum fand Gefallen daran, und so blieb es dabei.

62 Benannt nach dem Chicagoer Polizisten, der die Technik in den 40er Jahren entwickelt hatte.

63 Die Abkürzung steht für «Preparation and Planning, Engage and Explain, Account, Closure and Evaluate».

64 Morans Gegenstück in der deutschen Luftwaffe, Hanns-Joachim Scharff, erzielte erstaunliche Ergebnisse mit gefangen genommenen alliierten Kampfpiloten, zu denen er auf raffinierte Weise einen solchen vertrauensvollen Kontakt aufbaute. Nach Kriegsende wurde Scharff von der amerikanischen Luftwaffe in die USA eingeladen, um über seine Vernehmungskunst zu sprechen. Er blieb, nahm die amerikanische Staatsbürgerschaft an und machte sich als Mosaikkünstler einen Namen. Auf der Grundlage von seiner und Morans Technik wurde eine umfangreiche Wissensdatenbank für tatsächlich funktionierende Vernehmungstechniken angelegt (und vice versa), die jedoch außerhalb von Fachkreisen keine größere Bekanntheit erlangte. Die Amerikaner griffen bald wieder auf die herkömmlichen, ebenso brutalen wie ineffektiven Methoden zurück, vor allem in der moralisch selbstgerechten Panik, die nach dem 11. September aufkam.

65 Diese Studien führten Laurence und Emily Alison an der Universität Liverpool durch. Ihre «Orbit» genannte Technik wird heute unter anderem vom britischen Geheimdienst genutzt.

66 Und nicht nur in katholischen Ländern. Zu diesem Zeitpunkt war Selbstmord in einigen Teilen der USA noch illegal, und in Großbritannien war er erst vier Jahre vorher entkriminalisiert worden.

67 Alles begann mit Kristina Ahlmark-Michaneks berühmtem Sachbuch «Jungfrutro och dubbelmoral» 1962, das ihr sowohl Zustimmung als auch Angriffe von anderen Frauen einbrachte. (Einen Überblick über die gesamte Sexualdebatte der 60er Jahre bietet Lena Lennerheds «Frihet att njuta».)

68 Die Bücher enthielten pornographische Novellen zahl-

reicher bekannter schwedischer Schriftsteller – unter der Redaktion von Bengt Anderberg.

69 Randnotiz: Beinahe alle in diesen Zeitschriften publizierten Fotos stammten aus dem Ausland, in erster Linie aus Frankreich. Erst in der zweiten Hälfte der 60er Jahre wurde Schweden auf diesem Gebiet zum Selbstversorger. Und: Viele Intellektuelle oder Pseudointellektuelle oder Schriftsteller in finanzieller Notlage verdienten sich ihre Brötchen, indem sie für solche Zeitschriften Pornonovellen schrieben, die gut bezahlt wurden.

70 Einzelheiten zu diesem recht komplizierten Prozess finden sich in Klara Arnbergs Abhandlung «Motsättningarnas maknad».

71 Allein von «Kärlek I–IV» verkauften sich 1965 rund 520 000 Exemplare, von dem pornographischen Klassiker «Fanny Hill» circa 300 000, von den zwei pornographischen Anthologien «Sänghästen I & II» über 140 000 Exemplare und so weiter. Taschenbücher sind hierbei nicht berücksichtigt.

72 Auch heute noch sehenswert ist «Ipcress – Streng geheim» mit Michael Caine in der Hauptrolle. Das Fernsehen zeigte die Serien «Solo für O. N. C. E. L.» (meine persönliche Lieblingsserie, da es noch Jahre dauern würde, bis ich nicht jugendfreie Filme im Kino würde sehen dürfen) sowie «Agent 86 Smart» («Mini-Max»). An der Wand über meinem Bett hingen Bilder von Sean Connery als Agent 007.

73 Keiner der zahlreichen europäischen Farbenproduzenten, bei denen man Erkundigungen einzog, konnte weitergehende Hinweise zu der Mischung geben.

74 Er hatte die Erlaubnis seiner Vermieterin, auf dem Instrument zu spielen, was er auch oft tat.

75 Besonders die ältere Generation, die vor dem oder im Krieg

aufgewachsen war, beherrschte meist besser Deutsch als Englisch.

76 Eine Überprüfung in Wien ergab, dass Silvia B. sich bester Gesundheit erfreute und keinerlei Kontakt zu Wagner gehabt hatte, an den sie sich im Übrigen nur undeutlich erinnerte.

77 Thorander spielte später eine wichtige Rolle in mehreren spektakulären Geiselnahmen während der von Terrorismus geplagten 70er Jahre: dem Mord an dem jugoslawischen Botschafter 1971, dem Drama vom Norrmalmstorg 1973 und der Besetzung der westdeutschen Botschaft durch die RAF 1975. Thorander trat darüber hinaus GW Larssons Nachfolge als Leiter des Dezernats für Gewaltdelikte an, als der in Pension ging.

78 Heute befindet sich dort das Restaurant «East».

79 Dass der zugeknöpfte und korrekte Wagner dem Reihentanz *Letkiss* nichts abgewinnen konnte, ist nachvollziehbar. Für mich steht der Tanz seit meiner Kindheit für das peinliche Finale von Partys, wenn beschwipste Erwachsene herumhüpften, wobei es der eigentliche Clou zu sein schien, dass es keiner schaffte, die Bewegungen synchron auszuführen. Die große Begeisterung der Schweden für den Tanz äußerte sich in jenem Jahr unter anderem in Form eines Weltrekordversuchs in *Letkiss*, der auf dem Stortorget in Växjö stattfand. Mit mäßigem Resultat.

80 Dass sein korrekter Nachname Wagner lautete, erfuhr sie übrigens erst gegen Ende der Beziehung.

81 Amphetamin hatte seinen großen Durchbruch im Zweiten Weltkrieg. Alle Kriegsparteien verabreichten ihren Soldaten, vor allem den Piloten, Amphetaminpräparate. Die Verschreibungspraxis war damals in Schweden sehr groß-

zügig: So wurden beispielsweise 1942 sechs Millionen Dosen legal verschrieben. Erst 1959 wurde Amphetamin in das schwedische Betäubungsmittelgesetz aufgenommen.

82 Allerdings sollte man sich bewusst sein, dass die Zahl der wegen Drogendelikten festgenommenen Personen sehr niedrig war: 165 in jenem Jahr – im Vergleich zu 1546 drei Jahre später. In der öffentlichen Wahrnehmung war Drogenmissbrauch vor allem mit Spritzen verbunden. (Im vorangegangenen Jahr war allerdings in einigen Kliniken aufgefallen, dass Drogenabhängige begonnen hatten, sich in Wasser aufgelöstes Preludin zu injizieren.) Gleichzeitig bagatellisierten radikale Ärzte weiterhin die Gefahren durch Missbrauch von Amphetaminpräparaten.

83 Im Rahmen dieses Programms standen auch Methadon und Morphin zur Verfügung, doch den Amphetaminpräparaten kam die größte Bedeutung zu.

84 In seinen Aufzeichnungen nannte er Monika mal bei ihrem richtigen Namen und mal «Diana».

85 Damit ist Wagners obenerwähnter Plan gemeint, mittels Training, Bräunung etc. einen «neuen Mann» aus sich zu machen.

86 Einige Jahre zuvor hatte Österberg eine Gastrolle als Anwalt in dem Spielfilm «Flickan utan namn», einem Kriminaldrama mit Finale im heruntergekommenen und gefährlichen Gamla Stan. Er spielte darin gemeinsam unter anderem mit Stig Järrel und Torsten Lilliecrona – der nach dem gigantischen TV-Erfolg von «Ferien auf Saltkrokan» im vorangegangenen Jahr für jeden Schweden nur noch «Onkel Melcher» war.

87 Wagner hatte übrigens die Idee mit der Sexpuppe nicht fallengelassen, sondern schrieb vom Untersuchungsgefängnis aus weiterhin Briefe an potenzielle Lieferanten.

88 Selbstverständlich mit Ausnahme des Kidnapping, auch wenn es keineswegs ausgeschlossen ist, dass auch das mit zu seinem Plan gehörte.

89 Ruckartig, ungleichmäßig, abgehackt.

90 Das hatte man auch mit einer Kontrollgruppe aus fünf durchschnittlichen Haushalten verglichen, die die gleichen, sehr niedrigen Konzentrationen des Stoffes aufwiesen.

91 Vergleichsweise hohe Konzentrationen von Kartoffelmehl fanden sich auch auf anderen Gegenständen in dem Haus, in dem Wagner zur Untermiete wohnte, auf einem Küchenteppich z. B. 88 Partikel.

92 Zu den besonderen Eigenschaften dieser Farbmischung und zur vom *Karolinska Institut* vorgenommenen spektrographischen Farbanalyse sagte Dozent Carlström aus.

93 Verschiedene Spielarten dieser Argumente waren während der ganzen 30er Jahre in Schweden zu hören. Der Höhepunkt war bei dem berüchtigten sogenannten *Bollhusmötet* im Februar 1939 in Uppsala erreicht, als die Studenten nach einer langen Sitzung mehrheitlich dafür stimmten, gegen die Einwanderung von sechs jüdischen Akademikern aus Deutschland zu protestieren.

94 Er hatte in erster Linie Strafsachen übernommen, bei denen der Beklagte deutschsprachig war, z. B. den Fall des Fälschers Lothar Malskat, des bekannten sogenannten Heiligenmalers, 1965 sowie den verworrenen Fall des international agierenden Heiratsschwindlers Strasswehr 1961.

95 Wagner gab in den Vernehmungen an, dass er sich Inspirationen für seinen geplanten Roman auch aus dem Radio geholt hatte. In der populärsten Krimiserie, die damals im Radio lief, Francis Durbridges Geschichten um den Meisterdetektiv und Bestsellerautor Paul Temple und dessen

fesche, wenn auch ein wenig kopflose Frau Steve, gehörten unbekannte, mächtige und unermüdlich mordende Drogenbosse zum Standard. Viele dieser Geschichten wurden übersetzt und liefen im schwedischen Radio. Im Jahr zuvor hatte «Der Fall Valentine», von dem über zwei Monate jede Woche eine Episode gesendet wurde, großen Erfolg gehabt, und natürlich ging es auch hier wieder darum, einen unbekannten, doch unermüdlich mordenden Drogenboss zu enttarnen. Bengt Ekerot spielte Paul Temple, Anita Björk Steve, und unter den weiteren Mitwirkenden war unter anderem Allan Edwall als das zwielichtige Individuum Nosen Riley, das kurzerhand in die Wüste geschickt wurde.

96 Das schnelle Wachstum der industriellen Produktion und des Exports der vorangegangenen Jahre stagnierte nun, zum Teil aufgrund veränderter Konjunkturen im Ausland, während gleichzeitig massiv weiter importiert wurde, was dazu führte, dass sich das Handelsbilanzdefizit mehr als verdoppelte – eine deutliche Verschlechterung. Gleichzeitig stiegen die staatlichen Ausgaben unverändert weiter.

97 Nach Alexis de Tocqueville.

98 Zu ihnen gehörte auch der bei diesen Ermittlungen mitwirkende Obduzent, Sven Olof Lidholm, der an dem bewussten Treffen auf Långholmen im August teilgenommen hatte.

99 Man hatte auch, wie vorgeschrieben, eine Stellungnahme der Gesundheitsbehörde in dieser Sache angefordert und erhalten.

100 Und nach beendeter Behandlung sollte er auf Lebenszeit aus Schweden ausgewiesen werden.

101 Solche Weihnachtskarten trafen noch lange ein. Wagner schickte über die Jahre auch private Grüße an Beamte der

Ausländerbehörde, die mit seinem Fall befasst gewesen waren, und sicherlich auch noch an weitere Empfänger.

102 Mit der Serie aus versuchten Vergewaltigungen in Högdalen hatte Wagner also nichts zu tun gehabt.

103 So die dänische Grenzpolizei.

104 Dieses Zitat war so umfangreich, dass Holmstedt protestierte, weil er der Ansicht war, dass auf diese Weise zu viel des als geheim klassifizierten Materials öffentlich würde.

105 Wörter und Sätze sind hier seltsam durcheinandergewürfelt. Ich bin der Auffassung, dass der Fehler in der ursprünglichen Transkription zu suchen ist, und habe deshalb hier entsprechend geändert, sodass der Kontext wieder stimmt.

106 In der Transkription ist das Wort «Erwartungen» durchgestrichen und durch das grammatisch unlogische «erwartungsvoll» ersetzt worden. Das habe ich hier wieder rückgängig gemacht.

107 Das «etc.» stammt von Wagner.

108 Im Protokoll des Anwohnervereins steht nichts über den Mord, außer: «Ausgaben für den Kauf von Blumen wegen des hiesigen Todesfalls nachträglich bewilligt.» Dort findet sich auch eine Quittung über 36 Kronen und 25 Öre von Anfang August 1965 für Blumen für das Ehepaar Granell.

109 Dabei ist es natürlich hilfreich, dass der Stadtteil unter Denkmalschutz gestellt wurde. So ist genau geregelt, was gemacht werden darf und was nicht und wie die Unterhaltungsarbeiten auszusehen haben.

110 Ich möchte jedoch darauf hinweisen, dass ich einige Namen geändert habe, um einzelne Personen zu schützen, die in den Ermittlungsakten erwähnt werden, sich aber keines Vergehens schuldig gemacht haben.